国际中文教师实践性知识研究

李昊天　著

山东大学出版社
SHANDONG UNIVERSITY PRESS
·济南·

图书在版编目(CIP)数据

国际中文教师实践性知识研究/李昊天著.—济南：
山东大学出版社，2022.5
ISBN 978-7-5607-7430-5

Ⅰ.①国… Ⅱ.①李… Ⅲ.①汉语－对外汉语教学－
教学研究 Ⅳ.①H195.3

中国版本图书馆 CIP 数据核字(2022)第 058853 号

策划编辑 冯敬远
责任编辑 秦大忠
文案编辑 冯敬远
封面设计 王秋忆

出版发行 山东大学出版社
社　　址 山东省济南市山大南路 20 号
邮政编码 250100
发行热线 (0531)88363008
经　　销 新华书店
印　　刷 济南华林彩印有限公司
规　　格 720 毫米×1000 毫米 1/16
　　　　 13.5 印张 242 千字
版　　次 2022 年 5 月第 1 版
印　　次 2022 年 5 月第 1 次印刷
定　　价 49.00 元

本书为教育部中外语言交流合作中心 2020 年度国际中文教育研究课题“智慧教育背景下国际中文教育混合式教学模式研究”(20YH04D)、2020 年山东大学研究生教育教学改革研究项目“国际研究生公共汉语课程混合式教学模式的探索与实践”(XYJG2020011)、2021 年度山东大学教育教学改革研究项目“后疫情时代国际中文教育混合式教学模式研究”(2021Y244)的研究成果

序

你可以看到我是非常注重跟学生互动的，互动很重要，但互动的问题要有高级班的水平，应该有一些思想性。比如说这里讲“虚伪”，我问他们：“明星常常慷慨解囊，就是做慈善事业，你觉得这是虚伪吗？”“什么时候你能接受一点点的虚伪？”这些问题都避免了幼稚化，不是那种明知故问、不用思考就能回答的。跟学生讨论问题，要充分尊重他们的智商，他们都是有思想的人。再就是，虽然一直在互动，但我个人不是那种刻意跟学生拉近乎的人，我和学生的关系亲切但不亲密。

（引自 H 老师刺激回忆转写文本）

时代的发展使得教育变革的步伐从未停止。教师作为教育变革的重要因素，其角色与功能也悄然发生着变化。自 20 世纪 80 年代以来，“教师实践性知识”逐渐引起教育界的广泛重视，其在教师教育及教师专业发展过程中的作用与功能日益显著。因此，走入教师教学实践，探究教师所持有的实践性知识，对实施教育改革、促进教师发展有着重要的意义。

本书的选题源自国际中文教学工作中的真实感受与困惑。近几年，随着对国际中文教学领域的认识逐渐加深，以及教学经验的日益增长，笔者逐渐感知到很多有意思但值得深思的现象：

第一，在进行学术阅读时，时常发现某个陌生的教学理论可以用来解读并支撑沿用已久的教学行为，而个人教学实践并非是在该理论指导下开展的。

第二，在进行中文教学时，尽管教师已对外语教学法流派有所了解，但难以严格按照某一流派所规定的教学步骤开展实践，教学法流派所限定的教学情境与实际教学场景常有出入。

第三，在对汉语国际教育专业本科生、研究生讲授国际中文教学相关专业课或对新手教师开展业务培训时，原则性强、概括性强的理论知识常难以引起他们的兴趣，而教师自身经验的分享以及以文本或录像形式再现的教学现场却时常令他们精神振奋。

第四，新手教师常与熟手教师共享备课资料、教学课件，新手教师虽多为汉语国际教育专业学位在读/毕业研究生，且部分新手教师从本科阶段起已修学

“汉语作为第二语言教学法”等相关课程，但在实际教学中仍存在无法有效实施全部教学计划，难以达到预定教学目标及教学效果的现象。为什么学了教育学、心理学，还是不会教书？

上述现象时常引人深思：

第一，国际中文教师，应该是个什么样的人？

第二，学生对教师而言究竟意味着什么？

第三，教师是如何整体把握任教课程的？

第四，哪些教学策略对学生的语言学习确有帮助？

第五，教材、课件等教学媒介如何能运用得恰到好处？

第六，课堂教学物理环境及工作单位人文环境对教师有何影响？

这些现象与问题均指向一点：作为国际中文教师，他/她实际上知道什么？

基于此，本书将研究领域定位于国际中文教师课堂教学中“实际使用”的实践性知识。

教师的实践性知识是在主客观因素的共同影响下，教师在反思性教学实践过程中实际使用以指导教学决策的动态知识体系。它是主导教师教学实践的核心知识，也是教师专业发展的知识基础。作为国际中文教师职业素养的重要组成部分，教师的实践性知识不仅体现着国际中文教师这一教师群体所具有的鲜明特征，支撑着教师实践能力的呈现、发展与提升，更对教学效果、教学实际起着决定性的作用。

在中文国际化程度不断加深，中文教师发展研究成为学科研究的重要领域的背景下，本书在后方法教育理论的指导下，基于对从业教师的访谈等真实材料，运用质性研究等科学方法，对样本所及的国际中文教师的实践性知识进行了系统性研究，以期在理论上，拓宽教师实践性知识的研究范围，深化国际中文教师知识领域学术研究，有效扩展后方法教育理论的适用范围，也为更好地理解与解释国际中文教师实践性知识提供理论支撑；在实践上，实现教师实践性知识的凝练与分享，促进教师队伍专业化发展及社会对国际中文教师的了解。

李昊天

2021年9月

目　录

第1章　绪　论

教师实践性知识是与理论性知识相对的一种重要知识类别。如果说理论性知识可被用于武装教师的头脑，那么教师的实践性知识则对教师在具体或特定情景中的行动起指引作用。教学的实践属性要求教师在具备一定的理论性知识的同时，还应拥有相应的实践性知识。

由于理论性知识无法直接复制到实际教学情境中，相关研究也证明职前教师所学教学理论与资深教师实际教学经验之间存在巨大差异，且新手教师将所学理论运用于教学实践中常出现“现实冲击”现象。因此，支撑教师教学实践的，实际上是融合了其个人价值观、教学信念、过往教学及生活经验的实践性知识。该知识在影响教师对理论性知识的理解与运用的同时，还支配着教师的课堂教学行为，有助于教师在具体教学情境中进行专业判断后解决实际教学问题，是教师从事教学工作的重要保障。

正是意识到教师实践性知识在教学实践中的重要作用，20世纪70年代以来，教师知识相关研究从行为主义的“刺激—反应”外部传授过程转为教师个体内部认知结构研究，并从显性的学科理论性知识转向隐性的实践性知识研究。目前，实践性知识在教师教学工作中发挥着不可替代的作用，被公认为教师专业发展的重要知识基础以及教学行为背后真正的主宰，也是教师进行行为决策的重要依据，对教育实践的改进和整体教育学的繁荣产生了至关重要的影响。

本书以后方法教育理论为理论基础，综合运用刺激回忆、绘制概念图、深度访谈、叙事研究等质性研究方法，探寻国际中文教师实践性知识内容构成的共性特征，探究国际中文教师实践性知识的阶段性特征，探讨国际中文教师实践性知识的个人来源及外在来源，进而提出国际中文教师实践性知识的动态生成机制。本书试图解答以下问题：各专业发展阶段国际中文教师在实践性知识内容构成上有何共性特征及阶段性特征？在知识结构上有何异同？国际中文教师实践性知识从何而来？生成机制如何？

1.1 选题缘起

关于教师实践性知识的研究属于教师知识研究。

教师知识研究在20世纪70～80年代经历了重大的变化，即从行为主义指导下对学科理论知识的研究转向以认知心理学为理论基础对教师个体内部认知结构体系的研究。艾尔贝兹(Freema Elbaz)于1981年第一次提出"实践性知识"概念之后，夏文森(R. J. Shavelson，1981)、舒尔曼(Lee S. Shulman，1986)等人都对教师实践性知识的模式进行了探索。进入20世纪90年代，教师实践性知识研究呈现精细化、专业化的趋势，代表性人物有伯恩斯(Anne Burns，1992)及伍德斯(Devon Woods，1996)等。进入21世纪，学者们开始以更广阔的视野审视教师实践性知识，并从多学科汲取力量，用跨学科的理论阐释教师实践性知识。

产生这一转变的根本原因在于抽象、静态的理论知识在具体而复杂的实践中难以体现其适切性，致使教师在教学中直接复制理论知识时，常发生现实冲击现象。① 实际上，对教师外在、显性的课堂教学决策起指导作用的是融合了教师个性心理、教学信念、过往生活及教学经历的潜在的、隐性的认识和观念。杜威(John Dewey，1963)指出，教师头脑里储备的大量实践性知识充当着教师采取不同课堂行动的"参照系"。研究表明，新手教师认为其学习的教学理论与专家教师的实际教学设计理念之间存在差异，而后者却"对他们更加实用"②。

随着中国在国际舞台上地位的提升，社会对国际中文教师的数量和质量均提出了更高的要求。截至2020年底，全国共有147所高校招收汉语国际教育专业学位硕士研究生，这一数字接近2007年招生学校数量的6倍，招生规模显著扩大，国际中文教师师资储备数量明显增多。③ 对国际中文教师，尤其是成熟教

---

① Lya Kremer-Hayon, Miriam Ben-Peretz,"Becoming a Teacher: The Transition from Teachers' College to Classroom Life", *International Review of Education*, vol.32, no.4 (1986), pp.414-417.

② D. M. Kagan,"Implications of Research on Teacher Belief", *Educational Psychologist*, vol.27, no.1 (1992), pp.65-90.

③ 2007年5月31日，国务院学位委员会办公室下发《关于开展汉语国际教育硕士专业学位教育试点工作和推荐全国汉语国际教育硕士专业学位教育指导委员会委员人选的通知》，批准北京大学等25所研究生培养单位开展汉语国际教育硕士专业学位教育试点工作。

师、专家教师的实践性知识进行系统全面的了解、分析与呈现,弄清他们实际上掌握并使用何种知识,可为汉语国际教育专业在读学生及新手教师提供可供借鉴的经验。

目前,国内有关教师实践性知识的研究多集中于普通教育领域。国际中文教学在教学对象、教学目标、教学环境、师生关系等方面有其特殊性,教学实践过程受人为因素影响较大,因此,普通教育领域研究成果难以体现国际中文教学行业特色。以"中文教师""实践性知识"为主题词在知网进行检索,共查找到国际中文领域相关博士学位论文1篇、硕士学位论文19篇、期刊论文8篇,研究成果数量较少且尚未成体系。因此,对国际中文教师实践性知识进行研究,具有一定的必要性与可行性。

本书定位于一项质性研究。教师的实践性知识是教师在自身生活经历、教学经验的基础上,对面临的问题进行框定,通过个人不断的自我感悟与反思形成的。它常以缄默知识的形式存在,具有个体性和内隐性。① 而质性研究在有力把握现实生活、理解并解释潜在或隐性问题、解释问题复杂性方面有独特的优势。② 因此,运用小样本进行客观描述的质的方法对教师"实践性知识"进行研究,较之大样本的定量研究,更具说服力。

1.2 研究意义

1.2.1 理论意义

首先,本书可深化国际中文教师知识领域学术研究。通过(1)对国际中文教师共性实践性知识按类别进行细致描述;(2)以专业发展阶段为据,分析教师实践性知识阶段性的规律及特点;(3)从内外部角度探寻教师实践性知识的来源;(4)在动态中把握教师实践性知识的生成机制,不仅可以细化国际中文教师知识研究的框架,还有利于推动国际中文教师研究向更深层次发展。

其次,可拓宽教师实践性知识的研究范围。当前,有关教师实践性知识的研

① Freema Elbaz, *Teacher Thinking: A Study of Practical Knowledge*, London: Croom Helm, 1983.

② M. B. Miles, A. M. Huberman, *Qualitative Data Analysis: An Expanded Sourcebook, 2nd Ed*, Thousand Oaks: Sage, 1994.

究多集中于普通教育领域，同质性较高。对于国际中文教学这一具有特殊性的教育场域来说，尚未得到足够的关注，已有实践性知识研究成果难以与国际中文教师适配。少量相关研究主要集中于新手教师与专家（或熟手）教师的对比研究，研究样本数量较少，研究方法较为单一，教师实践性知识阶段性特征研究不够深入，知识生成过程缺乏动态性。因此，本书不仅将在国际中文教学领域对教师实践性知识研究进行有效扩展，还会对国际中文领域学术研究的研究范围及方法进行完善与提升。

最后，可扩展后方法理论的适用领域。当前，国内关于库玛(B. Kumaravadivelu)后方法教育理论的研究主要集中于大学英语教学领域，国际中文领域内相关研究数量较少。本书可有效扩展后方法理论的适用范围，促使这一理论为更广泛的研究提供坚实的理论基础。

1.2.2 现实意义

首先，有利于教师实践性知识的凝练与分享。

随着教学年限的不断增长，教师的教学经验日益增加，其在教学过程中实际使用的实践性知识也在不断生成与发展，然而这种知识常以缄默知识的状态存在于教师的认知结构中。本书通过刺激回忆法，给予各专业发展阶段样本老师以认识自我、凝练并表达自身经验的契机，促使其重新审视潜藏在自身日常教育教学活动中的实践性知识，并将这一隐性部分显性化，以促进对实践的理解和改进，重塑教师的实践立场。

实践性知识对于教师群体也具有重大意义。样本教师将实践性知识与他人共享的过程中，实践性知识也可像理论性知识一样为教师群体的发展服务，其重要的社会价值会逐渐得到人们的充分认识。对新手教师来说，接触专家教师的实践性知识，可助其认识自身不足，并通过借鉴与学习，有效提升教学水平，提高工作效率，继而激励其走上专业发展之路。

其次，有利于促进对国际中文教师的了解。

对不同专业发展阶段国际中文教师实践性知识开展质性研究，可展示其教学行为背后有关教师自身、学生、课程、教学媒介、教学环境、教学策略等领域丰富的实际使用的教学知识，为探索国际中文教师“实际上知道什么”提供一条路径。由于国际中文教师相关研究并非当前教育领域主流研究方向，社会各界对国际中文教师缺乏最基本的认知。持有“英语好、普通话标准就能当国际中文教师”甚至“只要是中国人就能教汉语”观点的人仍比比皆是。因此，对国际中文教师进行全面、深入的刻画与展示，可引起社会各界对国际中文教师的关注，增进对国际中文教师的了解。

再次，有利于国际中文教师专业化发展及师资培养。

对教师个人而言，对自身教学进行积极反思，对个人教学实践性知识加以提炼与概括，可以更清楚地认识自己并获得专业发展的自主权，这样有利于提高教师的教学行为决策水平，切实推动教师的专业成长。

从教师群体角度来看，实践性知识的丰富与否、结构的良好与否是专家教师、成熟教师优于或区别于新手教师及职前教师的关键因素，直接影响教师的教育能力及教学水平的变低。[①] 然而，获取和积累教师实践性知识是一种自觉行为，职前教师和新手教师若能通过不同场合与多种途径自觉学习、借鉴、积累、承传优秀教师的实践性知识，并结合自身教学实践生成新的教师实践性知识，将为其成长为成熟教师、专家教师提供更多的可能。

最后，本书所采用的课堂观察、刺激回忆、绘制概念图等研究方法可为国际中文教师师资培养模式的提升提供一定的借鉴思路。对专家教师汉语课程进行实地观摩并邀请授课教师结合教学录像阐述行动指导原则及设计理念，可使师资学生看到课堂中实际发生了什么，并深入了解教师行为背后的思考与知识，以及影响这些知识形成与发展的因素，从而达到提升师资培养效果、促进新手教师发展的目的。

1.3 核心概念的界定

1.国际中文教师

本书中的“国际中文教师”是指面向母语非汉语的学习者进行中文教学，母语为汉语的中国教师。

2.实践性知识

实践性知识是与理论性知识相对应的一种知识类型。对于理论性知识，学界已经有了较为统一的认识，是指可通过直接教学获得的一般性的专业性知识，包括学科的原理、规则、常识等，是概括性强、抽象度高的知识体系。对于教师而言，学科内容知识、教学理论、教育学理论等都属于理论性知识，它通常呈外显状态，可为教师和专业理论工作者所共享，并且不以拥有者个体的不同而变化。

---

① 参见张金运:《教师实践性知识的构建:困境与超越》,《教育与管理》2016年第3期。

对于实践性知识，国内外学者则从不同的角度进行了多种阐释。

教师“实践性知识”这一概念的提出者艾尔贝兹认为，实践性知识是教师站在个人信念和价值的角度上，整合其全部理论知识以完成教学任务、解决现实问题为导向的知识，是教师掌握的一种独特的日常性知识。[①] 她认为有关实践的知识和以实践为中介的知识都属于实践性知识的范畴，这突出了实践性知识关于情境行动和决策取向的属性。“实践性知识”这一术语表明教师的经验可以用“知识”来定义并表达，使人们深入理解并研究教师成为可能，也强调了教师作为课堂决策者、知识生产者和拥有者的地位。

此外，F.迈克尔·康奈利（F. M. Connelly）与 D.琼·柯兰迪宁（D. J. Clandinin）关注到了实践性知识的“个人性”，提出“个人实践知识”的说法，并将实践性知识定义为“在将教师视为博学多才的人的前提下，去分析其‘经验’时使用的术语，是教师全部的经验”[②]。这与理查德（J. C. Richards）的“实践性知识是一名教师的个人工作原则，反映了教师个人的教育哲学”[③]的观点类似。芬斯特马赫（G. D. Fenstermacher）从“反思性”的角度提出实践性知识是“教师通过对过去经历的反思而生成的一种知识”[④]；卡特（K. Carter）则侧重于实践性知识“缄默性”的特征，认为实践性知识是“在某个时刻，可被教师应用的，隐藏在其行为背后的全部知识”[⑤]；帕哈雷斯（M. Frank Pajares）看到了实践性知识具有“指导性”，认为它是教师理解信息的“过滤器”，“指导教师选择何种教学材料、采取何种教学方法、做出何种教学决策”[⑥]，这与穆罗科（Barbara Mullock）、考尔德黑德（J. Calderhead）的观点相一致；温鲁普（Nico Verloop）、贝加德（Doune Beijaard）和梅杰尔（Paulien Meijer）另从“教师信念”的角度出发，将教师实践性知识定义

---

① Freema Elbaz, *Teacher Thinking: A Study of Practical Knowledge*, London: Croom Helm, 1983.

② ［加］F.迈克尔·康奈利、D.琼·柯兰迪宁等：《专业知识场景中的教师个人实践知识》，《华东师范大学学报》（教育科学版）1996 年第 2 期。

③ Jack C. Richards, Willy A. Renandya, *Methodology in TESOL: An Anthology of Current Practice*, New York: Cambridge University Press, 2002.

④ Gary D. Fenstermacher, “Chapter 1: The Knower and the Known: The Nature of Knowledge in Research on Teaching”, *Review of Research in Education*, vol. 20, no. 1 (1994), pp.3-56.

⑤ K. Carter, L. Gonzalez, “Beginning Teachers' Knowledge of Classroom Events”, *Journal of Teacher Education*, vol.62, no.3 (1992), pp.307-332.

⑥ M. Frank Pajares, “Teachers' Beliefs and Educational Research: Cleaning Up a Messy Construct”, *Review of Educational Research*, vol.44, no.3(1993), pp.223-232.

为“构成教师实践行为的所有知识和洞察力”①，也是“隐藏在教师行为背后的知识和信念”②，并提出实践性知识具有共性与个性的双重特征，而对共性实践性知识的有效分享则会有助于新手教师的培养。

20世纪90年代，“教师实践性知识”的概念开始引起国内学者的重视。虽然当前研究所属不同学科，研究主题、对象及方法各有差异，但学者们对教师实践性知识的界定主要存在以下三种取向：

第一，认为实践性知识是教师经验的表现形式，关注其在具体教学情境中的指导作用，尤其是教师在面对教学困境时，实践性知识所赋予教师的解决问题的能力。代表人物有林崇德(1996)、叶澜(2001)等。

第二，鞠玉翠(2003)、陈向明(2003)、程凤农(2014)等人则认为教师实践性知识与个人的教学经历有着直接关系，有着鲜明的个人特征，体现着个人的信念。

第三，关注反思在教师实践性知识生成过程中的作用，强调反思是实践性知识生成的重要媒介。持该观点的学者主要有钟启泉(2004)、姜美玲(2008)和陈静静(2011)等。

对国内外学者关于实践性知识的定义进行综合与借鉴，本书将“教师实践性知识”定义为：在主客观因素共同影响下，教师在反思性教学实践过程中实际使用以指导教学决策的动态知识体系。

以国际中文教师为例，教师进行“把”字句教学过程中，“把”字句基本结构“主语＋把＋宾语＋动词＋其他成分”是呈外显状态、可被共享且不以拥有者个体的不同而改变的理论性知识；而某位教师在多次讲授该语言点的过程中不断进行教学反思、经验总结，认为选用“西红柿炒鸡蛋”这一家常菜的制作过程进行“把”字句教学易于学生理解，教学效果最好，这就是其所具有的实践性知识。

国际中文教师与学生有着不同的母语背景，并且“把”字句、可能补语等有一定难度且汉语中独有的重要语法项目教学一般集中于初级阶段，学生在汉语水平较低的学习阶段需进行难度较高的理论性知识学习。因此，与其他专业任课教师相比，国际中文教师的实践性知识对顺利开展教学活动、保证教学效果有着

---

① Paulien Meijer, Nico Verloop, Douwe Beijaard, “Similarities and Differences in Teachers' Practical Knowledge About Teaching Reading Comprehension”, *The Journal of Educational Research*, vol.94, no.3 (2001), pp.171-184.

② Paulien Meijer, Nico Verloop, Douwe Beijaard, “Similarities and Differences in Teachers' Practical Knowledge About Teaching Reading Comprehension”, *The Journal of Educational Research*, vol.94, no.3 (2001), pp.171-184.

更为重要的意义。

还需特别指出的是，本书认为实践性知识并不等同于隐性知识（或称“缄默知识”）。1958 年，波兰尼（M. Polanyi）在其《人的研究》一书中指出：“人类有两种知识，通常所说的知识是用书面文字或地图、数学公式来表述的，这只是知识的一种形式。还有一种知识是不能系统表述的，例如我们有关自己行为的某种知识。如果我们将前一种知识称为显性知识的话，那么我们可将后一种知识称为隐性知识。”[①]隐性知识和显性知识的区别在于是否可以编码，是否可以并易于表达。不少学者认为实践性知识本质上是一种隐性知识，是一种“可意会而不可言传”的知识。实际情形是，教师的实践性知识并非无法以语言或书面的形式表达，只是在日常教学中，教师无须或没有机会将其实际使用的教学知识予以外化。若给教师提供一个将内隐实践性知识显性化的机会或平台（如进行刺激回忆），教师可选择某个特定教学行为的依据对其进行阐述。但这并不意味着在本书中八位样本教师均表达了自己的全部实践性知识，本书将在最大范围内尽可能多地对样本教师的实践性知识进行收集，并进行翔实、深入的分析。

1.4 文献探讨与理论基础

1.4.1 文献探讨

英国学者艾尔贝兹被认为是系统研究教师实践性知识的第一人。在此之前，杜威、波兰尼、舍恩（Donald Schon）、舒茨（Alfred Shutz）等学者虽未提出“教师实践性知识”的概念，但亦从理论与实践的关系、教师的个人知识、默会知识以及生活知识等视角对实践性知识进行了最初的探索。

20 世纪 80 年代，艾尔贝兹创造性地提出了教师“实践性知识”的概念，并从内容结构和表征形式两个维度对教师实践性知识进行了探讨，拉开了有关教师实践性知识研究的序幕。这一时期的学者普遍关注学习效果，崇尚运用“过程—结果”的研究范式对教师的知识开展研究。

20 世纪 90 年代，关于实践性知识的研究进入巩固发展时期，代表人物有加拿大学者康奈利与柯兰迪宁，以及荷兰莱顿大学温鲁普、贝加德与梅杰尔组成的

---

① M. Polanyi, *Personal Knowledge: Towards a Post-Critical Philosophy*, Chicago: University of Chicago Press, 1958.

研究团队。学者们的关注点转向质性研究及解释学领域，开始关注教师教学模式的形成在何种程度上受到了教师思考的影响，提出了诸如“教师是决策者”“学科教学法知识”“教学信念”“学徒式观察”等相关概念，关于教师认知的研究正式起航。

进入 21 世纪，教师实践性知识引起各国学者的关注，相关研究呈现“百花齐放”的态势。除上述荷兰团队外，英国教授伯格和怀亚特(Mark Wyatt)、澳大利亚学者穆罗科、埃及教育家阿卜杜拉哈菲兹(Ahmed Abdelhafez)、中国陈向明教授等研究个人或团队发表、出版了多篇(部)有影响力的论文或著作。新时期的研究更加深入与细化，较多关注于探索实践性知识的来源、建构路径以及教师对自我教学的认知、专业身份的重构等领域。除了思辨型理论建构型研究，具有实践取向的质性研究也层出不穷，研究领域涉及数学、化学、信息科学、语言教育等多个学科；各类学校不同专业发展阶段的教师，如实习教师、新手教师、成熟教师、教学督导员等，都参与到教师实践性知识的研究中，成为研究对象或从事相关研究。

1.国外相关研究

在研究视角上，国外学者尝试从现象学、语言学、心理学、生态学、人类学等多学科汲取力量，多角度聚焦教师实践性知识，运用不同理论基础对实践性知识进行分析与诠释。多维跨学科理论为实践性知识相关研究建构起坚实的理论根基。

现象学是一套通过“直接的认识”描述现象的研究方法，强调对事实和感觉的共同关注，重视个体在生活经历中建立起的意义。范梅南(Van Manen，1991)通过观察师生的交往活动，以现象学“生活世界”的方法论规则为基础，从教师的生活体验和日常现象出发，研究了教师的教学敏感性，继而提出了“教学机智”的概念。

20 世纪 90 年代中期，认知心理学被引入教师实践性知识这一研究领域，学界从关注教师行为转向对教师认知的研究，尤其关注教师课堂教学行为背后的认知和信仰，探索行为和认知的相互影响，荷兰温鲁普团队是其中的代表。他们还看到了教师认知对教学改革的重要意义，指出“不考虑教学认知的教学改革注定会失败”①。

---

① Nico Verloop, Jan Van Driel, Paulien Meijer, "TeacherKnowledge and the Knowledge Base of Teaching", *International Journal of Educational Research*, vol.35, no.5 (2001), pp.441-461.

此外,赞白拉斯(Michalinos Zembylas,2006)、孔尼(Johannes Konig,2013)等人从生态学的视角,深层次探讨了教师实践性知识的生成机制,拓宽了教师实践性知识的内涵;黑羽正见采用人类学的方法,对教师教育信念的形成原因进行了深入分析;野中郁次郎(Ikujiro Nonaka)和竹内弘高(Hirotaka Takeuchi,1995)从组织学习的角度提出了知识创生螺旋理论(Socialization,Externalization, Combination, Internalization, SECI),为研究教师实践性知识状态的转变提供了研究模型。

在研究内容上,国外学者对实践性知识的关注经历了一个从理论构建到实践研究的转变。当艾尔贝兹最初提出"实践性知识"这一概念之时,因其缄默性与个体性的特征,并不被当时主流研究体系所接受。于是关于教师实践性知识的研究开始了一段漫长的理论构建、寻找身份认同的路程。从明确知识体系的组成部分到层级结构,从探索知识的来源到生成路径及管理策略,国外学者关于教师实践性知识的研究不断深入,并寻求更广泛的理论基础,探寻更多样化的研究方法,使得这一领域呈现多元发展态势。

关于实践性知识的类别,艾尔贝兹的研究主要集中在对知识的层级维度上,他认为实践性知识按照抽象程度由高到低依次为意向、实践原则和实践规则,这一类属分析为日后的研究提供了思路和视角。温鲁普、贝加德和梅杰尔等人更加注重对学生的观照,认为教师实践性知识应包括关于学生的知识和关于学生学习和理解的知识。随后,克拉克(Christopher M. Clark)和彼得森(Penelope L. Peterson,1985)、劳伦斯(Laurence J. Coleman,2014)、盖博腾(Elizabeth Gatbonton)、穆罗科等多位学者均对教师实践性知识的内容构成进行过深入探讨。综合来看,教师实践性知识包括关于学生的知识、关于自己的知识、关于教师角色的知识、关于学校的知识、关于教与学的知识、关于课程的知识、关于教材的知识、关于所教内容的知识、关于课堂管理的知识以及关于教学策略的知识等方面。本书所采用的是阿卜杜拉哈菲兹于2014年提出的实践性知识的分类,即教师实践性知识包括关于教师自我的知识、关于学生的知识、关于课程的知识、关于教学策略的知识、关于教学媒介的知识以及关于教学环境的知识等。

关于实践性知识的来源,部分学者认为过往经历是教师实践性知识的主要来源。艾尔贝兹谈到个人教育信念、任职学校的集体文化、专业教育训练均会影响教师的实践性知识。达菲(Lois Duffee)和艾肯黑德(Glen Aikenhead,1992)从教师过往经验的视角分析教师当下的教学决策,将实践性知识的内涵与影响因素统一整合为一个整体。[①] 克罗斯曼(Pamela L. Crossman)和里克特(Anne E. Richert,1988)将个人经历细化为中学求学阶段、高等教育专业培养阶段、师范教育课堂实践经验等阶段。[②] 布特(Richard Butt)和贝默德(Danielle Baymond,1992)更是将个人经历解释为教师作为"孩子、父母、教师、文化背景、个人和专业经验、同龄人"的生活体验。

另有部分学者认为实践性知识是在各类教学情境中生成的。康奈利和柯兰迪宁提出教师的专业知识与个人实践性知识是在"专业知识场景"中结合的,这一场景影响着教师的教学质量和效果。佐藤学(Manabu Sato)认为,事例研究能够促进教师实践性知识提升,肯定了情境对实践性知识生成的重要性。温鲁普、贝加德和梅杰尔等人关注学习状态下教师知识的聚集形式,认为教师的实践性知识与环境(尤其是指导教师的指导)有内在联系,并在后续研究中,阐述了指导教师帮助新手教师形成并提升实践性知识的具体路径。[③]

此外,约翰斯顿(M. Johnston)最先提出了反思对教师实践性知识生成与发展的重大影响。[④] 舍恩予以赞同,认为反思是教师建构意义和知识的主要途径。

基于教师实践性知识的实践性特征,学者在进行理论构建的同时,亦展开了针对教师实践的质性研究,将研究重点拓展到描述实践性知识的"实然"状态上。以荷兰温鲁普团队为先驱,研究学者试图突破研究个体性取向,寻找不同学科教师的共享实践性知识,探寻知识的普遍意义。此后,职前教师、实习教师、新手教师成为学者们关注的重点,大批质性研究,如叙事研究、个案研究、访谈研究等层出不穷,代表性的研究有:

1999年,荷兰温鲁普团队以13名教授5个语种阅读课的教师为研究对象,收集并分析其实践性知识,将教师分为学生取向、课程取向、学生学习取向三种类型,并以对教师的采访内容为依据命制调查问卷,通过对近70名教师的调查,试图概括教授16~18岁外语阅读课教师的共享实践性知识。

---

① Lois Duffee, Glen Aikenhead, "Curriculum Change, Student Evaluation, and Teacher Practical Knowledge", *Science Education*, vol.76, no.5 (1992), pp.493-506.

② Pamela L. Crossman, Anna E. Richert, "Unacknowledged Knowledge Growth: A Re-Examination of the Effects of Teacher Education", *Teaching and Teacher Education*, vol. 4, no.1 (1988), pp.53-62.

③ 参见[日]佐藤学:《课程与教师》,钟启泉译,教育科学出版社2013年版。

④ M. Johnston, "Contrasts and Similarities in Case Studies of Teacher Reflection and Change", *Curriculum Inquiry*, vol.24, no.1 (1994), pp.9-26.

2001 年，布林(M. P. Breen)研究了澳大利亚 18 名对外英语教师的教学行为与教学理念之间的关系，探讨教师是如何在个人教学理念指导下建构教学策略的。

2006 年，穆罗科采用了刺激性回忆报告法，对 4 名教授不同科目(普通英语课、商务英语课、剑桥高级英语证书考试课)的英语教师展开了研究，将教师实践性知识划分为 7 大类 24 个方向，统计其使用频率，并以盖博腾的研究成果为对比项，分析两组研究数据间的异同。

2014 年，阿卜杜拉哈菲兹对 38 所中小学校 236 名教师进行调查，在对先前学者有关教师实践性知识类属分析结果进行验证的同时，呼吁相关研究应向教师学习、专业发展等领域拓展。

在研究方法上，国外学者重视研究设计的合理性，强调多元方法的综合运用，定量研究方法以及课堂观察法、刺激回忆法、结构或半结构式访谈法、绘制概念图法、类比法、评价法、民族志研究法等质性研究方法被广泛运用到相关研究中。艾尔贝兹通过对一名中学英语教师的观察和访谈，在教师知识研究领域开创了微观叙事研究的范式；康奈利和柯兰迪宁认为实践性知识是“源自教师生活史的叙述”，主张叙事研究是获取教师个人实践性知识的重要途径；克里格(Aviva Klieger)和约瑟夫(Nurit Bar-Yossef，2011)运用大规模评价法，发现科学课教师的学科知识、教学评价知识、反思知识在专业发展过程中均得以拓展；概念图法深得约瑟夫(Pamela Joseph)、伯纳福德(Gail E. Burnaford)推崇，因为“概念图不仅体现了教师是如何认识自己的，并促使教师关注个人实践，梳理出缄默知识间的关系”[①]；加斯(Susan M. Gass)和麦基(Alison Mackey，2012)运用刺激回忆法研究教师实践性知识，强调时效性在刺激回忆报告法中的作用。通过多种研究方法的综合运用，学者们将教师的行为决策刻画成一种受多重因素影响并可进行评估的行为。

丰富的研究成果对研究教学过程、教学技巧以及教师培养都有莫大的帮助。但也应当看到，当前研究大多从研究者的视角进行，研究者与研究对象间的互动与合作关系虽已得到重视，但从事研究的多为某一学科的专家教授，一线教师仍处于被观察的位置，其作为教学活动参与者的主观能动性未得到充分重视，“用教师的眼睛看教师”应是教师实践性知识研究转型的方向。再者，当前研究成果

① P. B. Joseph, G. E. Burnaford (eds.), *Images of Schoolteachers in Twentieth-Century America: Paragons, Polarities, Complexities*, New York: St. Martin's Press, 1994.

多是为教师提供一个知识基础，较少关注教师是如何生成并掌握、使用并发展自身实践性知识的，教师实践性知识的生成路径、关键事件对知识发展的影响等方向还有待继续深入探讨。

2.国内相关研究

20世纪90年代，“教师实践性知识”的概念开始引起国内学者的重视，从1996年萌芽至今的二十余年里，大致经历了“萌芽—发展—繁荣”的过程，取得了大量的研究成果。

第一，在实践性知识的内容构成上，研究学者从不同角度进行了探索。陈向明(2004)、吴泠(2006)、姜美玲(2008)、胡韬(2011)、潘丽芳(2015)等学者关于教师实践性知识内容构成的表述虽有不同，但从中可概括出相同的教师实践性知识内容因子，如关于学生的知识、关于教学的知识、关于教师自我的知识、关于学科内容的知识、关于课程的知识、关于教学环境的知识等，这与国外学者的研究成果基本一致。

除从教师知识结构的整体出发外，部分学者亦基于不同的划分依据，以某种性质为出发点，从不同维度剖析教师实践性知识的构成。代表性的观点有：申继亮(2006)以教师行为涉及的领域为划分标准，认为教师的实践性知识应当包括教师的教育实践知识、教学实践知识和教育科研实践知识；张立忠(2010)提出教师实践性知识是由信奉的实践性知识、应用与使用的实践性知识组成；殷玉新(2015)则认为教师实践性知识包括实践中的知识、关于实践的知识和为了实践的知识。

第二，在实践性知识的来源上，国内学者提出了很多概念。主要有“来源”，如范良火(2003)、陈大伟(2005)、吴义昌(2007)、金忠明等(2009)；“影响因素”，如姜美玲等(2004)、朱宁波等(2007)；“获得路径/途径”，如刘冬敏(2008)、刘强(2013)、殷玉新(2015)；“习得路径/途径”，如郭洪洁等(2015)等。虽提法各有不同，但学者们讨论的焦点都围绕于“教师的实践性知识是受到何种因素影响后生成并发展的”，都在回答教师实践性知识“从何而来”这一问题。

当前研究认为“理论知识学习”、“教师的日常生活”(或称“教师的教学实践”)、“个人反思”(或称“个人反映”)以及“教师合作共同体”(或称“教师实践共同体”“教师学习共同体”)是教师实践性知识的四大主要来源，指出教师在理论性知识的指导下开展实践教学，在实践中通过主动性反思生成关于课堂教学的实践性知识，并在合作共同体中习得、修正、发展、共享实践性知识。

学者们亦试图从不同的视角对教师实践性知识的来源进行分类。朱宁波和张丽(2007)将其分为横向来源和纵向来源，前者包括课上教学、课下互动和个人生活,后者主要指教师先前的知识结构。金忠明(2009)和郭炯(2012)看到了职前教师与在职教师实践性知识来源的不同,认为职前教师(或称“师范生”“实习教师”)主要通过整合理论知识、案例学习、观察课堂、参与实习、接受指导等方式获取实践性知识,而在职教师则通过反思个人生活、参与课题研究、参加教育考察等方式收获实践性知识。此外,教师实践性知识的来源还有单渠道和多渠道的取向,林崇德(1996)认为教师实践性知识的获取是单渠道的,即教师从教学实践中积累实践性知识;而陈向明(2003)、郑彩国(2005)等人则认为,教师的实践性知识来自多种渠道,既有个人的经验积累、反思,也有同行间的合作与交流,还有各类在职培训的收获。

此外,刘冬敏(2008)和潘丽芳(2015)认为网络学习是实践性知识来源之一;林军(2015)和吴银银(2016)提出实施叙事研究、开展行动研究可以获得实践性知识;卢立涛等(2016)认为教师的道德操守、国家“新课改”教育政策也可使教师生成实践性知识,这几种观点具有一定的创新性。

第三,在实践性知识的生成机制上,当前研究以多学科理论为基础进行了论述。刘海燕(2006)、邓友超(2006)、吴泠(2008)、申晓月等(2011)、陈向明(2012)、康晓伟(2014)、刘澍(2015)等学者分别运用建构主义理论、知识管理理论、认知学习理论、求真社会认知论、实用主义知识论、反思行动理论、生成性教学理论解释了教师实践性知识的生成与完善机制。尽管学者们应用的理论基础各有不同,但综合来看,教师实践性知识的生成机制主要有以下四种形式。

教师实践性知识的生成是一个“外化—联合—内化”的过程。邓友超(2006)、李冉(2013)、刘洁等(2013)提出在教学实践过程中,教师运用自身业已具备的实践性知识开展教学,这是将实践性知识外化(或称“社会化”)的阶段。随后教师根据教学效果,结合所学理论性知识对课堂教学进行反思,将实践经验理性化,并在日后长期的教学实践中逐渐内化为自身新的实践性知识。

在问题情境下,通过反思,运用已有实践性知识或重构新的知识实现问题的解决,从而巩固、丰富实践性知识。陈向明(2009)、王红艳(2010)、郭炯(2012)、田燕(2015)指出,面对熟悉的问题情境时,教师会直接调动运用已有实践性知识,而当发现无法运用有限的知识与问题情境进行对话时,教师便进行反思,并对问题情境进行重构。在不断试错的过程中,若问题情境顺利解决,教师会自动调整并改进原有实践性知识结构,新的知识便会固化到教师实践性知识体系中。

通过“替代性经验的观摩”,教师亦可生成实践性知识。林一钢等(2013)提出,观摩优秀教师的课堂教学,分析其实践性知识的表征形式,经反思后可内化为自身实践性知识。

教师实践性知识的生成包括“编码”“抽象”“共享”三个阶段。殷玉新(2015)认为，教师首先应当在大脑中对教学实践中获得的实践性知识进行编码，使其成为“信奉的实践性知识”，然后结合理论知识将其抽象升华为“专门的实践性知识”，最终通过与其他教师共享，实现实践性知识的意义与价值。

总的来说，当前国内研究大都从宏观层面进行理论探讨，逻辑思辨研究占据主导位置，基于教师教学实践的实证研究数量较少，尤其是以某一具体学科教学实际为背景的研究仍较为薄弱。在知识构成上，当前研究多集中于知识的属类分析，将各类实践性知识人为划分为独立部分，缺少对知识类别间互动关系的探讨。并且，当前研究多为共时研究，对教师实践性知识的变化描写不足；在知识来源上，对不同专业发展阶段教师知识来源的异同关注不够，对不同学科教师知识来源独特性的分析仍有待增加。在知识生成机制上，由于研究方法与角度基本相同，研究结论同质化程度较高，少见对个案教师进行叙事研究。因此，有必要分学科、分阶段、分个体、分层次对教师实践性知识的构成、来源及生成机制进行深入细致探讨。

3.国际中文教学相关研究

中文教学领域有关教师实践性知识的研究起步较晚，“教师实践性知识”这一概念首次被提出是在江新、郝丽霞(2010)发表的《对外汉语教师实践性知识的个案研究》一文中。当前，中文教学界有关教师实践性知识的研究多是以西方或国内其他学科的既有研究成果为基础开展的实证研究，研究方向多集中于知识内容框架及来源，所得结论与先前研究成果基本一致。总的来说，当前国际中文教师实践性知识相关研究有以下特点：

第一，研究对象以新手教师为主，且呈现国际化的趋势。现有的研究中，多数学者将研究对象聚焦于新手教师，如吴勇毅等(2014)、姚美美(2014)、钱依琳(2015)、魏怡冰(2019)等；或进行新手教师与优秀教师的对比研究，如江新、郝丽霞(2011)。随着国际中文教育事业的蓬勃发展，其研究对象呈现国际化的趋势，这不仅体现在研究对象工作机构的国际化，也体现在研究对象的国际化。孙德坤(2014)以两名新西兰中学华人中文教师为研究对象，探讨了国际中文教师的教学理念以及实践性知识的成因；白文月(2014)、钱依琳(2015)、张可可(2018)、张瑞瑞(2019)等以孔子学院中文教师志愿者为研究对象，研究其实践性知识的生成过程，提出建构实践性知识的策略；凌雯怡(2014)通过对中国某国际学校三位不同母语的中文教师进行对比分析，探索其实践性知识来源的异同。

第二，运用多种研究方法，对中文教师实践性知识进行多角度研究。郝丽霞(2011)通过问卷调查，探寻教师实践性知识生成的影响因素；贡珂(2012)、徐燕婷(2013)运用访谈法,通过半结构式访谈探究教师实践性知识的生成路径;马薇(2012)运用刺激回忆法、钱依琳(2015)运用个案研究法,分别对个体教师实践性知识的历史发展过程进行了追踪,提出了其知识发展的模型;凌雯怡(2014)、李肖玫(2019)采用叙事研究法,从生活史的角度剖析了中文教师实践性知识的来源和发展轨迹;刘伟(2016)以256篇教学案例为研究材料,分析了某大学68名汉语国际教育专业硕士实践性知识的内容框架。

第三,能针对学科特点,提出建构实践性知识的合理建议。几个较有新意的观点是:钱依琳(2015)从对新手教师进行业务指导的角度,提出中外语言交流合作中心应向赴海外孔子学院的中文教师志愿者提供教学专家经验分享讲座及多种教学辅助材料,并建议在岗中培训中增加实践类课程;刘伟(2016)提出可利用网络孔子学院等网络媒体,为国际中文新手教师提供经验交流的平台;徐子亮(2016)从汉语国际教育本科课程设置入手,探讨了如何在"汉语教学法"这一课程中培养学生的实践性知识;姜蕴(2019)则认为产出导向型(Production-oriented Approach, POA)教学模式对教师关于自我的知识、关于学生的知识、关于课程的知识和关于教学情境的知识等四个方面实践性知识的发展有较大影响。

尽管国际中文教学界有关教师实践性知识的研究已呈现逐年增多、日益深入的趋势,但也应看到,当前的研究仍存在如下问题:

第一,样本教师数量偏少,观察课时有限,课程类型较为集中,研究结论难具有普适性。当前研究中,除郝丽霞(2011)对141名国际中文教师实践性知识影响因素进行的问卷调查以及刘伟(2016)对68名汉语国际教育专业硕士撰写的教学案例进行的分析外,其他研究的样本教师均为4名及以下,且多数为新手教师,无法全面呈现不同专业发展阶段教师实践性知识的不同特征;由于样本数量有限,所收集的实践性知识多体现某位样本教师的个人特征,难以探寻国际中文教师实践性知识的群体共性。

此外,在使用课堂观察法进行数据收集的研究中,数据收集时间跨度较短,对样本教师进行观察的课时数偏少,多为10课时左右,如郝丽霞(2011)、徐燕婷(2013)、凌雯怡(2014)、吴昊(2014)对全体样本教师入班观察的总课时数分别为8节、8节、14节、14节,样本教师难以在有限的课时中展现丰富的教学理念,将自身缄默的实践性知识通过教学行为展现出来。

再者,当前研究中样本教师所教授的课型过多集中于综合课,仅有钱依琳(2015)、姜蕴(2019)的研究涉及口语课程,听力、阅读、写作等主干课程的相关研究暂时未见,国际中文教师实践性知识的全景面貌无法在有限的样本教师以及有限的课时与课型中得以充分体现。

第二，国际中文教师实践性知识内容构成的科学性仍有待增强。由于对实践性知识概念的界定不够明确，部分学者关于国际中文教师实践性知识的分类存在着理论性知识的成分。美国教育研究专家舒尔曼曾对教师的专业知识进行过分类，他指出，教师的专业知识分为原理规则的知识、专业的案例知识和策略知识。其中“原理规则的知识”就是我们常说的“理论性知识”，这种知识通常是外显的，是可被教师所共享的；而“案例知识”和“策略知识”就是当前所说的“实践性知识”，它可以使教师在具体的教学情境中，将理论性知识以学生可接受的方式表现出来。由此可见，郝丽霞(2011)提出的教师实践性知识内容结构中，“语言学知识”(或称“语言本体知识”)、“文学和文化知识”，以及贡珂(2012)提出的“学科内容知识”、刘伟(2016)提出的“汉语基础知识”不应属于“实践性知识”的范畴。而教师在教授语言本体知识时，运用的教学方法、教学策略，体现出来的教学经验、教学信念才属于“实践性知识”。

第三，实践性知识类别的划分有过于细化的倾向，而且子类别归属不够清晰。先以刘伟(2016)的研究为例，该研究将实践性知识分为九大类别，但经过研究发现，其中“教学法相关的知识”“分技能教学的知识”“课堂组织与课堂管理的知识”三者并非并列关系，后两者均属于“教学法相关的知识”，九大类别可进一步精简。再以“跨文化交际知识”为例，江新、郝丽霞(2011)将其与“文学、文化知识”“语言学知识”并列，三者均被视为实践性知识的类别；刘伟(2016)将其与“中华文化”合并为实践性知识的一个分支；贡珂(2012)则把“跨文化知识”“中外文化知识”“语言本体及语言学知识”全部纳入“学科内容知识”。“跨文化交际知识”究竟该属于何种实践性知识？此类问题值得进一步研究。

第四，在实践性知识来源(或称“影响因素”)方面，当前研究结论同质化程度较高，缺少对各类来源间相互关系的研究。对知识生成过程的研究多集中于影响知识生成因素的静态表述，将知识生成机制研究等同于知识生成影响因素研究。

第五，当前研究中普遍缺少以一线教师的自我阐述作为论证分析的有力支撑，尤其缺少大量运用样本教师自我陈述作为论证论据的相关研究。由于实施大规模的质性研究需要大量的时间和精力，且当前关于实践性知识的研究多为硕士论文层面的研究，研究者实际教学经验较为欠缺，因此研究多为以少量课堂观察为基础的有关实践性知识的类属分析。但国际中文教师究竟拥有何种实践性知识？不同专业发展阶段中文教师实践性知识之间有何不同？其实践性知识从何而来？受何种因素的影响？是如何生成的？与其他学科相比，国际中文教师实践性知识有何独特性？随着学科的发展和研究的不断深入，这些问题理应得到重视。

1.4.2 理论基础

之前学者多以建构主义学习理论知识观、知识创造螺旋模型等作为理论基础对实践性知识进行研究。但建构主义学习理论知识观着重强调教师对理论性知识的传授,而非教师自身实践性知识的生成;知识创造螺旋模型中隐性知识和显性知识相互转化的过程是过于理想化的,有先后顺序的四个环节,并且忽略了教师自身、学生、教学环境等主客观因素对知识生成的影响。因此上述两种理论并非教师实践性知识相关研究之理论基础的最佳选择。而美国学者库玛提出的后方法教育理论中关于知识自我构建性、社会情境性、开放性的理念与实践性知识的特征不谋而合,使得以后方法教育理论作为研究教师实践性知识的理论支撑成为可能。

1.**外语教学法的局限性**

论及后方法教育理论,应从传统外语教学法谈起。在外语教学史上,学者们从未停止对教学方法的探究,至今已出现了十余种有重要影响的外语教学法,如语法翻译法、直接法、听说法、交际法等。每种教学法都有其自身的理论基础及一套课堂操作程序,不同类型的教学法都在特定的历史时期对外语教学产生过积极的作用。

尽管外语教师或多或少地掌握了些许教学法的知识,但在实际教学过程中并未严格按照某种教学法所规定的操作程序实施教学,多是遵循某些教学原则开展教学,采用折中的教学法,即教师的教学活动呈现多种教学法的影子。这主要是因为各个教学法都有较强的指令性和时空的局限性,教学法所假定的语境与实际教学情境常有不同,模式化的教学流程较少考虑到教师、学生、班级等不同的中介变量和因素,不能完全涵盖具体教学环境下与教学相关的因素对于教学实践的影响。弗里曼指出,方法本位的教学"忽视教师从学生时代就已储备的关于教学的经验和默示知识"①。

对最优教学方法的探索迫使学者们继续"重新包装"旧思想。美国著名语言教学专家里弗斯(W. Rivers)指出:"所谓新的方法,只不过是给现有方法涂上一

① J. Freeman, *Gifted Children Growing Up*, London: David Fulton Publishers, 2001.

层新鲜染料，借以用新潮术语来掩盖本质相似性的做法。”[①]很多教师意识到没有一种现成的最佳方法可以一劳永逸地用于教学实践。于是，有学者开始跳出“方法”的圈子而从其他因素着眼来探讨如何有效地促进外语教学。

2.后方法教育理论的产生背景

20世纪50年代，西方国家不仅在物质基础上呈现繁荣的景象，在文化上也有了长足的发展。众多学者发现很多新生的社会文化现象虽有存在的合理性，但无法用现有的理论进行解释。到20世纪70年代，后现代主义走到历史舞台的前台，“后现代主义”的基本特征是反本质主义、反基础主义，是一种集合文化评价、情绪态度等诸多因素于一体的思想意识范畴。它否定真理的绝对性，提倡以主观、感性的途径探索真理的必要性，反对任何一种思想以基础、本质、全能的名义边缘化其他思想，强调人类理性的局限性、真理的复杂性以及社会的多元性。它尤其关注“叙事”(narrative)，强调对不同个体的经验进行具体的理解和诠释，认为“反思”是后现代主义的重要精神内核。

受后现代主义思潮的影响，20世纪90年代末，有必要“超越教学法概念”的理念逐渐成为外语教学界的共识，“后方法教育理论”在此背景下应运而生。语言教育者认识到教师对于教学法的偏爱在于教学法在处理教学内容时所规定的操作程序，以至于采用某种新的教学法成为解决语言教学问题的关键。美国著名教育家杜威所提出的“教育的本质是个体经验的获得”等现代教育理念被后方法教育理论继承并发展。语言教学从“方法时代”到“后方法时代”的转变被认为是近30年来世界第二语言教育界的三大转变之一，也使得第二语言教学理论有了突破性的发展。

加拿大学者斯特恩(H. H. Stern，1992)首先意识到过往外语教学理论研究的局限性，指出单一的教学方法不可能给语言教学提供一个满意的概念，并在此基础上提出了外语教学的“三位框架”，即语内—语际、分析—体验、结构—信息。他认为教学的本质是互动性的多元交往过程，应当发挥教师的主动性和创造性，打破教师被动接受教学理论、刻板执行教学方法的思维定式，教师研究应被视为教学实践和理论研究的综合体。为加深对课堂环境的理解，莱特(Dick Allwright)提出了外语教学探索式实践(Exploratory Practice，EP)框架。这一

① W. M. Rivers , *Psycholigical Validation of Methodological Approaches and Fording Language Classroom Practices*, in Barbara Freed (ed.). *Foreign Language Acquisition Research and the Classroom*, Lexington, Massachusetts: D. C. Heath & Co., 1991.

框架在理论和实践之间搭建起桥梁，倡导教师将科研与日常教学相结合，关注教师的专业化发展。

美国圣何塞州立大学教师库玛被誉为后方法教育理论的奠基人。从最初试探性地使用后方法状态（Postmethod Condition）这一表述，到针对语言教学课堂情境不可预测性，教师难以应对所有未知学习需求和教学情境的实际情况所归纳的十大宏观策略及三大教学参数，再到后期对理论、研究和实践，以及学习者、教师和教师教育者三个教学要素之间关系的探讨，后方法教育理论日趋成熟与完善，逐渐发展成为一个完整、连贯的系统。

3.**后方法教育理论的基本思想**

后方法教学法从诞生的那一刻起就带着浓烈的后现代主义色彩，对排他封闭的教学体系逐一解构，挑战传统教学法的权威地位。它重视教学方法的多元、开放与融合，倡导“整体语言、意义优先的语言观；回归生活、实践体验教学观；互动协商、合作探究的学习观；赋权增能、自主决策的教师观”①。后方法教育理论的核心理念表明该理念与教师实践性知识相关研究有较强的适配性。

（1）主要观点

①教师是后方法教育理念的核心，是教学实践的主人以及教学理论的构建者。

传统教学法是以知识为导向、由教学法专家制定、教师被动执行的自上而下的理论模式。各类教学法不是立足于教学实践所提出的，往往是被人为地、理想化地运用到了同样理想化的、远离实际的教学中，呈现一种“不平等权力关系”。在这种关系中，处于“权威”地位的理论专家负责将教学理论概念化，处于“服从”地位的教师则只负责在具体教学中运用这些抽象理论。

后方法教育理论视野下的教师角色有了革命性的改变，这一理论主张在最大限度上尊重教师在教学方法运用和支配上的自主性及创造性。后方法教育理论拒绝人为地划分理论家和教师，教师是教学实践者、研究者以及理论构建者的统一体，这就打破了理论与实践、理论家与理论实践者的二元对立。后方法教育理论不指导教师运用现有的教学法理论，而是强调教师在已有的语言、文化和教育学知识的基础上，根据社会政治条件、教学环境以及自身的教学风格和经验，自主地展开教学活动和课堂研究，在实践中升华理论，在反思中由被动变为主动，从而超越学校、课程以及课本所带来的局限，在自身的行动研究中构建一种“自下而上”、立足于课堂教学并符合教学实际的系统化、连贯的个人实践理论。

---

① 刘凤娟：《后方法外语教学理论文献研究综述》，《教育现代化》2017年第28期。

而这种实践理论正是教师"在日常教育教学过程中积累而成，真正信奉并在其教育教学实践中实际使用并表现出来的对教育教学的认识"[①]，即为教师的实践性知识，这表明后方法教育理论与教师实践性知识研究有着较高的研究匹配度。

②后方法教育理论下的学生是拥有一定社会背景、决策权及主人翁意识的教学参与者和自主学习者。

后方法教育理论认为，学生与教师是影响课堂教学最重要的两大因素。首先，学生是教学活动的参与者。在后方法教育理论下，教师选取不同的教学方法，综合发展学生各项语言技能；同时教师为学生展示专业领域最新的信息，这样不仅不会使学生被长期限制在某种教学方法枯燥的模式之下，还开阔了学生的视野。其次，学生还是拥有一定决策权的自主学习者。这里的"自主"包括学术自主、社会自主和解放自主三个方面。"三个自主"要求教师不仅应重视提高学生的语言水平，还应着重培养学生独立自主学习、合作学习的能力。最后，后方法教育理论下的学生具有主人翁的意识。教师对学生的课堂学习成果进行及时的评价，教师不以考试成绩作为评价的标准，而侧重于评价学生的语言能力和语言学习目标。这不仅减轻了学生的学习压力，也有利于学生语言素质的提高。此外，教师珍视学生对教学的反馈，并积极修改、完善现有的教学计划，这也在一定程度上激发了学生的主人翁意识。

从人本主义的观点来讲，比起传统的教学法，后方法教育理论的另一优势在于将语言重新放回社会大环境当中，不把语言和社会环境割裂开来，重视语言的社会属性，尊重学生的社会背景，允许学生带着社会背景走进课堂。同时，后方法教育理论强调教师应意识到学生个体学习需求的差异，针对学生独特性设计教学方案，从而使得教学活动更具针对性，学生的学习积极性也得以激发并保持。而在教师实践性知识构成中，关于学生的知识、关于教学环境的知识、关于教学策略的知识是重要组成部分。教师在实施各种教学策略进行语言教学时，学生的社会背景及学习需求是其考虑的重要因素之一，教师教学内容也应与社会情境相关联。因此，运用后方法教育理论对实践性知识的内容构成进行分析具有可行性。

③后方法教育理论是开放创新、动态发展的理论。

传统教学法的理念是采用具有普适性的"饼干模子"(cookie-cutter)式的教学方法开展教学实践，无法应对复杂的、时刻处于动态变化的语言课堂，也无法满足具有不同社会背景、学习动机的学习者的需求。语言教学是一个不断推进、

---

① 陈向明:《实践性知识:教师专业发展的知识基础》,《北京大学教育评论》2003年第1期。

能动发展的过程，这决定了后方法教育理论不应是封闭的理论模式，而是一个具有开放性的、持续发展的教学理论体系。教师在教学实践中不断总结个人经验，并逐渐形成指导自身教学的原则。这些原则来源于课堂教学实践，可随着实践的深入完善。比起传统教学法理念形成的故步自封，后方法教育理论更具科学性和先进性，有很强的可持续发展的能力。这也与实践性知识是在教师不断实践与反思中循环生成的特征相一致。

(2)三大教学参数

基于教师教育与发展的角度，库玛提出了构建后方法教育理论的三个参数，即“实践性”“特殊性”“可能性”。

①实践性。

后方法教育理论的实践性（亦称“实用性”）重点关注理论和实践的关系。教育教学理论是基于教师日常教学实践构建的，只有来自教学一线的理论才是有实施价值的。在教学实践中，教师宏观思考社会政治因素，结合具体教学情境，在反思和行动中发展自身的教学意识，构建一套立足课堂教学的操作程序和教学策略，继而形成教育教学理论体系，并逐渐成长为教学研究者、实践者和理论构建者的统一体。同时，教师还应通过培养教学洞察力形成一种“理论可信意识”，这是区分不同专业发展阶段教师的主要标志之一。

②特殊性。

特殊性（亦称“具体性”）是指语言教学应该立足本土，适应具体的教学环境。特殊性既是教学目标，又是教学过程。教师应通过观察、反思、行动间的循环往复形成一定的环境敏感性，在了解任教地区社会政治基本情况及其特点的基础上，结合具体的教学情境，对语言教学进行设计和改进，促使教学内容能切合特定学生的特定学习目的，真正做到因地施教、因时施教、因人施教。任何教学行为都需适合于特定环境、特定组织机构、特定学生，针对相异的教学环境和教学对象不应使用完全相同的教学方式。

③可能性。

可能性（亦称“可行性”）关注教师与学习者的社会身份。后方法教育观认为语言教学不仅受当地社会文化的影响，也受到教师及学习者身份意识的影响。教师和学生都具有不同的生活经历及社会、政治、经济背景，这些因素会跟随师生进入教育情境中，并对教育政策的制定、教学计划的实施等有着全面的影响。因此，课堂不仅是教授语言知识的场所，更包含着社会、政治、经济等因素。后方法视域下的教学策略不仅要关注教学目标、教学内容、教学策略和教学评价，还应关注历史政治、社会文化等因素对语言教学所产生的直接或间接的影响。教师不能把学习者的语言需求和社会需求简单地割裂开来，而应使教学参与者带入课堂的社会政治意识继续成为其“寻求主体性和塑造自我身份的催化剂”。

“实践性”“特殊性”“可能性”是相互交织、相互促动的关系，它们在一个共生的环境中整体关注师生在特定教学情境中的合作关系。三个参数最大的作用是对教师角色的重新定位，教师突破了传统教学法模式下教学理论实践者和知识传授者的角色，成为教学理论的研究者和创造者。在这个全新角色的背后是对教师过往教学经验和教学知识的尊重。因此语言教师应加强对自身教学语境的研究，在教学实践中提炼教学理论再将其应用到教学实践中去，成为具有自主性的反思型教师。

(3)十大宏观策略

在上述三个教学参数的基础上，库玛又提出了十大宏观策略。教学参数与宏观策略有机结合，使后方法教育理论的可操作性得以保障。这十个宏观策略分别是：学习机会最大化、促进协商式合作、理解失协最小化、激发直觉启发式教学、培养学生语言意识、语言输入语境化、语言技能集成化、提高学习者自主性、确保社会关联性以及提升文化意识。① 该宏观策略为教师自主生成微观教学策略与技巧提供了宽泛的指导。

十大宏观策略对外语教学的各个方面均有所观照。学习机会最大化、理解失协最小化是课堂教学的基础和前提，揭示了语言教师应遵守的教学原则；而激发直觉启发式教学、促进协商式合作、语言输入语境化、语言技能集成化涉及教学方式，具体指导语言教学过程；培养学生语言意识、提高学习者自主性是语言教学应该追求的教学目标；确保社会关联性以及提升文化意识则强调了目的语社会文化及师生的社会背景对教学的重要作用。

除应注重教师、教材、教法之外，十大宏观策略还提示教师应将更多的关注点聚焦于学生本身以及学生的学习行为和学习环境。教师应对学生的学习策略、对教学方法的喜好、社会文化背景以及情感、动机等心理因素加以关注，因为“知道自己良好的教学与了解我的学生和学科同样重要”②。

这十大宏观策略是一组描写式的、不受限制的教学策略，不同于方法的规定性和绝对性。库玛旨在通过具有操作性的教学原则，帮助教师运用日益积累的

① 参见武和平、张维民：《后方法时代外语教学方法的重建》，《课程·教材·教法》2011年第6期。

② J. Palmer Parker, *The Courage to Teach: Exploring the Inner Landscape of a Teacher's Life*, San Francisco: Jossey-Bass Publishing, 1998.

教学经验，具体问题具体分析，并以策略框架为标准进行自我观察和评估，提升探索课堂的能力，生成适用于自身教学情境的具体的微观教学技巧，并将其理论化、系统化，最终构建起自己的教学理论。

4.**后方法教育理论与国际中文教学**

在国际中文教学领域，后方法教育理论的相关研究起步较晚，最早明确出现"后方法"这一提法的是陶健敏于《暨南大学华文学院学报》2006 年第 3 期发表的《"后方法时代"语言教学观与对外汉语教学法体系构建》一文，其提出需以后方法教育理论为基础在国际中文业界构建以教师自主教学为原则的、富有个性化的教学法体系，并对构建模式原型进行了合理的设想。随后，冯锦程(2010)通过对比传统教学法与后方法教育理论，认为国际中文教学应当摆脱呆板模式化的传统教学方法，进入"后方法时代"，实现教师在教学过程中的自主与创新。

国际中文教学界有关后方法教育理论的研究于 2014 年呈现明显增长趋势，代表人物为崔永华和王丕承。两位学者均从中文教学进入后方法时代的必要性谈起，崔永华(2015,2016)着重关注国际中文教学理论建设的特征、途径以及教学资源建设的理念与原则；王丕承(2016,2017)则关注教师的认知，指出中文教师应超越对教学的传统认知从而摆脱机械的教学方式。

当前的研究主要集中于以下两大领域：一是有关语言要素教学、课堂教学设计的研究。郭修敏等(2016)基于后方法教育理论，对"汉字—词汇"相结合的二元动态教学模式的实施方式和积极作用进行了探讨；翟艳(2017)从汉语语法的解释力、使用限制、组配和谐度等五个方面提出了后方法教育理论背景下语法教学策略的选择标准；吴芳敏(2016)则以库玛提出的宏观教学策略为指导，展示了汉语课堂小组合作式教学的实施过程及教学策略。二是有关教学中最重要的两个因素——教师与学生的研究。吴勇毅等(2014)关注到了不同认知风格的教师在教学策略选择上的差异，刘文燕(2016)就中文教师综合评价体系的建立提出了自己的设想和建议，原鑫(2017)从师、生两个角度展示了两者对课堂活动有效性、趣味性的认识，并探讨了课堂活动有效性与趣味性的关系。

整体而言，国际中文教学界对后方法教育理论的研究仍处于起步阶段，研究主题较为分散且未成体系。大多研究暂时停留在理论探讨、构建设想阶段，缺少结合具体教学的实践研究。当前学界暂未涉及分级别语言技能课型教学的相关研究，未见有关汉字、语音等语言要素教学领域的研究，对后方法视域下新型教学模式、教学方法的探索有待加强。

第2章　研究设计

2.1　总体安排

2.1.1　研究问题

本书将研究焦点定位于国际中文教师课堂教学实践性知识，试图对以下问题进行深入探讨：

①国际中文教师实践性知识内容构成的共性特征；

②国际中文教师实践性知识的阶段性特征；

③国际中文教师实践性知识的来源途径；

④国际中文教师实践性知识的生成机制。

2.1.2　研究思路

本书由6章构成。

第1章为绪论。主要论述选题的背景及意义，在对研究核心概念进行严格界定的基础上，综述国内外相关研究现状并阐释本书理论基础。

第2章为研究设计。提炼本书的主要研究内容，并对所实施的刺激回忆、绘制概念图、深度访谈、叙事研究等研究设计的过程及方法进行如实、详尽的介绍与描述。

第3章为国际中文教师实践性知识的共性考察。按照阿卜杜拉·哈菲兹于2014年提出的实践性知识分类标准，以8位样本教师共约17万字的刺激回忆转写文本为研究数据，在概括提炼教师共享"本土概念"的基础上，对国际中文教师实践性知识进行类属分析，展示其课堂教学实践性知识内容构成的共性特征。

第4章为国际中文教师实践性知识阶段性特征。以教师专业发展阶段为线，以教师刺激回忆内容为依据，结合教师所绘实践性知识概念图，从知识内容及知识结构两个角度分析不同专业发展阶段对外教师实践性知识的群体特征。

第5章为国际中文教师实践性知识形成来源。以“国际中文教师实践性知识来源”为主题，运用半结构性访谈的形式对样本教师实施深度访谈，并结合访谈内容从个人来源及外在来源两个方面对国际中文教师实践性知识的来源进行系统分析，同时对两类知识来源间的相互关系进行分析与讨论。

第6章为国际中文教师实践性知识生成机制。选取一名样本教师进行基于文本的个案教育叙事研究，以其专业发展阶段为线索，对教师自行撰写的18个关键性事件进行词云分析，考察不同类别、不同来源的实践性知识是如何随着专业发展的进程在其身上集中体现的，并尝试以此揭示国际中文教师实践性知识的生成机制。

本书研究思路如图2-1所示：

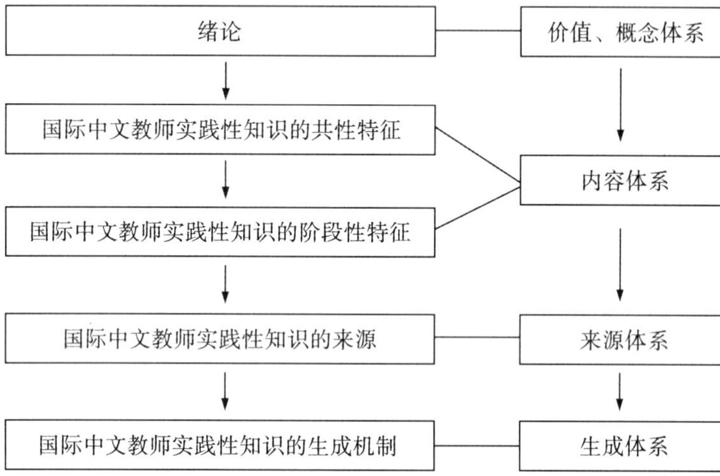

图2-1　本书研究思路

2.2　研究方法

根据本书的总体设计，第3章到第6章将分别对国际中文教师实践性知识的内容构成共性特征、阶段性群体特征、来源及生成机制进行深入探讨。在这一过程中，针对不同研究主题的特点，综合采用刺激回忆、绘制概念图、进行深度访谈以及开展叙事研究等多元研究方法进行数据收集工作。运用多角度、全方位的有效数据进行论证，以确保研究结论的可信度。上述研究方法并非独立地为某一研究领域提供数据支持，而是在相互联系与促进中共同推动着研究的顺利进行。因此，有必要在研究论证开始前，对本书所实施的研究方法在整体上进行全面介绍。

2.2.1　刺激回忆法

刺激回忆法是一种获得事件参与者对心理过程进行反思内省的研究方法，研究者运用视频或其他视觉材料作为提示，邀请参与者回忆某个阶段或时间点的行为，并阐释行为背后的思考过程及行动理念，从而达到了解参与者认知过程的目的。史洛治(Slough，2001)将其定义为一种记忆检索的方法。在研究实践过程及认知策略时，刺激回忆法是一种有效获得实践者观点的工具，也是极少数可以了解教师思考过程的方法之一(Mullock，2006)。

本书以国际中文教师实践性知识为研究对象。为了如实反映样本教师进行教学决策的思维过程，获得足量、可信的研究数据，研究者首先对事件参与者，即样本教师实施刺激性回忆。通过多媒体设备重放和重新介绍任务期间出现的线索，以此了解其真实认知，构建研究的原始数据库。麦基(2005)认为，刺激回忆法是获得实践者观点的有效途径，有助于其在特定时间点对事件及个人思维进行更好的解释。

1.**研究对象**

本书采用分层目的性抽样(陈向明，2000)的方式，以教师专业发展阶段为依据，选择可为本书提供最大信息量的教师作为样本教师。

尽管就个体而言，并非每位教师在其任教生涯中均能成长为专家教师，但从整个教师群体来看，教师的专业发展一般要经历新手教师(含高级新手教师)、胜任教师、成熟教师以及专家教师等四个阶段(Berliner，2000)。其中新手教师主要指刚走上工作岗位 1～3 年的新教师或是正在进行教学实习的教师。他们一般工作热情饱满，但由于缺乏教学经验，处理教学问题的灵活性不足，倾向于刻板地遵守特定的原则、规范与计划，课堂管理与教学活动带有较强的偶然性和盲目性。胜任教师是指教学方法和策略有所提高，教学行为有较为明确的目的性，能够选择基本有效的方法或手段以达到教学目标的教师，其教学年限一般为 3～5 年。成熟教师具有丰富的教学经验及较强的直觉判断力，其教学技能达到一定的认知自动化水平，并可根据学生课堂反应有效控制自身教学活动，其工作年限一般为5～10年。专家教师是指拥有丰富合理的知识结构、高效的问题解决能力及敏锐的教学洞察力，并有一定教学专长的教师，其教学能力深得领导、同事、学生的好评，工作年限一般在10年以上。

本书在上述教师职业专业发展四个阶段中各选取2位教师、共8位教师作为样本教师进行数据收集。在选择样本教师过程中，综合考虑了其教学效果、表达能力、合作精神、与研究者的亲密关系、对研究感兴趣的程度等因素，确保为研究者提供充足的“获得信息的机会”（Stake，2005）。

在课程类型上，研究并未集中于某一汉语水平的某一种课型，而是兼顾初、中、高各级各类汉语课程。原因有如下两点：第一，部分样本教师同一时期跨层级、跨课型授课，这是国际中文教师的工作常态。通过课堂观察，同一位教师在不同班级中呈现的实践性知识并无质的差别。在不同水平的不同课程中，某位教师所呈现的教学策略虽存在差异，但其背后的教学理念却是一致的。第二，不同教师在不同课型教学中所使用的实践性知识有进行对比分析的可行性，例如下列四位讲授不同课型教师对其教学行为理念的表述均可归入“给予学生一定的自主学习空间，积极实践启发式教学”这一关于课程教学策略的实践性知识。

例1：（这个题很难，）所以我让他们先分组讨论，一起给一个答案。（A-2-41）

例2：讲副词的时候，我一般会让学生体会一下如果没有这个副词句子对不对，如果对，表达的感觉有什么不一样，然后再让学生体会出来这个词到底强调了什么。（B-2-53）

例3：这个地方学生比较难理解，我给他们留1～2分钟的时间，让他们互相商量一下，问问自己国家的同学。因为他们可以用母语或英语进行交流，学生看起来不是特别明白的时候，也这样做。（D-1-126）

例4：领读完了（课文）以后再让学生自己读，是想让学生自己找找有什么问题，熟悉一下课文内容。（F-1-123）

基于上述两点原因，本书共涉及精读、口语、听力、听说、读写、词汇、语法等七种课型，基本涵盖国际中文教学全部主流课型。8位样本教师任教班级均为混合班，每班有9～22名学生，共120名，来自39个国家，年龄为18～25岁。

在进行第一次入班观察前，研究者曾向8位样本教师分别介绍了研究的目的和计划，在获得研究许可后与其签署了《知情同意书》，约定整个研究将在匿名的情况下展开，样本教师随时可退出研究。为了充分保护样本教师的隐私，减少他人根据其个人信息猜测出教师真实身份的可能，8 位样本教师分别用 A 老师、B 老师、C 老师、D 老师、E 老师、F 老师、G 老师和 H 老师命名，基本信息如表 2-1 所示。

表 2-1　样本教师基本情况

教师	教龄	学位	职称	专业背景	任教课程
A 老师	2 年	硕士	讲师	汉语国际教育	中级精读、中级读写
B 老师	1 年	博士	讲师	对外汉语	中级读写、高级精读
C 老师	4 年	硕士	讲师	汉语国际教育	中级听力
D 老师	5 年	硕士	讲师	汉语言文字学	中级精读、中级读写
E 老师	8 年	博士	讲师	汉语言文字学	初级听说、高级词汇
F 老师	8 年	博士	讲师	对外汉语	初级听说、中级口语
G 老师	19 年	博士	副教授	汉语言文字学	中级写作
H 老师	25 年	博士	副教授	汉语言文字学	中级口语、高级词汇

2.数据收集

当被观察行为背后的原理可以被研究的时候，观察和访谈这两种方法常常一起使用，以此收集关于教学行为的描述（Borg，2006）。因此，在进行数据收集阶段，研究采用课堂观察与刺激回忆访谈相结合的方法，研究者亲历全部课堂进程，从而保证所得数据的真实性和可信度。

数据收集期间，研究者对每位样本教师进行三次课堂观摩与刺激回忆访谈，分别于学期初（第一周）、学期中（期中教学评估后）以及学期末（停课前一周）实施，时间跨度为四个半月，属长时研究，可在一定程度上“提升研究的可信性”①。除课堂观察记录及刺激回忆录音外，另外收集样本教师教学计划、使用教材、教学课件等其他材料，多重渠道所收集的数据可从不同角度提供与研究相关的信息，更全面地反映样本教师课堂教学实践性知识的全貌。表 2-2 是课堂观摩及刺激回忆过程中收集数据情况，后文将详细说明这些数据的收集过程。

① Mark Wyatt, “Practical Knowledge Growth in Communicative Language Teaching”, *Teaching English as a Second of Foreign Language*, vol.13, no.2 (2009), pp.1-23.

表 2-2 课堂观摩及刺激回忆收集数据情况

教师	课堂观摩课时数	刺激回忆次数	刺激回忆录音时长	其他材料
A 老师	6 课时	3 次	4 小时 52 分 19 秒	所选课文、教学计划、教学课件、复习清单
B 老师	6 课时	3 次	5 小时 08 分 58 秒	所选课文、教学计划、教学课件
C 老师	6 课时	3 次	5 小时 24 分 07 秒	所选课文、教学计划、教学课件
D 老师	6 课时	3 次	5 小时 54 分 45 秒	所选课文、教学计划、教学课件、补充练习、复习清单
E 老师	6 课时	3 次	6 小时 03 分 53 秒	所选课文、教学计划、教学课件
F 老师	6 课时	3 次	6 小时 22 分 17 秒	所选课文、教学计划、教学课件、课堂视频
G 老师	6 课时	3 次	6 小时 14 分 23 秒	所选课文、教学计划
H 老师	6 课时	3 次	5 小时 41 分 14 秒	自编教材、教学计划、复习清单

(1)课堂观察

课堂观察是一种直接进入真实生活的方法(Robson,2002),是进行刺激回忆的前提。作为收集刺激回忆环节所用教学视频的阶段,课堂观察过程中顺利收集数据显得尤为重要。

在征得全体学生同意的前提下,每次课堂观察均全程录像,机位位于教室后方非显著位置,基本不采集学生面部信息,也避免样本教师产生不必要的心理压力。录像的同时,研究者同时运用《课堂观察记录表》进行田野记录(Field Note),着重记录有疑问或值得深入挖掘、需要在刺激回忆过程中核实或补充的信息,并及时将该类信息进行归类,以问题的形式予以呈现。在整个课堂观察过程中,研究者仅扮演非参与性旁观者的角色(P.Woods,1986),不干预教学设计,未参加课堂活动。

为避免样本教师可能会故意展示其认为的观察者所期待的样子,故研究者在进行研究之前,均向样本教师说明研究目的并非评判其教学行为之好坏优劣,期望各位教师以最真实、自然的状态出现在课堂上,以提高研究的生态效度。

此次研究共进行课堂观察 48 课时,涵盖各样本教师教学过程中所开展的导入、展示、讲解、操练、复习等全部教学环节。随着观察的进行,研究者对各位样本教师的教学理念及方法均有了较为全面的了解，因此在学期末实施的课堂观察中，已较难再有新信息点出现。至此，所收集的数据呈现基本饱和的状态。

(2)刺激回忆

加斯与麦基指出，考虑到记忆、检索、时间和指示等问题，在实施刺激回忆法时，需在实际事件发生后尽快进行刺激回忆法访谈，尽可能降低因时间间隔带来的记忆缺失的概率，减少教师实际思考与报告思考之间的差异。因此，刺激回忆一般于课堂观察当天或课后第二天进行。

在实施刺激回忆过程中，研究者回放教学录像的同时请样本教师阐述其教学行为背后的设计理念，即当下教师选择某一教学策略的原因。刺激回忆的质量取决于受访者所述内容自发性、丰富性、明确性、相关性的程度，因此整个刺激回忆过程中研究者尽量保持沉默，不干预样本教师的表述过程。仅当视频播放到课堂观察过程中研究者有疑问或值得深入挖掘的问题时，研究者会及时提出相关问题，请样本教师予以解释说明。

在初次进行刺激回忆之前，样本教师均接受了最低限度的刺激回忆训练，以便熟悉执行该程序，且不受到额外或不必要因素的影响。因需播放教学全过程，故每次刺激回忆时长均为两小时左右。该过程经样本教师允许，全程录音，对录音内容全部进行转写，形成用于分析国际中文教师实践性知识的原始材料。

3.**数据整理**

(1)转写与修改

研究者将样本教师在刺激回忆阶段关于教学理念的表述录音内容进行转写，共获得近 17 万字国际中文教师实践性知识的原始材料。需要特别指出的是，教师的实践性知识处于不断生成、发展状态中，教师个人对其实践性知识的表达存在不完整或不够精准的可能性，并且刺激回忆的实施程序极端耗时，样本数量一般为 12 人以下(Mullock，2006)。因此本书旨在对所收集到的国际中文教师实际掌握的实践性知识进行尽可能深入全面的分析探讨，但所得数据并不一定为国际中文教师实践性知识的绝对全貌。

随即根据盖博腾、穆罗科关于选择数据所遵循的原则对原始数据中的无效数据进行删除，并对内容不清的地方进行增补。所删除的数据一般与教学活动无关(如语气词)，或无法体现教师教学思想，例如“第一题是 HSK 六级的题型”。此处 A 老师在对题目类型予以解释，并非教学活动过程中使用的教学思想，故不能将其包括在统计分析的数据中。同时，样本教师刺激回忆过程中常未使用完整语句，因此仍需对不够清晰的内容进行增补，用“()”表示；在对样本教师使用代词指代的某个学生、某教学环节或某教学设计等内容进行注释时，则使用“{}”表示。

例 5：但是呢，(仅仅热身这个环节就用)八分钟呢就有点儿太长了。(H-1-47)

例 6：每次课开始都给学生说一下(这节课的主要教学内容)，他们有点思想准备。(A-1-19)

例 7：这{课文填空练习}是我这学期新加上的，是我跟别的老师学的。(D-3-96)

(2)切分、归类与编码

本书采用 2014 年阿卜杜拉·哈菲兹对教师实践性知识分类标准，即实践性知识分为关于课程的知识、关于学生的知识、关于教师自我的知识、关于教学环境的知识、关于教学媒介的知识以及关于教学策略的知识等六类，将样本教师经过转写与修改的实践性知识进行单位切分、归类与标记，为后续的编码提炼提供类属分析的基础。

对转写文本进行切分的依据是被切分的知识单位能否独立地体现某类实践性知识，即每个知识单位仅反映一个思想、一类实践性知识。经过切分的知识单位被即时命名，例如 H 老师第三次刺激回忆文本中的第㉚个知识单位被命名为 H-3-30。接着对经过命名的知识单位进行归类，即将每个知识单位分别归入六大类实践性知识中的某一相关类别，并用“【】”进行标注，同时对该知识单位进行初级编码。编码时尽量采用样本教师的“本土概念”，即当事人经常使用的、浸注其情感的、用以表达其看世界方式的那些概念，并在已标注的知识类别后用“——”体现。下面的例子清晰地说明了这一分析过程。

例 8：①举例子的时候，也可以用教室里真实的场景。当时教室里挺热的，学生也这么认为，那么你就可以直接这么说{“教室里怪热的”}【关于教学环境的知识——教学现场提供例句语境】，②这样{运用教室里的情景}不就能减少语境的描述嘛，有的时候句子的语境不是那么容易说清楚的【关于教学策略的知识——情境代替语境】。③看到学生确实有认不出生词的情况时，我都是等个 3～4 秒钟【关于教学策略的知识——给学生一定的等待空间】，④最好还微笑着哈，不要给学生压力【关于学生的知识——避免给学生压力】。⑤(例句中的生词)我基本能预测出哪个词学生可能不认识【关于教师自我的知识——自我效能感】。⑥选择回答问题的学生时呢，要考虑学生的文化背景，你看这里“怎么做才能不辜负父母的希望?”，我选的是韩国学生。这个韩国跟中国情况差不多，欧洲学生恐怕没有什么辜负不辜负的感觉【关于学生的知识——考虑学生的文化背景】。⑦学生回答问题一定要说句子，我一般不讲求什么语言经济性原则【关于教学策略的知识——完整输出】。⑧我这里板书学生已经知道的语法结构（作为提示），就是希望学生看了以后一般能主动用【关于教学媒介的知识——结合板书给提示】。⑨但是这个学生的回答我觉得超出了我的认知，也就是说我没设想过能有这种回答，所以我说“可能是这样”，也就是说，尊重他的想法吧【关于学生的知识——尊重学生的个人想法】。（D-1-59 至 D-1-67）

当对转写文本全部进行切分、归类与初级编码后，将 8 位样本教师的全部知识单位进行整合，打破人际界限，对相近或相关初级编码进行聚类，继而进行“自下而上”的编码提炼，逐级概括出更为抽象的中级编码与高级编码（如表 2-3 所示）。最终提炼出共计 51 个国际中文教师实践性知识高级编码，8 位样本教师共性高级编码及非共性高级编码知识单位数量统计如表 2-4 所示。其中共性高级编码用于第 3 章关于国际中文教师实践性知识内容构成共性考察，非共性高级编码用于第 4 章关于国际中文教师实践性知识阶段性特征分析。

表 2-3　样本教师知识单位编码

<table>
<tr><th>原始资料</th><th>初级编码</th><th>中级编码</th><th>高级编码</th></tr>
<tr><td>这里也是，可能补语，练习中是“听得懂”，就复习否定形式“听不懂”，可能补语吧，学生很少自己用，学了不用，总是用“不能”，这里就是复习（G-2-47）</td><td>联系先前学过的语法内容</td><td rowspan="4">以新带旧</td><td rowspan="4">重视教学内容的复现</td></tr>
<tr><td>他学过“棒”，因为都有“奉”，前后可以联系一下（H-2-60）</td><td>与先修汉字建立联系</td></tr>
<tr><td>学生以前学过这个词的动词用法、形容词用法，这里讲当作名词用的时候，先给他们提示一下以前学过什么（B-2-56）</td><td>提示先修词性</td></tr>
<tr><td>不管是改写句子还是完成对话，我涉及练习的时候呢，我给的句子其实都包含之前学过的内容，就是不停地复现（F-2-51）</td><td>包含先修词语</td></tr>
</table>

续 表

原始资料	初级编码	中级编码	高级编码
“不曾”这个词比较难，但是我教过“从来”，那用“从来没有”解释“不曾”，他们很容易就能听懂了(D-2-49)	用旧词释义	以旧带新	重视教学内容的复现
讲后边的词的时候呢，如果能用前边的词解释，我会用它来解释。你看，已经学了“温和”，所以讲解“慈祥”的时候，我就说意思是“老人的态度很温和”(H-1-102)	用当堂课内容进行讲解		
这是用生词组成的小段落，是介绍西安的，如果学生发现刚刚学的内容可以表达这么丰富的意思，会有成就感(D-2-83)	用刚学生词组成新语段		
我在评价她的时候，用了“几乎”这个词，因为刚刚学过，也能加深一下印象(F-2-102)	用刚学生词表扬学生		
让他们再写一遍就是强化写汉字(G-2-22)	课上多次书写	增加刺激	
都学完了，今天的生词再读一遍，不停地重复，刺激的遍数够了，学生就学会了(D-2-93)	课上多次朗读		
我问学生“哪个是比较难的汉字”，并不是我真想知道，我是觉得问的时候他们能再读几遍难的汉字，“拍”这种字没关系，但是“拽”“捏”他们是真不行(H-2-63)	多次再认难汉字		
就是这几个表示“决定”的句子，让学生多说几遍，在课上就记住了，后边的课件里还有复现(F-3-40)	课上多次输出		

表 2-4　样本教师知识单位数量统计

知识类别		高级编码	知识单位数								
			A 老师	B 老师	C 老师	D 老师	E 老师	F 老师	G 老师	H 老师	总计
内容构成共性特征	关于教师自我的知识	教学工作需要职业热情	2	1	4	6	3	4	2	6	28
		具备知识储备及跨文化交际能力	7	2	3	4	5	4	3	5	33
		个性心理影响课堂教学	4	2	3	3	4	5	7	8	36
		过往经历影响课堂教学	7	4	3	9	8	7	3	9	50
	关于学生的知识	尊重学生身份特征	11	9	5	13	12	10	7	14	81
		洞悉学生学习特点	4	14	7	12	10	8	9	12	76
		监控学生学习状态	3	6	2	4	6	7	8	7	43
		建构和谐师生关系	4	5	2	3	3	2	3	4	26
	关于课程的知识	把握教学目标及重点	1	7	2	4	2	4	6	6	32
		具有明显课型特征	2	3	3	5	5	7	3	4	32
		训练综合语言能力	3	3	3	3	4	6	5	3	30
		关注课程间的关联	5	1	4	3	7	4	4	7	35
	关于课程教学策略的知识	兼顾各语言要素教学	3	8	3	6	8	7	6	7	48
		教学内容涉及句法、语义、语用“三个平面”	14	12	15	19	13	11	7	15	106
		教学内容分类处理	3	4	6	7	5	4	3	7	39
		注重教学内容的实用性	3	3	5	7	8	8	2	12	48
		教学内容讲求循序渐进	2	3	5	9	7	9	4	8	47
		重视教学内容的复现	5	13	12	16	11	10	11	13	91
		教学环节完整稳定	2	10	7	4	5	4	3	5	40
		讲求教学节奏	4	3	4	3	3	5	3	4	29
		全员参与教学活动	2	2	4	6	7	7	8	4	40
		实践启发式教学	3	8	7	17	9	10	5	8	67

续 表

知识类别		高级编码	知识单位数								
			A老师	B老师	C老师	D老师	E老师	F老师	G老师	H老师	总计
内容构成共性特征	关于教学媒介的知识	重视教材的使用与补充	4	8	6	6	6	6	4	4	44
		综合运用板书与多媒体设备	3	6	2	7	4	5	3	4	34
		选择教学资源有标准	2	2	2	4	4	7	3	8	32
	关于教学环境的知识	教学内容联系中国社会	2	8	4	8	7	9	2	9	49
		文化教学寓于语言教学	3	5	3	9	7	7	3	7	44
		物理环境影响教学体验	1	2	1	2	2	3	6	2	19
		策略应对非预期情境	1	8	2	1	3	4	4	5	28
阶段性群体特征	体察力与忽略空间	具有自我效能感	3	0	2	2	4	5	6	7	29
		构建对教师身份的认同	1	2	1	2	2	3	2	3	16
		感知学生学习行为与效果	1	2	3	4	7	6	7	8	38
		感知学生学习心理	3	7	4	6	8	12	7	10	57
		隐喻表达教学活动	0	0	1	2	3	4	3	3	16
		收集教学素材的敏感性	0	3	0	3	2	4	3	6	21
		感知师生间的边界意识	0	0	0	0	1	3	3	3	10
		长时了解“问题”学生	0	0	0	0	2	1	1	5	9
		进行适当的课堂管理	5	3	2	3	4	3	8	5	33
	目标力与让步空间	教学环节的目标性	3	1	2	4	5	7	5	6	33
		教学行为的目的性	0	0	1	4	3	6	7	4	25
		标准答案的执行力	2	1	1	2	2	3	4	4	19
		师生达成一致的可能性	1	0	2	3	2	4	2	6	20
	贯通力与延展空间	控制教学时间	2	1	4	2	3	7	2	4	25
		连贯教学环节及内容	2	1	3	5	4	9	3	8	35
		把握教学时机	0	0	4	2	3	4	2	7	22
		拓展教学媒介	1	1	3	4	4	7	7	9	36

续　表

知识类别		高级编码	知识单位数								
			A 老师	B 老师	C 老师	D 老师	E 老师	F 老师	G 老师	H 老师	总计
阶段性群体特征	呈现力与内控空间	教学用语的准确性	2	9	0	3	4	6	4	4	32
		教学示范的有效性	1	2	0	2	5	6	5	5	26
		教学课件的技巧性	0	2	2	5	3	7	2	4	25
		进行教学反思	2	1	3	4	3	4	4	5	26
		进行同事间合作	6	7	5	6	4	9	4	5	46
其他			6	3	4	8	3	7	5	3	39
总计			151	208	176	274	259	311	233	331	1943

需指出的是，因本书定位于质性研究，而非定量研究，故表 2-4 的数据仅用于展示 8 位样本教师实践性知识分布情况，而不作为后续研究分析重点；由于 A 老师、C 老师任教课程分别为读写课与听力课，授课过程中约有 1/3 的时间为让学生默读或播放听力材料录音，该教学行为下样本教师表述的实践性知识数量较少，因此与其他样本教师相比，这两位老师的知识单位数量略少。

经过转写、修改、切分、归类、编码等环节，最终确定来自 8 位样本教师的 1943 个知识单位、51 个高级编码，共计约 17 万字的数据作为国际中文教师实践性知识研究样本。该研究样本将作为支撑性素材运用于本书对国际中文教师实践性知识的内容构成（第 3 章）及阶段性特征（第 4 章）的研究中。

（3）效度检测

本书采用第三方检测及成员检测的方式提高研究信度。

第三方检测（Third Party Inspection）是指两个相互联系的主体之外的某个客体（即第三方）对研究样本进行检验、认可的活动。在对刺激回忆文本进行数据整理的过程中，邀请具有语言学及社会学专业背景并从事外语教学的 I 老师作为合作者同时对数据进行切分、归类及编码。因其与研究者关系非常亲近，合作过程愉快且高效。

知识单位的切分全过程是由研究者与 I 老师共同完成的。随后，研究者与 I 老师分别对一位样本教师（C 老师）的部分转写文本（约占总转写文本的 5%）进行尝试性归类及编码。经过对比，共有 9 个知识单位的类别划分不一致，约占全部知识单位的 11%。主要分歧在于与师生关系相关的知识单位的类别归属。

例 9：一开始下来走一圈是想和他们近距离地接触一下。(C-1-1)

例 10：找学生回答第一次按照名单走，后边就跳着点，基本上是公平的，他们也没法猜到自己回答了。(C-1-7)

例 11：等待他们说的时候，一直得微笑，让他们没有什么压力。(C-1-21)

例 12：提问的时候我一般都说说"你能不能告诉我什么什么的意思"，不直接说"某某某，你说"，算是一种礼貌吧。(C-1-25)

研究者将上述四个知识单位划分为"关于学生的知识"，而合作者 I 老师则分别划入"关于教学策略的知识"(如例 9、例 10)与"关于教师自我的知识"(例 11、例 12)。经过商议，研究者与 I 老师达成共识：由于教师处理师生关系时多基于对学生个体特征、民族背景的了解，因此将有关师生关系的知识单位统一归入"关于学生的知识"；而学习焦虑属于学生的学习心理范畴，减轻学生焦虑感亦是保持学生学习动机与积极性的有效手段，因此，有关减少学生压力、降低学习焦虑感的知识单位也归入"关于学生的知识"。

达成共识后，研究者与 I 老师再分别对剩余转写样本进行归类及编码，数据处理结果共有 49 个知识单位的归类存在争议，误差率约为 2.5%，说明类别划分标准有较高的客观性和科学性。研究者与 I 老师对分类不一致的知识单位逐一进行了充分讨论，直至全部知识单位归入适当的知识类别。

在数据整理阶段，美国加州大学圣芭芭拉分校(University of California-Santa Barbara，UCSB)教育学系 J 博士作为专家进行了全程指导，在编码逐级提炼、高级编码语言表述等方面提出了中肯的意见，从而进一步确保了研究效度。

成员检测(Member Checking)是由林肯(Y. S. Lincoln)、古班(E. G. Guba，1985)提出的另一提高质性研究效度的有效方法。研究过程中，每位样本教师的刺激回忆转写文本在经过切分、归类、编码并经过第三方检测及专家审阅后，均发回样本教师本人，经其核实并确认后，继续后续研究。

质性研究的目标是最大限度反映现实(Stake，2000)，其研究成果就是展示一个极为丰富、生动鲜明的现象，同时对现象进行分析(Hitchcock & Hughes，1995)。本书期待对所研究的内容，即国际中文教师课堂教学实践性知识，进行较为全面清晰的展示，并能让读者体会到"合作分析师"(Borg，1997)的感觉，如果能达到这种效果，研究的可信度、可验证性将会大大增强(Lincoln & Guba，1985)。

2.2.2　概念图法

概念图(Concept Map)是一种用节点代表概念，用连线表示概念间层级关系的知识表征工具，是以简洁明了的图形呈现知识之间复杂关系的网络化图形，也是思维可视化的形式，通过概念图可获知研究对象已有知识的组织状态。概念图一般由“节点”“链接”“命题”组成。其中的“节点”即为某一领域知识所包含的“概念”，而核心节点则是概念图的主题(如本研究的“实践性知识”)，是最基本的概念，置于概念图的中央；核心节点下有若干分支，按照学科知识中概念间的内在联系，每条分支为一个知识类别(如本研究中的“关于学生的知识”)；分支上的“节点”代表同一类概念。“链接”是指“节点”间相连的线；“命题”则是两个概念之间“链接”线上的“链接”语。“节点”之间通过某个“命题”形成意义关系。

阿利森(Alison L. Black)、盖尔(Gail Halliwell，2000)研究发现，绘制概念图是展示知识结构的一种有效手段。因此，为全方位考察不同专业发展阶段教师实践性知识的群体特征，探寻不同国际中文教师群体间实践性知识结构上的差异，本书在对 8 位样本教师实施刺激性回忆的同时，另请其分别绘制个人实践性知识概念图(如图 2-2)，通过该视觉传达形式，再现教师头脑中的知识结构，促成隐性知识的显性化与可视化。

在核心概念“实践性知识”及知识类别既定的情况下，为样本教师提供六条分支的第一级“节点”(图 2-2 框内“教师”“课程”“环境”“媒介”“教学策略”“学生”等六个“节点”)，即六类教师实践性知识，其他层级“节点”与“命题”需样本教师自行绘制。未给出可供选择的“节点”与“命题”的考虑是避免样本教师受到备选内容的影响，可最大限度地如实反映其自身实践性知识的组织结构。因此，8 位样本教师所绘制的概念图中核心概念与六大分支保持一致，但各分支在“节点”数量、“链接”形式及其“命题”表述上均有所不同。

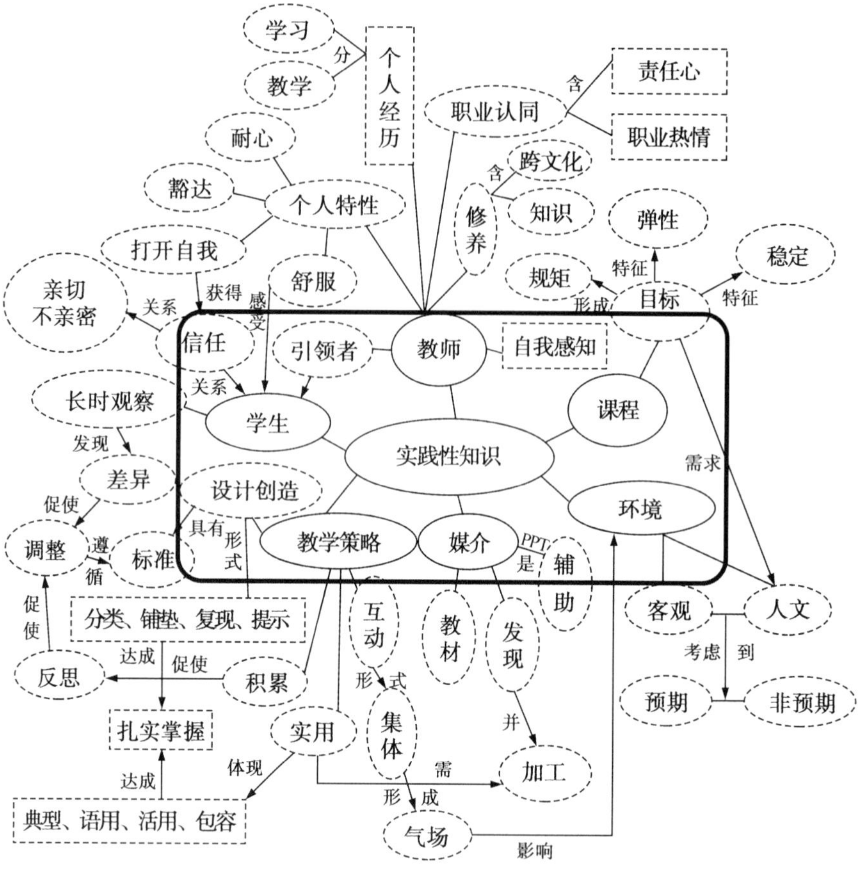

图 2-2　H 老师实践性知识概念

为保证样本教师提供脉络清晰、结构简明、重点突出、梳理到位的实践性知识概念图，在样本教师自行绘制前，研究者为其提供样本一份（样本内容与教师实践性知识无关），并进行简单的说明培训，讲解概念图的基本类别及绘制概念图的基本步骤。

本书共收集国际中文教师实践性知识概念图八张，在完成概念图的同时，样本教师另需提供一份《概念图说明书》（如例 13），对其概念图中各“节点”（《概念图说明书》中用加点汉字表示）加以说明，以方便研究者充分解读，避免理解偏差。

例 13：

H 老师实践性知识概念图说明书

①关于课程的知识：

教学过程中我是有具体的教学目标的，比如扩大学生的词汇量，帮助学生建立词汇网络等。为了达到这个目标,已经形成了较为稳定(固定)的教学模式,但又不希望被教学计划所束缚,希望教学内容有一定的弹性。同时,还会在授课过程中跟学生达成一定的默契,形成一些"规矩",如"全班一起大声朗读""不仅会说而且会写"等。

②关于教师自我的知识:

我是热爱自己的工作的,这种职业热情与责任心都基于对教师身份的认同。教师需要有最基本的职业修养,有知识上的,也有能力上的,对国际中文教师来说特别是跨文化的能力。这些修养的形成离不开我的个人经历,不管是学习经历还是教学经历。我自己的个性特征对自己教学很有帮助,最重要的一点就是我有耐心,耐心观察学生,耐心等待合适的时机采取最恰当的教学行为。在课堂上,我是个豁达的人,是打开自我的,乐于跟学生交流自己的生活,希望自己的语言和行为都能让学生感到舒服,我希望成为他们学习上的引领者。

③关于学生的知识:

通过跟学生的交流我对学生的了解越来越多,通过对学生的长时观察,我刻意了解到学生个体间的差异,捕捉其性格特点和学习习惯。我希望跟他们达成一种亲近却不亲密的师生关系,在我看来,取得学生的信任是更重要的。

④关于教学策略的知识:

首先,教师要有创造性。课程是需要设计的(比如词语的分类处理、先修内容对后续学习的铺垫作用、教学内容的复习与复现、采用提示启发式教学方法等),而且这些设计是有一些标准的,不是任意的,比如我的例句一般不少于两行,我现在基本不自己造句子等。根据每年学生的差异,我也会对教学内容进行一定的调整,某些课堂活动并不是每一届学生都使用等。

其次,我希望自己的教学内容是实用的。要做到这一点,教学内容应具有典型性,重视语用的讲解,强调教学内容在生活中的具体运用(活用),最终要落脚到让学生扎实掌握所学内容。

再次,我特别重视在互动中教学,让学生都参与到课堂教学中(集体)。想达到这一点特别需要老师的气场,要与学生一起营造一种轻松的学习气氛。

最后,会经常性地进行自我反思,思考教学改进的方向,希望从中得到教学经验的积累。

⑤关于教学媒介的知识：

教材是自编的，这就特别需要在生活中发现可以上课用的资料，如文章、图片等。但是这些资料很多并不能拿来即用，需要经过一定的加工才能提供给学生。PPT在我的课上所起到的是辅助教学的作用，除了使用图片外，大部分的PPT是各种复习练习活动和游戏的展示。

⑥关于教学环境的知识：

学生在中国学习生活，中国社会的客观环境、人文环境都会对学生的学习产生影响，所以我特别注重给学生介绍中国当下发生的热点话题，教学内容也多与日常生活相关联。对于工作中的人文环境，我认为教师间需要合作，这样才能出更多的教学精品。但教师间的合作面临着很多限制与挑战。

2.2.3 深度访谈法

深度访谈法（In-depth Interview）是本书采用的另一重要数据收集方式。访问者与受访者之间以一种单独的、个人的互动方式进行面对面交谈，使得研究者有机会认识、了解当事人的经验、观察和体会，以达到意见交换和构建意义的目的。深度访谈多采用半结构式形式进行，事先拟好的提纲通常只起到某种提示作用，访谈的实际进程仍有相当大的灵活性和变化性。这使得访问者与受访者可以更自由地交换信息，或是当受访者回答过于笼统、模棱两可时进行适当的追询，对所关心的主题进行深入探讨。

通过实施刺激回忆，绘制实践性知识概念图，可以对样本教师实践性知识的内容构成与组织结构有较为全面的认识与理解。然而，作为有思想、有生活的实践个体，教师的实践性知识是其在与自我或外界进行互动的过程中构建并发展的。若只进行课堂观察及刺激回忆，或仅以静态的概念图为素材进行知识分析，难以全面理解教师的教学行为，尤其难以获取与教师实践性知识来源的相关信息[①]，因此需要通过深度访谈去探究国际中文教师实践性知识的内外部来源渠道，分析实践性知识的生成媒介。

本书对8位样本教师均进行了以“实践性知识来源”为主题的深度访谈。访

① F. M. Clandinin, D. J. Connelly, M. F. He, “Teachers' Personal Practical Knowledge on the Professional Knowledge Landscape”, *Teaching and Teacher Education*, vol.13, no.7 (1997), pp.665-674.

谈提纲是依据当前学界对教师实践性知识来源的研究成果设计的。通过对相关文献的整理与分析，共概括出教师实践性知识来源 9 项，本书将这些来源分为个人来源与外在来源两大类(如表 2-5 所示)。访谈提纲由 13 个问题构成，每 1～2 个问题涉及一个知识来源，如“您常进行教学反思吗？请谈一谈教学反思对你教学水平提升的作用”等。

表 2-5　教师实践性知识来源

个人来源	外在来源
过往经历与日常生活	合作共同体
个性心理	学习者
自我反思	教学观摩与培训
教科研活动	教学媒介
—	国家政策

所有深度访谈均为半结构式单独访谈(Kvale，1996)。采用分别单独访谈的形式，排除了访谈对象之间的相互干扰，也使得采访者与受访者易于进行感情上的交流和互动，继而获得受访者切实的真实想法。访谈地点在样本教师办公室、研究者办公室或校外咖啡厅，访谈时间一般为 35～50 分钟。经样本教师同意，对访谈进行全程录音。

整个访谈中，研究者以提纲中的问题为蓝本，向样本教师提问，但不局限于这些问题。研究者根据样本教师的回答及时调整，围绕对本研究有重要意义的话题进行追问和深度讨论。访谈后，在保持访谈内容原貌的基础上研究者对全部访谈内容进行转写，对语言文字进行适当的加工，去除部分前后重复、口语色彩过重的词语，最终得到转写文本共计 51177 字，各位样本教师深度访谈信息如表 2-6 所示。

表 2-6　样本教师深度访谈数据统计

教师	A 老师	B 老师	C 老师	D 老师	E 老师	F 老师	G 老师	H 老师
访谈时长	42 分 09 秒	31 分 52 秒	44 分 33 秒	39 分 47 秒	46 分 57 秒	42 分 32 秒	35 分 19 秒	47 分 55 秒
访谈转写文本字数	6 336	4 069	5 843	6 789	8 140	6 046	4 272	6 382

随后，研究者将每位样本教师的转写文本以采访问题为单位进行了编号，FT表示访谈，B表示第2种来源，例如D老师对第8个问题的回答中的第2种来源渠道被编号为“D-FT-8-B”。

经过反复阅读编号后的转写文本，本书试图从个人来源与外在来源的角度对国际中文教师实践性知识的来源予以呈现并进行分析。

2.2.4 叙事研究法

叙事研究是一种质化的、实证性的研究，本书运用的是基于文本的教育叙事研究。在实施该研究方法过程中，研究对象将其个人生活中具有问题性、典型性、客观性的重要事件以故事的形式予以展现，研究者以这些蕴含着叙事者个人实践经验的一手故事为文本数据进行分析，梳理、建构各项经验的性质及意义，并对其缘起进行探讨。叙事研究探究个体的经历故事以便描述人们的生活，强调关注作为个体的人经历的故事及其隐藏在背后之于该个体的意义，是常见的质性研究方法之一。这里的“叙事”，并非日常生活意义上的讲故事，而是对故事进行了多次选择与严谨重构的“叙述”，以便于更有效地承载意义，表现意义。

在对国际中文教师实践性知识内容构成的共性特征、阶段性特征以及来源途径进行分析的基础上，本书试图揭示国际中文教师实践性知识的生成机制。

在教学情境中，存在着大量因人的意志、环境的转移而变化的主客观共同作用的现象。此类现象难以通过事前严格设计的实验来研究，只能放在特定情境下才能得到合理解释。因此，本书选择基于文本的教育叙事的研究方法，对一位样本教师提供的18个“自传叙事”文本进行叙事研究，通过对重点现象进行“深描”，对导致这一现象的原因、动机、背景等进行深层次挖掘，探索该教师各类实践性知识在内外部来源双重作用下的生成路径，揭示国际中文教师实践性知识的生成机制。

1.研究对象的确定

本书采用个案深描（Thick Description）的方式进行研究，聚焦到一名样本教师身上。这一方法需对该教师职业经历进行详细的展示，其教育叙事的真实性与典型性显得尤为重要，因此，研究对象的选择需极为谨慎。8位样本教师均表示非常愿意合作、分享自身人生故事与教学体验，这令研究者深受感动。在综合考虑专业背景、职业经历以及与研究者的人际关系等因素后，最终确定F老师为个案样本教师，考察不同类别的实践性知识以及不同知识来源媒介是如何在其身上集中体现的，以期探寻其专业发展过程中实践性知识的生成路径。

首先，从教育背景上来看，F 老师拥有较为多元的语言教学相关专业背景。其本科专业为外国语言文学，硕士专业为对外汉语，博士专业为语言学与应用语言学，且博士学位论文与国际中文教学相关。F 老师不仅具备丰富的语言学习经历，更有较为扎实的对外汉语专业理论知识背景，熟知国际中文教学领域研究范式及方法。并且，其本科就读院校、研究生就读院校均不同于现任教机构，受到多个教育机构文化的熏陶，相较于单一教育机构背景的教师，F 老师更有研究价值。

其次，从职业经历上看，F 老师已拥有近十年的教学经历。十年间，其承担了初、中、高各级别各类型国际中文教学，年平均授课时数约 500 节，教授的学生来自近 100 个国家，具备丰富的国际中文教学经验。F 老师教学方法科学且灵活，教学效果好，学生评教活动中连续多年均在 96 分以上(满分 100 分)，学生满意度高。近几年，F 老师职业角色发生了转变，开始承担指导教师、课程组长、教学督导等多项教学管理工作，逐渐成长为任教机构的骨干青年教师。同时，她还考取新版国际中文教师证书，参加过由中外语言交流合作中心组织的外派教师岗前培训，并赴 W 国 V 大学中文系担任国家公派中文教师，有多重中文教学经历。此外，由于从业年限并不十分长久，F 老师对自己求学阶段、新手教师阶段、胜任教师阶段教学经历的记忆仍较为清晰，可基本如实还原过往教育情境。

最后，从与研究者的关系上看，在长达八年的共事过程中，研究者与 F 老师建立起非常和谐的同事关系，多次同时教授同一班级，合作机会较多，时常利用业余时间针对教学问题展开各种形式的业务探讨。与此同时，两人共同参与多项教学研究项目，对彼此的工作风格、工作状态非常熟悉，形成了一定的工作默契。在生活中，研究者与 F 老师更是建立了坚实的互信关系，可在彼此面前表述最真实的想法，最大限度地降低了数据失真的概率。由于私交甚好，研究者可随时针对故事中的疑问通过社交媒体与 F 老师进行交流，这更加保证了研究样本的真实客观性。

基于上述三方面的考虑，研究者认为 F 老师是叙事研究部分最恰当的个案样本。

2.研究方法

为保证研究数据的真实性与可靠性，本书采用个案教师撰写叙事的方法。经过长达一个月时间的创作，F 老师按其专业发展的时间顺序共撰写个人职业叙事 22 篇(如例 14)，内容涉及国际中文教师实践性知识六大类别全部内容，所叙均是曾经或正发生于F教师日常生活、课堂教学、研究实践中的事件，具有真实的情境性和强大的感染力，通过阅读可“身临其境”地感受到其各类实践性知识的生成过程。经认真研读及分析，研究者认为其中4篇叙事所体现的实践性知识生成信息与其他叙事有所重合，共同商讨后最终确定其中18篇叙事为本书之研究文本，具体叙事信息见表2-7。随后运用“微词云”软件生成F老师各专业发展阶段教育叙事词云图，通过对叙事文本的加工，探究国际中文教师实践性知识的生成机制。

例14：F老师教育叙事之一

故事五　职业恩师

我刚工作的前两年都有指导教师，后来出国的时候也有课程负责人，所以当过我业务指导的老师还蛮多的。要说印象最深的一个，应该是刚工作第二个学期的那个指导老师Q老师。那个时候我教中级班，记得那一层有三个班，指导老师带我和另外一个兼职老师。那位指导老师是单位里的骨干老师，上课好是有名的，而且要求也很严格，所以当时把我分配给她的时候我还是很紧张的。

因为课程表确定得比较晚，所以正式开课前一天我们才正式开了第一次会。我们一起顺课文、找生词、划语言点。其实指导老师已经教过好几遍那本书了，但是她并不是把教案或者课件直接发给我们，让我们照着讲课，而是让我们在一定的指导下，带着我们一点一点地培养独立备课、上课的能力。一个词该怎么讲，讲多少都说得很细，所以学期初我们每周开备课会时间都很长。她当时给了我们她做的第一次上课的课件，而且只给我们这一次，让我们看一下大概的形式和流程，接下来的课就全靠我们自己去准备了。那个学期虽然我们每周都开会，但是每天晚上都会打电话，而且一打就是一个小时。那门课每天都有，所以我都是前一天晚上七八点给老师发过去我做好的第二天用的PPT，然后老师看完以后一页一页地跟我在电话里说应该怎么改进，不好的例句为什么不好，或者说哪个点怎么没讲透。老师真的是把她的经验毫无保留地传授给了我，很多东西是去听观摩课的时候发现不了的。老师的很多小方法，只有在过PPT的时候才能说得更具体。不过确实要说的是，因为当时自己的水平有限，所以老师教的一些方法我真正去用的时候会发现自己掌控不了，或者说自己做出来并没有达到同样的效果，这个也是我比较苦恼的地方，也是我自己在不断调整的。

除了备课，指导老师还经常去我班上听课，因为我俩很多时候课是重合的，老师也有很多别的工作，所以可能隔半个月多会去听我一次课。很多老师都有这个体会，同一个教案不同老师讲出来是不一样的，我也存在这个问题。课备得还不错，但总是有很多需要提高的地方，老师也给我指出了一些。比如要多让学生开口，不能自问自答；要关注到每个学生的反应，不能被水平好的学生牵着走；内心要淡定，节奏不能太赶；要自信，有老师的权威，等等。这些都是语言知识以外的东西，但都是让课程更成功的必备要素。其中最重要的是她告诉我要有目标感，也就是说，上课的时候不应该有无效的教学行为，每一个教学安排都要有目的，都要知道我为什么要这么做，这是让我顿悟的一个方面。也许我之前只是为了完成而完成某个教学环节，但是这之后我就会考虑每个教学设计背后的意义究竟是什么。老师给我说的每句话都是她通过多年教学总结出来的精华，很多经验都能派上用场，在日后教学中，大多能帮我解决教学困境，即使当时我运用得不太熟练，效果不太明显，但是结合我自己的思考，很多问题都迎刃而解了。可以说 Q 老师的指导让我能“站在巨人的肩上”一直前行。

我想我是幸运的，能在职业之初遇到恩师，让自己的羽毛快速丰满，所以到现在，当我自己也成为指导教师的时候，我也会如此对待我指导的新老师。我希望自己身上那些还算有用的经验能帮助更多人成长，我觉得这是对外汉语行业不断发展所需要的。

表 2-7　F 老师教育叙事信息

专业发展阶段	叙事编号	叙事名
职前阶段	故事一	误打误撞地入了门
	故事二	从零开始
	故事三	战战兢兢的第一堂“课”
新手教师阶段	故事四	日日备课到深夜
	故事五	职业恩师
	故事六	与学生的“小摩擦”
	故事七	猝不及防的跨文化

续 表

专业发展阶段	叙事编号	叙事名
胜任教师阶段	故事八	头脑革新的培训
	故事九	国外初体验
	故事十	开始用 PPT 吧
	故事十一	文化教学？文化教学！
	故事十二	发现新"大陆"
成熟教师阶段	故事十三	回国的调整
	故事十四	遥不可及的满分
	故事十五	老师，这个讲过了
	故事十六	课堂上的停顿
走向专家教师阶段	故事十七	身份的变化
	故事十八	国际人

教育叙事研究的重要价值在于它通过对教育生活经验的叙述促进人们对于教育及其意义的理解，因此本书并未停留在个体层面的知识产生与发展上，而是借助 F 老师个人教育叙事对国际中文教师群体的实践性知识生成机制进行尝试性概括，对该学科教师可能存在的认知方式进行探索，在动态过程中构建并凝练这一群体实践性知识的生成机制，从而促进学界对国际中文教师的了解。

第3章　国际中文教师实践性知识的共性考察

阿卜杜拉·哈菲兹于2014年以验证先前学者有关教师实践性知识类属分析结果为目的实施了大规模的样本调查，最终确定教师实践性知识包括六大组成部分，分别为关于教师自我的知识、关于学生的知识、关于课程的知识、关于教学策略的知识、关于教学媒介的知识以及关于教学环境的知识，并得到了学界较为广泛的认同。因此，本章目的不在于探索并确定实践性知识的类型，而是在阿卜杜拉·哈菲兹研究成果的基础上，运用刺激回忆环节所收集的教师实践性知识，呈现国际中文教师实践性知识独特的学科内涵。本章将对各专业发展阶段国际中文教师六类实践性知识进行共性考察。

3.1　关于教师自我的知识

关于教师自我的知识是指教师的自我认同、对自我的理解与定位、带入教学的个人背景知识及其价值观和教育理念等①，是教师对自己的一种自觉认识②。帕尔默(Parker J. Palmer，1998)认为："教师认识自我与认识学生和学科同样重要。"③关于教师自我的知识是教师自我构建的结果，影响着教师对学生和学科的认知，指导着教师的教学实践，引领着其他实践性知识的发展。本书中国际中文教师所表现出共性的关于教师自我的知识涉及以下几个方面：国际中文教师

① 参见陈向明等：《搭建实践与理论之桥——教师实践性知识研究》，教育科学出版社2011年版。

② 参见李利：《职前教师实践性知识发展研究》，苏州大学出版社2015年版。

③ J. Palmer Parker, *The Courage to Teach: Exploring the Inner Landscape of a Teacher's Life*, San Francisco: Jossey-Bass Publishing, 1998.

的职业动机与责任感，国际中文教师的个性特征，国际中文教师的知识储备与跨文化能力，国际中文教师过往的求学、工作经历。

3.1.1 职业动机与责任感

职业动机是推动个体从事职业活动进而实现一定职业目标的内在动力。研究表明，尽管教师在从教生涯中，随着年龄的增长、教龄的积累，职业动机、需求目标处于变化不定的状态，但总体上是螺旋上升的。[①] 几位样本教师在工作中表现出较强的职业动机，视教学工作为其个人生活的重要组成部分，尤其是成熟教师与专家教师，虽工作年限已长达9年及以上，但并未表现出明显的职业倦怠。“这份工作对我来说是很理想的，能干自己喜欢的事情、热爱的事情，这很重要。现在是开学第一周，其实我早就盼着了，提前两周就开始备课了”(E-1-6)，“读硕士的时候我就很喜欢教学实习，毕业后一直到现在，三四年了，我发现自己越来越喜欢教汉语”(C-3-39)。对样本教师来说，教学是一种享受，教学成就了自我。从学生的进步和认可，以及来自其他方面的正面评价中，他们获得了满足感，看到了教学对个人的意义。

强烈的职业动机也让样本教师意识到身上的责任感，继而对工作充满敬畏。在他们眼中，教学“就是良心活儿”(H-1-72)，教汉语就是“为学生的人生打开一扇门，开启一个新世界，不能视为儿戏”(E-1-56)。G老师用张艺谋导演的电影《一个都不能少》来类比自己的工作，“我不能放弃任何一个学生，就是‘一个都不能少’。以后的日子，学生的学习生涯可能会遇到各种波折，也许他的工作用不上汉语，但是当他回忆这一段学习汉语的经历时，我希望他没有觉得浪费时间，他能感到当时遇到了一个有责任心的中国老师”(G-2-19)。

3.1.2 知识储备与跨文化能力

第一，中文教师需具备较为丰富的知识储备。《国际汉语教师标准(2012版)》指出，中文教师应当“具备基本的汉语语言学知识”。实际教学中，外国留学生通常将中文教师当作一名全面掌握汉语语言知识的专家，“认为凡是有关汉语

---

① 参见韩生荣:《循序引导　永葆职业热情——浅谈对教师的职业培养》,《教育教学论坛》2011年第9期。

的问题都可以而且应该从中文教师那里获得解答”(E-2-48)。课堂观察阶段，各国学习者最常见的语言问题集中于近义词辨析方面，教师多数情况可给予解答，若该问题不在备课范围内，教师常采取的策略为“想很多很多例句”(H-2-18)，迅速凝练两词间的显著差别予以解答。当问题一时难以答复时，教师则会先向学生表示“课下查一查后再告诉你”，再于课下与同事讨论并查阅资料。“偶尔有几次答不上来还可以，如果次次都说‘不知道，课下查一下再说’，就会明显感到学生有些失望，自己也会觉得挺没面子的，而且过后学生问问题的积极性也降低了很多。”(C-3-67)

通过研究也发现，国际中文教师不应仅局限于具备汉语语言知识，而应尽可能丰富自身各类知识储备。学生在生活中会接触到中国的各方各面，遇到疑问时请教汉语老师是普遍现象，这尤其体现在高级汉语水平学习者身上。由于汉语学习时间较长，对中国的了解日益增多，关注的兴趣点也更为广泛，他们所提问题具有一定的深度，中文教师面临的挑战也相对更大。从事高级班教学工作的B老师总结道：“高级班老师就是知道得越多越好，俗话说，技不压身。”(B-1-91)

第二，跨文化交际意识与能力也是中文教师的必备专业技能。由于职业的特殊性，国际中文教师在多元文化交融的环境中工作，每时每刻都在进行跨文化交际，是传播中国的一个窗口，一定程度上代表着中国的形象，“外国学生往往把汉语老师的处事方式泛化到全部中国人身上”(F-1-36)。正如袁新(2003)所说，国际中文教学“首先是一个跨文化交际行为，其次才是一个中文教学的行为”[①]。由于师生在生活习惯、交际规则、思维方式乃至价值观念之间存在着差异，国际中文教师应具有多元文化意识，尊重不同文化，还要有跨文化交际的灵敏度，并能运用跨文化交际技巧和策略有效解决跨文化交际中遇到的问题，这也是《国际中文教师标准(2012版)》着重突出的三项技能之一。

虽然跨文化交际过程中“稍有不注意就跨不好”(C-3-8)，但本书样本教师普遍具有跨文化的意识，并随着工作经验的积累，在应对文化差异时的言语态度、处事方式能让师生双方彼此感到舒适，运用跨文化交际策略呈现自动化的特征。“欧洲学生个人空间感很强，那老师就要充分尊重他们的隐私；美国学生从小是在鼓励声中长大的，那对他们评价的时候要更注意措辞。”(D-1-109)良好的跨文化意识与能力，可有效避免文化冲突，有利于和谐师生关系的构建，继而保证教

---

① 袁新：《跨文化交际与国际中文教学》，《云南师范大学学报》(对外汉语教学与研究版)2003年第2期。

学工作的顺利进行。

需特别指出的是，国际中文教师跨文化意识还包括培养学生的跨文化能力。学生在中国学习，对异质文化有较强的敏感性，生活中常有跨文化体验，易于出现对中国社会与文化的误读，甚至表现出文化休克的状态。培养学生良好的跨文化意识有利于其以积极的态度理解中国文化，理解汉语，提高学习效率及效果。“其实初级一从第一天开始就有跨文化表现，我们第一天学‘你好’。这句话在学生的国家里应该是跟谁都可以说，但是在中国并不是。我就告诉学生我从来没给我的妈妈说过‘你好’，因为‘你好’在中文里是和不熟悉的人之间打招呼用的，同学同事、亲朋好友之间我们从不说‘你好’。这就是跨文化，但这些东西有的学生到了中级阶段仍然不知道，好朋友见面了还‘你好我好的’，听起来就很怪。”(E-1-10)因此，在教学工作中有意识地积累跨文化交际的经验，并帮助学生获得一定的跨文化能力，是国际中文教师自觉成长的关键。

3.1.3 个性心理与课堂教学

理查德将教学看作一门工艺，认为教师个人的技能和性格使教学有着鲜明的个人特征。[①] 教师的个性心理对其职业活动的影响力不容忽视，一个拥有有效教学个性特征的老师，往往更能得到学生的喜爱，教学效果也更优异；不良的个性特征则会产生妨碍学生学习，继而降低教学质量的负面影响。

第一，教师性格影响课堂气氛。不同的个性特征使教师在整个课堂教学过程中表现出不同的思维方式与行为习惯，这直接影响教师组织教学、管理课堂的效果。“你说我的课气氛比较好，我觉得是，可能和性格有一定的关系。我本身就比较外向，互动的时候心态就是平常心，开得起玩笑，这样课堂就活了。”(H-1-1)性格开朗的教师，其课堂气氛通常比较活跃；性格内向的教师，知识传授过程更为严谨；幽默诙谐的老师，课堂上经常笑声不断；踏实认真的老师，教学内容落实效果一般较好。

温和且友好，是样本教师在课堂教学气氛上呈现的共同特征。在营造这一课堂氛围的过程中，国际中文教师的个人性格特征起着重要作用。“我们几乎每天都要和学生见面，难免会出现审美疲劳。这个时候，教师的性格就显得尤其重

① J. C. Richards, W. Renandya, *Methodology in TESOL: An Anthology of Current Practice*, New York: Cambridge University Press, 2002.

要，我甚至觉得教师的个人魅力超过了知识素养对学生的吸引力。”(F-3-82)综合 8 位样本教师的观点，国际中文教师应具备以下性格特征：包容且宽容，不以个人的标准评判他人，能接受每个人对各自人生的选择，面对学生的偏误能给予肯定和鼓励的反馈；具有亲和力，没有攻击性，中文教师“不能像个刺猬，动不得”(H-2-47)；有趣并开得起玩笑，能用幽默的话语娱乐他人，并以开放的态度接受善意的玩笑；耐心且不较真，给学习者充足的时间完成学习任务，不拘泥于不影响全局的细节问题。

第二，国际中文教师以最佳的精神状态投入课堂教学。教师的精神面貌对学习者的学习过程有着直接的心理影响，积极乐观的教学形象可使学生感受到并转化为学习积极性，而消极低沉的形象则会传染给学生，导致教学效果大打折扣。无论课前在生活中或工作上遭遇何种不顺，从进入教室那一瞬间，样本教师均将自己调整到最佳工作状态，在学生面前表现出精神饱满、情绪高昂的职业形象。“开学这几周我都处于焦虑状态，备课量大，其他的事也都一起来。但我知道自己心情不好，不高兴或者遇到了不顺心的事情，是不能表现给学生的。事实也确实如此，一上课我就全忘了，往讲台上一站，我就有豁然开朗的感觉。久而久之，每天在课上都是我最高光的时刻。”(H-1-52)

第三，国际中文教师注重个人非言语交际行为。教师的仪容仪表反映着教师的精神面貌，是社会交往中体现教师德、才、体、貌等素质的基本表征，直接影响教师在学生心目中的形象，注意个人形象是每个教师应有的责任和义务。由于工作的特殊性，国际中文教师每天面对的教学对象是各国学习者，某种程度上是学生接触最多的中国人，“教师的形象直接影响着学习者对中国人的整体看法”(A-1-29)。基于这点考虑，样本教师的着装风格均为“大方而得体，时尚却不低俗”(F-1-15)，言行举止“得体且令人感到舒适”(H-3-17)。谈及该话题时，D 老师讲述了其攻读硕士学位期间做兼职工作时其指导教师的一段要求：“穿的衣服第一不能土，第二不能吸引学生的注意力，比如有密密麻麻的点，或者颜色特别艳让学生看了不舒服，这些都不适合出现在课堂上。上课前得再看一下自己的衣着是不是干净，有没有汗渍，领子是不是捋好了，头发乱不乱，鞋子上有没有灰等等，因为任何一点都会引起学生的注意。”(D-1-79)

3.1.4　过往经历与课堂教学

理论可信意识(Sense of Plausibility)是普拉布(N. S. Prabhu)于 1990 年提

出的有关“教师们认为正确的感觉”的概念，这种意识来自教师过往求学和教书的经历。求学经历奠定了教师的知识基础，而工作经历则构成其能力基础。教师带着这些生活背景走入课堂，其个人专业背景、生活体验、教学体会构成教师知识基础的一部分，表现为课堂教学行为，能够带给学生更好的学习体验，赋予课程个人意义和生命力。

第一，专业理论知识学习对课堂教学影响较为有限。本书选取的样本教师均为文科教育背景，所修专业集中于汉语言文字学、应用语言学、对外汉语等。他们承认专业学习有助于其理解汉语本体知识，但也意识到了理论知识与课堂实践间的鸿沟。“我学过外语教学法流派，语法翻译法、直接法之类的，但当我走进课堂试图套用他们的教学流程时便会发觉‘理想很丰满，现实很骨感’，教材上学的那些方法像是真空的，而真实的课堂总让我有种想使劲儿却找不到方向的感觉。”(A-1-17)这不仅表明理论知识常难以直接解决实际教学问题，课堂上需对现有科学研究成果予以适当的教学化改造，还表明并没有一种“包治百病”的教学法，传统教学法常脱离课堂实际，难以在教学实践中得到贯彻与执行。方法是在互动过程中生成的，而非一个固定的方法应用于动态的过程，教学需遵循因目的、因对象、因教材、因课型、因阶段、因教学环境而异的原则开展，这符合后方法教育理论的基本理念。

第二，外语学习经历有助于教师对学生汉语学习产生共感。选择教学方法时，教师常依据自身外语学习经验，通过科学设计与规划，帮助学生获得更有效的学习体验。F老师具有专业外语学习背景，她的讲述具有一定的代表性。“我在上初中的时候，老师就让我把英语课文全都背下来，这样语感就形成了。到了高中也没特别费劲地学英语，成绩却很好，而且很多时候做题也不用考虑语法到底是什么，这都是背课文的好处。当然，课文内容如果太长，背句子也行，反正背东西对培养语感是很有帮助的。”(F-1-178)“大学我学的也是外语，我自己的体会是如果真学会了，一定能说出来，所以我特别重视学生的输出。”(F-1-55)“那个时候，一个词学一遍我是记不住的，我觉得大部分人的智商是这样的吧，所以我现在就有意识地多设计复现”(F-2-15)，而且“复现不只是让学生看，我更会让学生听我怎么用这个词，因为我个人觉得听英语单词比我去看、去写这个英语单词要记得更快”(F-2-16)。另外，“我还会参考一些学英语的手机软件，像百词斩，里边也有不错的背生词的方法”(F-2-83)。

成功的外语学习经历可使教师积累多种高效的教学方法，不良的外语学习感受让教师避免使学生产生同样的失败体验。在H老师的课堂上，其提问方式始终是全班集体回答，用她的话说，“我的课没有那些吓人的东西”(H-1-61)。这与其学习经历有密切的关系：“我学英语的时候，老师总是挨个地点名回答问题，我当时特别怵这个事，上课的时候很紧张。我觉得我自己的这个移情，就特别不喜欢说‘某某某，你说’‘某某某，你回答’，所以很多年我就一直有这个习惯，自己的学习经历影响到了我的教学。”(H-1-64)

第三，教学经历是教师教学决策的智力支持。首先，过往学生的学习状态及效果有助于教师进行教学设计。丰富的词语辨析内容是 B 老师精读课的特色，即使学生并未明确提出辨析需求，“这个学期又增加了词语辨析的数量”(B-2-32)，这一安排是基于先前学生的学习需求；本学期她还在复习环节增设了“课文填空”板块，其设计缘由是前一学期学生在诊断性教学测试时所表现出的“不扎实”(B-1-46)。D 老师在重要词语及语法讲解环节后均设置“为什么不对”环节，集中展示学生在该知识点上的易错之处，所用示例均来自之前学生作业中的集体性偏误。先前学生的学习需求与效果为教师提供了大量的教学灵感与素材，有利于教师教学设计的不断完善。其次，海外或国内其他任教机构的工作经历影响教师的教学。E 老师所在的教学实习院校欧美学生较多，其拥有英语国家任教经历，英语自然成为其初级汉语课堂教学的媒介语；F 老师刚结束在韩国的任教回国，课堂上展现出对韩国学生发音问题的准确把握；D 老师有过欧洲中文教学经历，受对方院校教学课时有限的影响，其课堂教学节奏快，“精讲多练”的原则得以贯彻，课堂时间利用效率较高。最后，学生教学评估的结果促使教师积极改进教学方式。学生评教，是检测、监督教学质量的有效手段，也是促进教师重视教学质量的重要措施。作为教学管理过程中不可缺少的一环，教师可根据教学评估的结果及时调整教学策略，以满足更多学生的需求。“其实学生能发现很多自己没意识到的地方，有一次教学评估时，学生写道：‘老师能不能在 PPT 每页最后一行上做个标记，方便我们拍照。’我觉得那个建议很好，于是第二天就加上了。”(D-2-79)教学评估作为诊断性评价，一直为教师查找自身不足、改进教学方式、提高教学质量等方面提供着策略支持。

3.2　关于学生的知识

学生是教学活动的另一参与主体，关于学生的知识简单地说是教师对学习者的了解，其中包括对学习者带入课堂的身份特征、学习特点与状态以及课堂人际关系构建的理解与认识。本书中国际中文教师所表现出共性的关于学生的知识涉及以下几个方面：对各国汉语学习者进入汉语课堂时所体现出的民族及个人身份特征的认识，对学习者所表现出的汉语水平、学习动机、学习能力、学习风格的把握，对构建何种师生关系、生生关系的理解。后方法教育理论指出，教师越了解学生们的个人学习方法和个人性格特征，进行教学干预的效果就会越好越明显。[①]

3.2.1 学生身份及学习背景

国际中文课堂的学习者来自世界各地，拥有不同的成长背景和生活经历，他们生理条件不同、社会角色各异，均带着已有的身份特征走入汉语课堂。学习者带入课堂的经验不仅受到他们过去经历的教学片段的影响，还受到他们成长过程中更宽泛的社会、经济和政治环境的影响。[②] 对于此，国际中文教师所展现的关键态度为"尊重"。尽管教师无法了解每个国家的风土人情、民族性格特征，但或长或短的教学经历均使教师对某一区域或常见国家汉语学习者的群体特征有所积累，并能在较短时间内感知个别学习者的个性特征而采取相应的教学策略。

第一，从学习者的群体性特征来看，国际中文教师表现出对各国社会生活、民族性格以及使用语言的了解。

首先，各国社会生活常被用于教学语境，且此类策略随教师知识的积累而优化。在谈到选择以"公务员考试"及"欧洲难民"为主题设计例句的意图时，A老师和B老师分别指出："在中国国考很火，我知道韩国也很火，我在英国生活的时候知道欧洲那些国家没什么人想去政府工作，人们也不觉得那是个什么好工作。所以我讲的时候用了中国、韩国、俄罗斯、德国做例子，这个班也有俄罗斯、德国的学生，他们也都表示同意"(A-1-24)；"难民问题是最近欧洲非常热的话题，在我们的电视新闻中报道的也很多，当然也是欧洲学生非常关心关注的。我在网上找'安置'这个词的例句的时候正好有这个方面的，就给他放在这儿了，也是联系一下他们{学生}的实际生活"(B-3-9)。D老师对于课前热身问题"你的国家有冬天吗"设计理念的解释为："我最初的问题是'你的国家冬天冷不冷'，问题抛出后有学生说'我的国家没有冬天'，当时我就意识到我在用中国的气候情况设计问题，而学生却不都来自四季分明的国家，冬天也许对他们来说是非常陌生

① 参见[美]库玛：《超越教学法：语言教学的宏观策略》，陶健敏译，北京大学出版社2013年版。

② 参见[美]库玛：《超越教学法：语言教学的宏观策略》，陶健敏译，北京大学出版社2013年版。

的，所以我之后再讲到这一课的时候，问题就换成了现在的'你的国家有冬天吗'。"(D-3-3)

其次，教师对学生母国共同心理特征的知悉可作为教学决策的支撑。尽管个别学生的行为无法代表整个国家或民族的共同心理状态，但常年与各国学生的互动也使得教师对某个国家或地区的共同心理特征有了基本判断。"日本学生的自尊心比别的国家更强一些"(H-1-38)，"欧洲学生讲规则，有很强的时间观念，那我到点就准时上课，等或不等，我是看人的"(H-1-174)。

最后，对学生母语的了解可帮助教师理解学生习得偏误，预测学习难点。学习者的母语是其习得目的语的辅助工具之一，对学生母语基本特征的了解亦可帮助教师定位学生习得偏误的根源。当学生将"卫生间"说成"huāzāngxìr"时，A老师能够意识到"他用的是韩国说法"(A-2-3)。不仅在词汇方面，在汉字、语音、语法等方面，都能看到教师的实践性知识。"××是把'离'理解成了'里'，这两个字声调不一样，但对她来说没区别。而且汉语一个音节可以对应多个汉字，可他们的语言中是没有这种情况的，所以就理所当然地觉得中文的一个音节，不论声调，也只对应一个汉字，这大概就是她把两个汉字弄混的原因"(E-2-55)；再如，"学生从第一天就接触到了形容词谓语句，就是在回答'你好吗?'的时候不能回答'我好'，得有那个程度副词。我知道学生一定说'我是好'，毕竟绝大多数的语言中，确实需要这个'是'的，可是中文没有。那这种情况，你就需要直接地提醒、告诉学生，让他把'是'拿掉，然后用上副词。你可以不讲为什么，但是一定要点到"(E-1-49)。学习者母语系统对其理解、习得、输出新语言常起到正迁移或负迁移作用，但负迁移作用往往更为明显。教师虽难以精通学习者母语，但对学习者母语的发音特点、构词方式、宏观语法规则的了解可使教师更从容、理性地面对学生出现的偏误，也可通过预测学生的易错点更有效地开展中文教学。同时，"当学生发现我能听懂还能说几句韩语的时候，他们先是感到很惊喜，然后我明显觉得他们跟我之间的心理距离瞬间缩短了，他们有的时候还会纠正我的发音，别的学生就笑，课堂气氛也好多了"(D-1-32)。

第二，从个体特征来看，学习者的年龄、性格、知识储备以及在中国的日常生活状态等方面备受国际中文教师关注。

本书实施调查的教育机构学生构成多为在校大学生，但不乏个别年长学习者。对此类学生，"敬"是教师遵循的基本原则，这在称呼、纠错等方面都有所体现。"班里不定期会有中年甚至老年学生，有的还是退休校长、警察之类的，我当然比他们要年轻，适度表现得尊敬一些也是应该的。就拿称呼来说，我称呼其他韩国大学生都是叫名字的后两个字，但是对年长者这就不合适。"(D-1-35)随着年龄的增长，学习者对维系面子的需求也有所增加，在纠错过程中，样本教师也表现出“全班性”取向。“其实我知道是蔡××发‘z’有问题，但是如果直接纠正她，她年龄比较大了嘛，可能会觉得丢脸，所以就全班一起多读了几遍。”(F-3-46)

对学生性格的把握也是教师选择教学策略的依据。学生性格各有不同，学习状态各异，可以胜任的学习任务也带有选择性。不喜张扬的学生在集体朗读时声音会放低，而这并非偷懒；易紧张的学生适合将纠正发音等教学环节安排于课下；性格内向的学生更适宜完成朗读课文等开放性较弱的学习任务；性格外向的学生则是难得的“班宝”，对带动课堂气氛有着重要作用。

教师对学生的认知还包括对学生进入课堂前已有知识储备的了解。学生共享的生活常识(如世界知名城市与人物)、对中国社会的了解都可作为教学内容的背景知识。D 老师在进行以旅行为主题的课文教学时，展示了长城、故宫、颐和园、兵马俑等风景名胜作为热身，学生全都准确无误地说出上述景点的名称，热身环节顺利完成。“这些景点学生都是知道的，即使没有去过，也肯定知道。”(D-2-35)F 老师在解释为何选择“三人行必有我师”一句作为语言点操练语境时也解释道：“班里大多数是外国大学中文系的学生，他们肯定知道这句话，只是用中文把它说出来就行，所以我就用了。”(F-1-150)学生共享的知识储备除可作为教学背景知识外，也可以用于解释难以说明的语言知识。“才女”的标准难以界定，其定义也难以用学生可懂语言进行概括，A 老师在讲授这个词的时候选择以《哈利·波特》(*Harry Potter*)的作者乔安妮·凯瑟琳·罗琳(J. K. Rowling)为例帮助学生理解，效果极佳。“我说这个作家，我知道留学生一定知道，所以举这个人的例子，他们就知道‘才女’是什么。”(A-2-12)

学生在中国的生活状态也是构成学生身份特征的一部分。在长期的师生互动中，教师对学生日常生活境遇有了较为精准的把握。“老师的话，他们都能听懂，但是走出教室，外边中国人说的话，他们就听不懂了”(E-3-9)；“很多学生来中国就守着学校这一亩三分地，不出学校，也不了解中国人怎么生活”(D-3-33)，这都是学生生活的真实写照。

3.2.2 学习特点及学习状态

第一，样本教师可对学生语言水平、学习能力、学习动机与学习风格做出判断。

在语言水平上，教师对学习者所处的汉语学习阶段对应的语言水平有着较为准确的把握。例如 D 老师认为，其所教授的中级中等层次学生“正处于达到

HSK四级，并在为HSK五级考试准备的路上”(D-1-75)；G老师则更为精准地描述了班级学生的整体汉语水平：“学生上课以前，学了两本《博雅》(《博雅汉语初级起步篇Ⅰ》和《博雅汉语初级起步篇Ⅱ》——笔者注)了，但他们都属于很快灌进去却又很快都忘却的那种，1200个生词能记住的最多2/3，也就七八百的词。这个时候，水平能过HSK四级的也就两三个。”(G-1-11)

在学习能力上，教师对各阶段学习者均有整体把握。初级阶段学生“已经可以听出来同学说得对不对了”(E-2-69)；到了中级阶段，学生常会出现“某个词似曾学过，但又想不起来”(F-1-1)，“虽然语法都学得差不多了，但仍然难以掌握语言形式和语用上使用限制”(D-1-13)之现象；而高级阶段学生已具备在语境中猜词的能力，“可以对文章内容、作者的想法进行分析”(B-1-54)，并且自学能力较强，“自己课下看PPT，也都能明白”(B-1-5)。

在学习动机上，样本教师认为亲和动机与成就动机可促使学生的学习态度更为积极主动。所谓“亲和动机”，是指希望同社会中的人保持亲近关系的动机。这一点在来华就业的学习者身上体现得尤为明显。出于工作需要，该类学习者需使用中文与同事或客户沟通，汉语学习迫切性较强，十分珍惜课堂学习机会，尤其对提高汉语口语水平的需求更为强烈。“成就动机”则在韩国学生的身上体现得淋漓尽致。所谓“成就动机”，即“个人对于其所认为是有价值的事情愿意去做并力求有所成就的动机”。较之于其他国家的学生，韩国学生对于成绩的要求更高，他们“认为分数很重要，只要一个作业或者任务跟期末成绩挂钩，他们就会很认真地去准备”(B-3-8)。这同时也给教师能否公正评价学生的学习任务，做到“一碗水端平”，提出了更高的标准和要求。

在学习风格上，教师对各级别汉语学习者的认知有趋同性。样本教师普遍认为学生课下自主学习的积极性有待提高，教师额外补充的语言知识易被忽视；东亚学生虽多为被动输出，但对于词语及语法规则的掌握却常常优于欧美学生；出声朗读时，学生更多关注字的发音而忽略了文意的理解；当能听懂其他学习者准确输出时，学生常误以为自身也已掌握。学习风格是个体在长期的学习过程中逐渐形成的，常具有持久稳定性，但学习风格的稳定并不表明它是不可以改变的，仍具有可塑性特征。了解学习者的学习风格，可以有针对性地提升学习者的自主性。[①] 本书中的样本教师在认识到学生学习风格差异性的基础上，尝试根据个人对二语习得规律的理解，引导学生养成更为科学的学习习惯，最大限度地

① 参见[美]库玛：《超越教学法：语言教学的宏观策略》，陶健敏译，北京大学出版社2013年版。

发掘学生的潜力，激发学生的学习热情。

在知悉学生的学习特点的基础上，样本教师力图做到因材施教，使教学富有弹性与张力，以适合不同级别、不同班级、不同学生的知识水平和接受能力。以提问为例，样本教师在问题任务布置上根据不同对象有不同设计。对于语言水平相对较高的学生来说，其面对的学习任务具有一定的挑战性，如齐读课文时不看课本只跟教师听述，或回答问题时作为全班的示范率先回答，抑或在黑板上进行听写等；而对于语言水平相对较低的学生来说，其完成的多为朗读生词、例句、问题题干等难度系数较低的学习任务。“这个班的学生有的擅长总结大概的内容，有的就善于把握细节。你像罗××，我基本上都让他回答总结大意的问题，细节题他不行。”(C-2-5)

第二，授课过程中，有意识地关注全体学生的学习状态。在课堂中，样本老师“眼观六路，耳听八方”，敏锐观察学生的学习进程。一是为了及时发现并纠正学生存在的问题和偏误，进行诊断性指导。“(集体读课文的时候)我都让他们大声读，读出声，大声地读我才知道他有没有在读，他要是小声地默念，我也不知道他读得对不对，发音对不对”(F-1-17)；“学生做分组活动的时候，我就游走在不同组中间，看他们有什么问题，有的话就直接回答了，有的时候还能听到他们说错的地方，就及时纠正一下，要是集体性问题呢，我就会面向全班讲解一下”(B-2-87)。二是由于语言水平受限，学生会对学习任务出现理解性偏差，这种误解会在小组活动中得以加强，从而导致教师设计意图无法得以充分展现。后方法教育理论的十大宏观策略之一即为“感知错配最小化”，师生们对某些课堂教学目标和活动的感知差异很容易增大“教师输入”和“学生获得”之间的距离①，教师应尽量减少师生之间的意图被曲解的可能性。对学生的学习过程进行监控，可使教师设计意图与学生理解基本达成一致。“学生读课文的时候，我会这样不停地在班里走，看看他们是不是读对了课文，有的学生他都可能读错了课文；还有分组活动的时候，有的整个小组都不知道老师让他们干什么或者就直接用母语聊天了，那你就要把他们拽回来。”(D-2-107)教师的监控和引导可防止学生偏离既定学习任务，保证教学的顺利进行。

① 参见[美]库玛：《超越教学法：语言教学的宏观策略》，陶健敏译，北京大学出版社2013年版。

3.2.3 学生性格及师生关系

师生关系是教育活动中最基本、最重要的关系，其实质是教师和学生“在共同的教育教学活动中通过相互交往而形成的比较稳定的心理关系”①。这一极为重要的变量，对教育、教学活动的进程及其效果时刻产生深刻影响。在课堂观察与刺激回忆过程中，我们发现样本教师均注重友好师生关系的构建，让彼此感到“舒服”是多位样本教师提及的良好师生关系的标准。

第一，以平等的姿态出现在学生面前，互相尊重、一视同仁是建立和谐师生关系的基础。要建立和谐的师生关系，离不开师生之间的平等交往。在国际中文课堂中，由于教学对象的特殊性，教师面对的挑战更大。欧美学生提倡师生地位平等，师生间应进行平等的对话协商，而日韩学生受其母国“尊师重教”文化的影响，多呈现“以师为尊”的状态。本书样本教师表现出“以人为尊，以人为重，以人为先”的师生观，把学生看作独立完整个体，整个课堂呈现师生友好和谐的局面。

样本教师主要通过四种方式拉近与学生的距离。其一是空间距离上，“站在讲台那里，互动效果其实不太好，我下来走一圈是想和他们近距离地接触一下，他们就不会觉得老师高高在上了”(A-1-80)；其二是授课内容上，“刚当老师没多久，也很希望和学生打成一片，成为朋友，所以例句常联系自己，让他们了解我的生活，这也是和学生关系拉近的一种方法”(B-1-82)；其三是言行举止上，“提问的时候我一般都这样说，‘你能不能告诉我什么什么的意思’，从来不直接说‘某某某，你说’，算是一种礼貌吧”(C-1-32)；其四是课下与学生的互动上，“我上个学期搞过‘中文午餐’，就是每周三和两三个学生一起吃顿午餐，了解一下他们的生活情况。有个韩国学生说她特别幸福，还打电话告诉她妈妈自己跟老师吃饭了，因为在韩国她是不敢想象能和老师坐在一张桌子上吃饭的”(D-2-25)。

然而“能否做到公平对待每个学生”是每个老师在进行教学评估时常会感到困惑的问题。“我觉得已经对他们(学生)很公平了，但他们还是有意见”(A-2-46)，学生可以敏锐感觉到教师公平与否，他们希望教师对所有学生一视同仁，不厚此薄彼，因此“公正客观”被视为理想教师重要的品质之一。本书中，教师的公平性特别体现在分配学生回答问题机会上。各位样本教师按照点名册顺序正向、反向

---

① 冼棣华：《浅谈新课程方案实施中的教师及师生关系》，《广西民族学院学报》(哲学社会科学版)2004 年第 S2 期。

提问,或按照座位的次序顺向、逆向提问,或随机提问,提问顺序与方式虽各有不同,但均力争做到机会均等。正如C老师谈到的,“找学生回答问题时,第一次按照名单走,后边就跳着点,基本上是公平的,他们也没法猜到轮到自己回答了”(C-1-11)。教学是一个创造和利用学习机会的过程,教师应根据教学实际随时调整教学内容或进度,给予不同程度学习者均等的学习机会,让每个学习者都参与到教学活动中。教师的公正有利于良好教育环境的形成,有利于教师威信的提高,也有利于学生学习积极性的发挥。

第二,多给予学生肯定与鼓励,减轻其焦虑感,是保持学生学习积极性的有效手段。

在对学生语言学习行为进行评价与反馈时,样本教师均不吝于使用赞美之词,对学生作出肯定的评价,努力让每位学生都能体验到汉语学习过程中成功的快乐。让学生获得成就感,已经成为教师自动化的教学行为。“即使还有需要调整修改的地方,我也先是肯定他们。”(H-2-46)

当学生准确应答时,即便是很小的语言任务,样本教师也都称赞有加。诸如“学得真好啊”“你真是太聪明了”“你说得和中国人一样好”等肯定评价经常出现在G老师的汉语课堂中,其目的是让“学生学得更带劲儿”(G-3-9)。除了语言上的肯定,教师还运用得体的肢体语言对学生进行肯定与赞美。F老师听到学生准确运用口语格式进行输出,点头表示赞许;学生回忆起先修生词,D老师竖起了大拇指以示肯定。精神上的鼓励在一定程度上提高了学生的学习积极性,更增强了学生的内在学习动力。

而当学生未能准确应答时,所有教师均未直接作出“不对”“你说错了”的否定评价,教师“心里可能很着急,但还是要保持微笑”(C-3-20)。样本教师“让学生先说完意思”(F-1-152),然后再对其中的偏误进行选择性纠正。纠正时,除帮学生再次分析问题,引导学生再次尝试回答外,也用鼓励式的语言缓解学生的内心焦虑。E老师为学生纠正发音时说“我的爸爸妈妈也是‘n’和‘l’都说不对呢”,就是为了“给学生一个信念,让他知道错了老师不会生气,只要多听多说就是好的”(E-1-58)。D老师也表达了同样的理念,“要打消学生的顾虑,一定不要让学生有这样的感觉,我回答的内容老师可能不喜欢,可能生气。一旦学生有了这种思想,那他就完了,以后就永远不说话了”(D-2-87)。

竞争意识、自尊心理和目的语水平欠佳等因素均会引起语言学习焦虑。埃利斯(R. Ellis)和拉斯波恩(M. Rathbone)通过调查发现,课堂提问会使学习者受到威胁。[①] 本书样本教师均充分意识到了提问的技巧性，“让学生说句子的时候，先全班说，再单个说，是让学生在集体说的情况下就基本掌握应该如何说，做到心里有数，降低焦虑。如果上来就单个检查，学生说不出的话会很尴尬。他先跟着老师一起说，学生的焦虑会降低，也会感到安全”（D-1-30）。如果说安全感的满足可保持学生学习积极性的话，精神上的激励则可使学生的思维更加活跃，学习热情更加高涨。教学过程中，A 老师通过选取汉语学习者××的成功故事进行阅读教学，为学生树立了榜样，激励其去实现各自的学习目标；D 老师会明确提示学生已经学了整个课本的 1/3，用数字带给学生学习的成就感；G 老师经常请学生到讲桌前回答问题，以此“让学生找到自信”（G-1-30）。汉语学习者在教师的肯定与鼓励下，不仅获得了内心的安定，学习的积极性也得到了有效的保持。

3.3 关于课程的知识

关于课程的知识包含教师对于任教课程教学目标的设定、对教学组织方式的选择以及对相关课程间关系的认识。本书中国际中文教师所表现出共性的关于课程的知识涉及以下几个方面：对任教课程的教学目标的理解与设定，对任教课程教学方式的把握，对任教课程与同班级其他汉语课程间关联的感知。

3.3.1 教学目标及安排重点

教学目标即为通过课堂教学所要达到的预期的学习结果。本书 8 位样本教师对教学目标的设定以及对教学内容难度的把握均以《高等学校外国留学生汉语长期进修教学大纲》这一由中外语言交流合作中心（原国家汉办）组织研制，用于指导国际中文长期进修教学的纲领性文件中对各阶段教学目标的总体描述（见表 3-1）为指导。初中高三个级别的中文教学有明显的阶段性特征，符合学生的实际汉语水平，并与学生学习能力相匹配。

E 老师从事初级中文教学工作，其教学内容与学生日常生活密切相关，语言材料简单生动，着重培养学生使用有限语汇介绍自己、沟通他人的能力；D 老师

---

① R. Ellis, M. Rathbone, *The Acquisition of German in a Classroom Context*, London: Ealing College of Higher Education, 1987.

中级中文教学内容多联系学生熟悉的话题，例句限定于一般日常社交场合，期待学生“能用基本完整的句子表达自己的想法，描述自己的生活”(D-1-29)；而从事高级中文教学工作的H老师表示“9000个词才是学生的目标”(H-1-9)；同样教授高级汉语课的B老师在首次刺激回忆介绍课程目标时指出：“我的精读课是一门立足于语篇的讲解词汇、语法的课。高级班学习的目的不只是学生词，更是学语篇，比如上下文的联系，对文章的整体理解等。”(B-1-2)

表3-1 《高等学校外国留学生汉语长期进修教学大纲》各阶段中文教学目标

阶段	教学目标描述
初级阶段	使学生掌握普通话的基本语音和汉语拼音，掌握所规定的2411个初等阶段的词以及相应的汉字，掌握185项初等阶段的语法点，初步掌握汉语的基本语法结构
中级阶段	使学生掌握2850个左右中等阶段的词语以及相应的汉字，80个左右中等阶段的语法项(点)，具有一般性的听、说、读、写、译能力，能满足日常生活、学习和一定范围内工作的需要，并对汉语的文化和语义内涵有初步的了解
高级阶段	使学生掌握2800个左右的高等阶段的词语以及相应的汉字。学习100个左右的高等阶段的语法项(点)；有成篇的语言表达能力，能较为准确得体地用汉语表达自己的思想感情；具有在社会生活领域里，从事较高层次、较大范围的语言交际的能力；基本适应不同语体的需要，同时对汉语的文化背景和语义内涵有较深的了解；初步具备运用汉语进行思维的能力

尽管各级别中文教学具体目标有所不同，但样本教师对教学目标的设定存在两点共性。

第一，扩充学生词汇量是教师的共识。词汇是语言三要素(语音、词汇、语法)之一，是学习和使用语言的重要材料，离开词汇就无法表达思想。威尔金斯(George W. Wilskins)曾说过，没有语法只能传达很少信息，没有词汇则什么信息也无法传达。[①] 词汇量是衡量一个人语言水平的重要指标，也是直接影响一个人听、说、读、写、译等各项技能发挥的重要因素。不管是新课讲解阶段或是旧课复习阶段，教师均应适时为学生补充适合学习的新词语。“我上课不是为了讲词表列出的这40个词，这40个词的例句里还有大量的词，那些词我都让他们再

① W. Wilskins George, *Linguistics in Language Teaching*, Cambridge: MIT Press, 1972.

记下来”(H-1-17)；“复习的内容有‘主动’，那就给他提一下反义词‘被动’，学生说了个‘内在’，那我就补一个‘外在’，这都是帮助他丰富一下词汇量”(B-3-45)。

第二，教师有意识地培养学生汉语语感。语感是直接、迅速感悟语言文字的能力和敏感性，有助于优化学习者的注意过程，提升学习者的自我意识①，亦有助于增强学习者对目标语的认同。后方法教育理论认为，建立对一种语言语音、句法、语义和语篇系统运作的语感是非常必要的。② 语感需经过长期、反复的实践获得，科学有意识的训练能促使语感的形成。在具体教学过程中，教师通过能与学习者日常生活产生共鸣的真实材料及有意义的活动，引导学生注意目标语的外在特点，关注语调、语法等语言子系统的逻辑机制③，从而提高学生对语言结构的内化能力，继而形成语感。

本书样本教师采用输入和输出相结合的方式对学生进行汉语语感的培养。

在语言输入方面，教师采用的方法主要有：第一，增加正确语音的输入量。“我是在这个学期加上的学生听我读课文的环节，就让学生安静地听，他听得多了，在需要自己输出的时候就会想起来老师当时是怎么发的音，然后再去模仿”(D-2-82)，使学生在全方位接受标准汉语听觉输入的环境中提升汉语语感。第二，例句力争“原汁原味”。尽管初中级学生由于语言受限，教师无法100％为学生展现真实语料，但“我的例句都是在说‘人话’，不是为了讲某个语法生编硬造的”(D-1-90)。第三，利用课文介绍中国人说话、写作思维习惯。思维方式的差异使得中国人口语及书面语的表达方式具有一定的独特性，而对这些差异学生难以独立发现。“这一段课文是先说明观点，再举例子，而且举每个例子的时候用的词和句式都有不同，这就需要给学生点出来。”(B-1-85)

在语言输出方面，教师普遍采用“反复朗读句子或课文并进行复述或背诵”的方式。对初级水平的学生，能做到准确朗读是教师对他们的基本要求。“看一个学生是不是学会了，找没找到语感，就看他能不能真的读出来。学的句子能读得流利，他就真的学会了。有的学生找不到语感，他读的时候就有疑惑，就会想‘是不是这么读啊’。”(G-2-44)对中级汉语学习者，“课文的句子都是反过来正过去让学生说好几次，最好学完能马上记住。背下来总是有用的，培养他们的语

① 参见[美]库玛：《超越教学法：语言教学的宏观策略》，陶健敏译，北京大学出版社2013年版。

② 参见[美]库玛：《超越教学法：语言教学的宏观策略》，陶健敏译，北京大学出版社2013年版。

③ 参见[美]库玛：《超越教学法：语言教学的宏观策略》，陶健敏译，北京大学出版社2013年版。

感”(F-1-177)。而到了高级阶段，教师让学生无辅助输出的语言单位进一步加大，从长句扩展到段落。“我希望他们整段复述，不仅仅是句子。背课文是一个培养语感的好方法，高级班不能只是说句子，而且背课文和背词、背句子的感觉是不一样的。”(B-1-40)

3.3.2 课型特征与语言综合能力

本书进行课堂观察的教学机构初中高各级别汉语课程按照语言技能可划分为精读课、口语课、听力课、读写课等课型。各类课型因训练技能各异，教学重点、授课方式有所不同。各位样本教师均以任教课程所承担的语言技能训练项目为出发点进行课程设计，对学生进行相应语言技能训练，课型特征明显。

D老师长期担任精读课教学，在词汇、语法教学阶段他注重句法、语义、语用三个平面系统而全面的展示与讲解。词语搭配及例句丰富，近义词语辨析适时、准确，语法讲解清晰、细致，随堂练习多元、高效，其汉语课程呈现典型的精读课特征。F老师教授口语课程的教学理念为“交际理解是第一位的”(F-1-191)，其具体操作为：生词讲解阶段，在与学生的互动中展示常用说法及搭配，避免单纯的知识灌输；例句要求全班“合唱”，增加学生开口机会；较少涉及词语辨析，仅在学生出现偏误或其他课程涉及近义词语时作简要提点；课堂任务贴近中国现实生活，以“帮助学生获得在中国生活的能力”(F-3-48)；课后多布置采访中文母语者语言任务，为学生创造与中国人交流的机会。与F老师类似，C老师在教授听力课过程中，“对词和语法不深入详细地讲，只给例句，学生能听懂、能做对练习就行”(C-1-91)，通过听后判断、听后选择、听后回答、边听边记等多种训练形式，使学生具备较长语段听记要点的能力和把握主要信息的能力。教授汉语读写课程的A老师在开学初即为学生强调课程的训练重点包括阅读和写作两项技能，而非词语、语法的学习。对于课文生词，每堂课仅选择2～3个进行讲解，所给例句(2～3个)要求学生默读后检查句义理解，其余多数生词要求学生仅知其义，不影响阅读即可。其课程一半时长为学生自我默读环节，在题材多样、风格各异的文章中，提高学生阅读速度及质量。

语言的“听、说、读、写”四项技能在运用过程中并非独立存在，而是相互关联、相辅相成的。[①] 对一种语言技能的学习和应用，需要其他技能的配合，就如

---

① 参见[美]库玛：《超越教学法：语言教学的宏观策略》，陶健敏译，北京大学出版社2013年版。

同试图将水分开,可水总是会再次流汇到一起。[①] 后方法教育理论的十大宏观策略之一即为"语言技能集成化",指出学习和使用任一分项技能都有可能与其他技能在认知和交流上产生联系[②],提倡"听、说、读、写"四项技能的培养需协调、配合进行,人为地将四者分离开来与语言使用的平行互动性相悖。本书样本教师在对学生进行某一语言技能训练时,将其他技能作为组织教学的手段,从而达到巩固与提升综合语言技能的效果,实现教学效果的最大化。

虽然是精读课,但是要注重学生的发音。我一般让学生读,如果发音不准,我就假装听不懂,让他们知道自己的话中国人听不懂。(D-1-104)

最近我(的口语课)开始用的这个办法,就是我用中文说阿拉伯数字,他先听数字,然后再去找生词,把相应序号的词再读出来,也是一种锻炼。(E-2-18)

我的(听力)课都有讨论的环节,就是让他们也表达一下,而且能听懂老师和同学的观点,这本身也是一种听力训练。(C-1-67)

阅读课也不能光读,我觉得并不能光满足于只是读明白了,我还安排了"说一说"的环节,还是希望他们进去了还能再出来一点儿。(A-1-27)

我这个写作课呢,也是在不停地让学生听和说,齐读、个别读,多听多说对他写作也有帮助,听说读写都是混在一起的。(G-1-18)

3.3.3　课程与课程间的关联

课程与课程间的关联指的是同一个教学阶段各课程之间的配合关系。同一语言水平的课程在课程目标、课程内容、课程教学要求上具有共同的指向性,因此某一单项技能课程并非孤立存在,其他课程已修内容可以作为某一课程的教学资源辅助教学。这要求各课程教师之间应当做到互通有无,对授课内容进行统筹规划,既可避免因重复教学导致浪费时间,又可对学生已学内容实施科学的复现,强化教学内容,达到"一加一大于二"的效果,"学生一点儿都不浪费时间"(H-1-24)。D 老师定期与同班级其他课型教师交换"讲授清单",在"知己知彼"的基础上进行教学内容的设计;A 老师同时教授中级班精读课和读写课,其在读

---

① 参见[美]库玛:《超越教学法:语言教学的宏观策略》,陶健敏译,北京大学出版社 2013 年版。

② 参见[美]库玛:《超越教学法:语言教学的宏观策略》,陶健敏译,北京大学出版社 2013 年版。

写课讲解“没有把握”“受打击”的时候，分别运用了精读课学习的“缺乏信心”“屡战屡败”，以帮助学生理解；G 老师把学生学习比作牛吃草，“学生前边做的听力部分、阅读部分，就像牛吃进去的草，他未必消化得了，我们这边(写作课)就是让学生‘吐’出来，再慢慢消化”(G-1-33)；C 老师则注意到加强课程间关联的优势，“如果碰到精读课已经讲过的语法时，讲起来会很顺”(C-1-93)。

样本教师对加强课程间关联所面临的挑战也提出了自己的见解。首先，当前教材在编写过程中对同一课型教材初中高各级分册间的纵向关系关注较多，尤其注重语法点的前后衔接，但对同一水平级别内各课型教材间的横向关系关注较少。因此以精读课本作为主干教材，其他课型参照精读教材词汇及语言点出现顺序配合训练的教学模式难以实现。其次，各门课程统筹教学给任教老师增加的备课时间成本也是样本教师关注的问题。“我的课呢，原来是和视听说课结合，他们讲爱情这个话题的时候呢，喜欢什么性格的人，我结合。我也和写作课老师沟通过，你给学生布置写作的时候呢，规定大量我的课的词让他们写。但是这些最后都没有实际操作，因为各门课一起备课的时间成本太大了。”(H-1-19)

3.4 关于教学策略知识

教学策略知识是指教师运用何种方式与技巧教授本学科理论性知识的知识，在本书中是指国际中文教师如何将汉语语言知识组织、转换并呈现为易于各国留学生理解的表征形式的知识。教学策略知识是教师专业理解的特殊形式①，最能显示教师的专业性②。

3.4.1 语言要素与句法、语义及语用

国际中文教学中的语言要素教学是指对汉语语法、汉字、词汇及语法的教学。通过本书的案例可以发现，初中高各级任课教师均重视汉字及语音训练，并以“三个平面”理论为支撑开展词汇及语法教学。

第一，语音及汉字教学贯穿初中高各级中文教学全过程。语音及汉字教学

① 参见陈向明等：《搭建实践与理论之桥——教师实践性知识研究》，教育科学出版社 2011 年版。

② Lee S.Shulman, “Those Who Understand: Knowledge Growth in Teaching”, *Educational Researcher*, vol.15, no.2 (1986), pp.4-14.

是汉语作为第二语言教学的基础，是培养学生听、说、读、写、译等各项技能与社会交际能力的前提。语音与汉字在国际中文教学中占据着重要的地位，也是留学生习得难点所在。本书发现，国际中文教师在进行各级各类中文教学时，均将语音与汉字教学摆在重要的位置，并未因学生进入中高级汉语学习阶段而降低对其语音、汉字的要求，或是忽视这两项语言要素的教学。

在语音教学上，初级阶段是学生养成发音习惯的重要时期，若在该阶段无法打下良好的发音基础，学生的语音面貌常会出现“化石化”的现象，增加后期纠正难度。E 老师在进行初级汉语口语教学时，“对发音抓得比较紧，(向学生)一遍遍地强调发音”(E-1-41)，“遇到学生发音不准时，都会打断他，读不准的一般都要纠正”(E-2-16)。但纠音过程中，E 老师一般会进行单次发音，即使学生依旧不准确，仍会给予肯定评价，并在后续教学中寻求二次纠正的机会。“学生都是比较敏感的，纠多了，他也会觉得丢脸，所以有的学生即使你纠正他，他也不跟着读，仅仅点点头表示知道了。这时候就先放一下，等一会儿有恰当时机再转回来让他尝试。”(E-2-73)到了中级阶段，即便有的学生“已经纠不回来了”(F-3-42)，F 老师仍会严格进行纠音。“其实学生不是发不准，就是发现老师不纠正，他自己也就放松不管声调了，其实他们是有能力发准的。”(F-2-35)同样教授中级班的 C 老师对各语言技能间的依存关系有深刻的认识，认为听与说两技能间存在互通之处。“音发对了才有可能听懂，自己发音不准，就很难听懂，甚至根本听不懂。”(C-2-34)在国际中文教师看来，语音教学要放“长线”，“实际上语音问题短期也解决不了”(H-1-27)。

对汉字教学的重视也体现在各级各类中文教学中。初级阶段，国际中文教师将认读汉字作为训练重点。朗读语料时，首先给学生呈现标有拼音的内容，继而去掉拼音，以减少学生对拼音的依赖。听写作为教师最常使用的复习检测手段，也是敦促学生练习汉字书写的有效策略之一。中级阶段，样本教师利用各种机会训练并提高学生汉字书写能力：C 老师在进行听力课教学时，要求学生听录音记笔记时使用汉字；D 老师在进行随堂练习时也要求学生用汉字作答；G 老师不仅要求学生把汉字写对，同时要写得漂亮。高级阶段，教师常采用解构汉字的方法，将复杂汉字拆成学生学过的简单汉字，或以此作为有效区分形近字的教学策略，便于学生理解并记忆。“高级班还是要讲讲汉字的构成。‘答辩’的‘辩’中间是言字旁，用嘴说话的，也是告诉学生什么意思的时候用‘辩’，什么意思的时候用‘辨’。只有知道字的意思，以后再遇到的时候，才可以猜一猜一个词大概的意思，自己写的时候也清楚应该是哪个汉字。”(B-2-13)但样本教师也对学生的汉字偏误表现出一定的困惑，“学生错的很多都是我意料之外的，而且都是些很固化的东西。他错的吧，跟咱想的不一样，比如'拽'没事儿，'捞'反而有问题，那个宝盖头没了，高级班汉字偏误是值得深入研究的"（H-2-75）。

第二，国际中文教师教授词语及语法时，讲求句法、语义及语用"三个平面"相结合。"三个平面理论"是由胡裕树（1981）提出的一种语法分析新思路，其基本观点为汉语语言研究应从句法、语义、语用这三个平面展开。

在句法平面，样本教师最突出的是为学生展示所教词语充当不同语法成分的词语搭配，目的是提高学生输出语言单位的水平及难度，而非"只是往外蹦单个词"（F-1-89）。D老师在讲授"能力"一词时为学生呈现"工作能力""生活能力""能力强/弱""提高能力"等多个搭配，供学生体会"能力"的多重用法。但在词语搭配较为有限的情况下，为避免学生泛化使用，样本教师多会限定学生的使用范围。"我经常这样说：'你就记住这两个（搭配）就行了。'因为我老是害怕他们瞎发挥，一发挥就错了。"（H-1-31）对于汉语学习者常见句法偏误，样本教师多主动向学生呈现，以防止学生受母语负迁移的影响出现偏误。例如，形容词谓语句谓语前不应使用动词"是"，时间及地点状语不可在句末，"和"不能连接两个分句等，"都是留学生经常犯的错误，即使现在的学生还没出错，我也得告诉他，预防着"（D-1-41）。此外，为增强词语用法及语法形式的显性程度并方便学生记忆，样本教师多采用"公式法"，如"随着n.的v.，(第二个变化)"，有意识引导学习者注意语言结构特点。

在语义平面，样本教师多根据讲授内容的特点选择恰当的释义方式。"记忆容量有限说"认为人的短时记忆容量有限，如果在语言学习过程中同时处理语言形式和意义，就会超过短时记忆的正常负荷，导致语言学习的效果不佳。为了让学习者有效地处理语言的形式，必须对以意义的正确理解为前提。[①] 为解释语言形式的意义，样本教师总结出图示法、实物法、动作法、翻译法、情景法等多种语义释义方法，帮助学习者将语言形式与意义建立联系。尤其在为意思抽象的词语、语法释义时，样本教师展现出语义讲解的多种可能性：D老师向学生展示升国旗、葬礼、考试等图片，让学生直观感知"严肃"的情境；A老师采用多种举例讲解"女人味儿"的意思，学生可根据老师给出的"很温柔""头发长""声音很甜"等多种信息，在认知中勾勒出具有"女人味儿"的形象；F老师运用例句"有些人虽然看起来很普通，但来历不小，有的父亲是CEO，有的母亲是很有名的医生"提供的语境，帮助学生理解"来历"的意思；C老师运用旧词"可怜"，将"同情

---

① 参见武和平、张维民：《后方法时代外语教学方法的重建》，《课程·教材·教法》2011年第6期。

心”释义为“看到可怜的人觉得他很可怜”，学生表示易于理解；B 老师则选择使用拆词法，分别讲解“旅”与“途”，便于学生理解“旅途”，这一方法也被其运用在四字成语的释义上；“把”字句是中文独有的语言形式，学生不易理解也难以主动使用，G 老师选择使用媒介语英语中有类似用法的“take”一词进行类比，从而降低学生的理解难度。

在语用平面，样本教师重视讲解教学内容的语体色彩，并提示学生语言使用的得体性。入班观察过程中，时常看到样本教师提醒学生某个词“很正式”或“比较口语”。因为在他们看来，“词语的语体色彩很重要，改学生作文的时候经常发现学生把口语词用在作文中，平时说话的时候，又蹦出来一些特别正式的词，所以这里就得告诉他，随便的事情、家庭生活中的事情不能‘改革’”(H-3-54)。在培养学生说话得体性上，样本教师提示学生中国人跟亲人、朋友、老师打招呼时不说“你好”，“慈祥”一词用于描述 70 岁以上的老人，“温柔贤惠”一般不用在男人身上等。“这种语用的东西都是中国人习以为常，留学生自己体会不出来的，但我们只要稍微提醒一下，学生就懂了。”(E-1-103)

3.4.2　教学内容的实用性、渐进性及复现性

对于教学内容，国际中文教师并非“一视同仁”，而是分类处理，有所侧重。分类的标准多基于以下几种考量。从课型的角度来说，口语课、听力课中对于词语运用无特殊性、语法功能简单、词义易懂的名词及动词，教师多会简化处理，一带而过；阅读课受课时所限，每课仅选择 2～3 个重点词语进行讲解，将其他词语作为学生课前预习任务，课上仅进行词义检测，以减少阅读障碍。从教学内容效用的角度来说，教师多以日常生活使用频率、HSK 考试出现频率作为判定教学重点的标准。从教学时机的角度来说，教师根据教学内容的特点及课文、练习所提供的语境，对教学内容进行不同安排。“这些生词我都分好类了，有的热身出，比如关于中国武术的词；‘吃苦’‘假装’‘蒙’这三个词在后边练习里有，那个时候可以比较清楚地讲；‘赖皮’这个词，特别需要语境，直接讲很难，正好课文里上下文的语境是可以解释的，所以就放到课文中。”(C-2-35)

“意义优先，聚焦形式”的教学理念提倡有意义的学习，即课堂教授的语言形式，对学习者的生活经验来说应当是有意义的，在本书中则体现为教学内容的实用性。样本教师在选择例句、解释和操练语言点上均力求语言的真实性和交际性，强调语言输入语境化，避免过多机械性操练给语言学习带来不利影响。研究表明，有意义学习的效果明显优于死记硬背式学习，所学知识更易于进入大脑的

长期记忆模块，可有效提高学生的学习积极性。[①] E老师在初级班进行语音训练阶段，全部使用有意义的音节供学生练习，尤其使用“可口可乐”等汉语中的外来词，以增强教学的趣味性。F老师在说明例句编排顺序时特别提到，“给学生的第一个例句，一定要贴近学生的生活，要典型，这样能让学生马上明白”(F-1-170)。组织课堂小组活动时，各位教师讲求设置生活性任务，加强语言教学与社会、文化大背景的结合，目的是帮助学生“跳出课本，进入生活”(E-2-83)。“能让学生感到教学内容有意义，走出教室就能用”(G-1-45)，是国际中文教师设计教学内容及活动、衡量教学活动有效性的一个尺度，这充分体现了后方法教育理论“语言输入语境化”宏观策略所提倡的“必须让学习者认识到语言是在交际语境下使用的”[②]这一基本准则。

在重视教学内容实用性的同时，样本教师还认为教学内容的安排应当具有渐进性。先以例句排序为例，进行词语及语法教学时，教师一般呈现4～6个例句。其中，“前两个例句都略低于学生实际水平，难词会影响学生理解，而且用法典型，让学生一看就懂”(B-1-57)，“第三个例句是跟旧课内容相联系，再然后是课文上的句子，最后再和课外生活相联系”(B-1-60)。“我这个学期还加了一个新闻里的句子，希望学生不是每天只看那些‘你好，我好’太口语的句子。”(B-2-30)再以练习设置为例，读写课学生初次阅读后，A老师提出的问题不涉及文章细节，且多以一般疑问句设问，将重点信息置于问题中，学生仅需回答“是”或“不是”。随着阅读遍数的增多，A老师问题的难度也逐渐增加，并使用特殊疑问句设问，加强对学生文章细节把握能力的考察。F老师对口语格式的操练也体现了渐进性特征，设置的练习依次为改写句子、完成对话、回答问题，“从不需要学生自己想意思，只是把老师给的句子换个说法，到半开放性的问题，根据上下文语境回答，最后到完全开放的问题，需要在听懂问题的基础上做到得体回答，难度是逐渐上升的”(F-2-50)。

重视知识的复现也是教师实践性知识的重要内容。本书各位样本教师授课过程均设有复习环节，通过领读旧词及课文、回忆旧课课文内容、复述旧课重要知识等教学行为以及看图说词、词义连线、用指定词回答问题、完成对话、完成句子等练习的形式，达到复现旧课、巩固学习效果的作用。在语言知识讲解与操练

① 参见郑玉琪、陈美华：《试论“后方法”时代的英语教学》，《外语与外语教学》2007年第10期。

② 参见[美]库玛：《超越教学法：语言教学的宏观策略》，陶健敏译，北京大学出版社2013年版。

环节，样本教师综合运用以新带旧、以旧带新、增加刺激的方式复现内容。所谓“以新带旧”，即新课讲解过程中以复习的形式将旧课相关内容予以复现，“学生以前学过这个词的动词用法、形容词用法，这里讲当作名词用的时候，先给他们提示一下以前学过什么”(B-2-24)；所谓“以旧带新”，则是运用已学知识讲解、训练新语言知识，以达到降低难度、复现旧课内容的效果，“‘不曾’这个词比较难，但是我教过‘从来’，那用‘从来没有’解释‘不曾’，他们很容易就能听懂了”(D-2-29)；而“增加刺激”则是通过有设计的多次重复达到帮助学生记忆的效果，“我问学生‘哪个是比较难的汉字’，并不是我真想知道，我是觉得问的时候他们能再读几遍难的汉字。‘拍’这种字没关系，但是‘拽’‘捏’他们是真不行”(H-2-26)。对第二语言学习者而言，重复接触对形成流利、规范的语言的认知结构是必不可少的[①]，大量重复性的语言接触有助于知识的记忆和巩固。

3.4.3　教学环节、教学节奏与学生参与度

教学环节是教师在教学活动过程中为达成教学目标而对教学活动所设定的步骤和顺序，是对相互关联的一系列教与学活动的具体安排，是教学活动的基本框架。本书样本教师注重教学环节的完整性，汉语课堂呈现开课热身、复习旧课、新语言点讲练、处理课文、整理复习等完整的教学环节，并且各环节又由若干教学模块组成，教学进程段落清晰、设计感强。在此仅以开课热身环节为例进行说明，在此环节中，各位教师均完成问好与点名、展示教学计划、运用热身话题导入新课等三个教学模块。尽管实施形式各异，顺序不尽相同，但已内化为教师自动化的教学行为。首先，教师虽并非占用课堂时间逐一点名，但环视全班后记录考勤，或询问学生缺席缘由的行为可视为一种提醒和警示，“我需要让学生知道老师是在意他们来不来上课的”(F-2-2)。其次，在正式进入教学活动前，样本教师均向学生提示当天的教学内容，如完成的课次、讲授的重要语言现象、涉及的功能项目等，这一教学行为并未因初级班学生水平有限而被忽略。“开课的时候都是这样给学生说今天的安排，今天就是‘学习第四课，学习你的国家和怎么问别人的国家’。他们可能不能完全听懂，但是也要说，除了每天课前要说以外，我每个周一还要给他们说一下这一周我们要做什么。”(E-1-16)最后，热身话题讨论是教师借以帮助学生进入学习状态、引导新课内容的有效手段。热身环节多

---

① Bybee Joan, “From Usage to Grammar: The Mind's Response to Repetition”, *Language*, vol.82, no.4 (2006), pp.711-733.

以互动的形式进行，看似轻松，但作为教学的前奏，承担着“调气氛、定基调”(H-1-45)的作用。“热身话题我都是选贴近学生生活，又和课本有关系的。因为不是随便聊天，他等会儿再读课文的时候也不会觉得那么陌生。”(A-3-43)

尽管教师教学行为的顺序有所不同，例如有的教师在生词讲解后进入课文，利用课文语境展示语法；有的教师在课文教学前有专门的语法讲授阶段，但在较长的一段时间内，教师的教学模式处于稳定状态，不会频繁调整教学环节顺序。“下一段课文跟这里是一样的，基本就是这个流程，先通一遍课文，让学生有个整体概念，扫清意思的障碍，然后再倒回去讲里边的词，基本每天都是这样的。我不会整天换教学方式，固定下来以后，学生就适应了、熟悉了，他知道老师接下来要干什么，心里也会觉得很安定。”(B-3-43)

在教学节奏的把握上，样本教师的汉语课堂张弛有度、动静结合，呈现较强的“节奏感”。课堂中既有高强度的知识讲练环节，又有舒缓的放松时间，课程节奏具有起伏感，富于动态变化。“学生不可能90分钟都全神贯注地听，那么上个二三十分钟后，让他们看个和课文有关的视频，能稍微缓一缓，休息一下”(F-1-139)；“我经常穿插自己的各种经历，学生听听故事可以换换气，一直一个节奏，学生会疲劳”(D-1-132)；“我也试着往前赶过进度，倒是能多讲十几个生词，但是你明显感到学生的听课幸福感降低了”(H-1-179)。紧张和舒缓交替出现，既可使学生的注意力高度集中，高效率接受知识，又不因精神持续高度紧张而过分疲劳，对学习产生厌倦心理。

节奏的快慢强弱轻重缓急，除应按教学计划进行掌握外，还要时刻关注学生在课堂上的反应，随时做出调整。A老师在阅读课上发觉学生表现出疲劳的状态，便及时根据课文内容生发出讨论话题，学生的兴奋度又得以提升。就是在“疏”与“密”的交替中，样本教师不仅对课堂时间做到了充分利用，还使学生始终保持最佳的求知状态和有张有弛的心理节律，这有利于挖掘学生潜力，在有限时间内取得最大的学习效益。

教学是集体性活动，作为两大活动主体的教师与学生都应参与其中。教学活动应保障学生最大限度参与课堂教学活动，使全体学生从中受益。

在授课过程中，国际中文教师最大限度调动学生参与课堂的积极性，做到全员参与、全程参与。教学是师生交往、共同发展的互动过程，尽管“学生无法做到45分钟时时刻刻在线”(F-2-76)，但作为语言学习者，学生在教学过程中也不应仅扮演“收听器”的角色。如何最大限度调动学生参与教学活动的积极性，从而避免因课堂参与差异性所导致的两极分化现象，是国际中文教师理应关注的问题。“这个问题里边有生词，看到有学生不明白，我就用简单的语言把问题又问了一遍，也就是把问题的难度降到学生的实际水平，这样全班学生都明白问题的意思了。而且我再解释这一遍呢，也是想给学生留点时间，自己能思考一下可以说什么。”(D-3-29)为使学生保持较为持久的注意力，减少走神或精神不集中现象，样本教师采取了多种有效措施，如通过加重音量或使用“来”“请看这儿”“注意”等提示性话语引起学生的重视，不按照座位或点名册顺序提问，将陈述性讲解变为问题式讲解，让学生复述他人答案或根据他人叙述回答问题，点名让精力不集中的学生回答问题，实施全员检查，不让学生存有侥幸心理，任务活动前确认全体学生明确教学指令等。通过课堂观察可以发现，学生参与度高是国际中文课堂的一大典型特征。样本教师将学生参与度的高低作为评价课堂教学成功与否的重要标准之一，“如果有学生走神儿了，那说明我们的教学在某种程度上失败了”(D-2-39)。

在本书中，样本教师在注重学生集体参与性的同时给予他们一定的自主学习空间，积极实践启发式教学。“提高学习者自主性”是后方法教育理论十大宏观策略之一。这一教学策略认为帮助学习者自主学习是将成功机会最大化的方式[①]，教师通过向学生提供自主学习的必要工具提升学习者的自主性，以此帮助学习者降低对教师的依赖，发掘个人学习潜力，培养适当运用学习策略的能力，从而实现学者的自我学习目标。

第一，国际中文教师积极开展发现式学习，培养学习者自主学习能力。“激发直觉启发式教学”是后方法教育理论十大宏观原则之一，后方法教育理论视角下的学习者是教学活动的主角，是自主的学习者，教师在教学中扮演组织者、指导者、帮助者和促进者的角色。[②] 这强调教学方式应从“教师给予式”向“学生发现式”转变，培养学生独立自主的学习能力。在语言学习的过程中，学习者可运用教师提供的丰富的语言材料及语境，激活自身直觉，推知隐含其中的语言形式与功能，通过自主学习与思考掌握语言知识，并在适当时机进行准确、合适的语言输出。[③]

让学生根据已知内容猜测生词词义或为学生提供大量的例句归纳语言结构，发现使用限制条件是样本教师使用较多的教学策略，这也符合后方法教育理

① 参见[美]库玛：《超越教学法：语言教学的宏观策略》，陶健敏译，北京大学出版社2013 年版。

② 参见张愉、高玉华：《后方法教学法视角下的电影英语教学》，《外国语文》2011 年第S1 期。

③ 参见翟艳：《后方法时代的汉语语法教学方法分析》，《华文教学与研究》2017 年第 2 期。

论所述：归纳法很适合激活学习者的直觉启发[①]。“很多情况不是我来解释，而是让学生猜意思。就像这个‘抹眼泪’，因为‘抹’的意思已经讲了，‘眼泪’又是学过了，那么应该是能猜出来了”(H-2-80)；D老师在讲解“每”和“各”的区别时便让学生通过六个例句进行自我概括：“讲副词的时候，我一般先这样让学生体会一下如果没有这个副词，句子对不对，如果对，表达的感觉有什么不一样，然后再让学生自己体会出来这个副词到底强调了什么。”(B-2-47)不管语言水平高低，自我发现式学习都对学生的理解与记忆发挥着重要的作用。在教师的引导与辅助下，在独立思考的空间中，学生的创新思维能力得以激发，通过探索自我引导的学习方法，发掘并明晰个人学习策略，实现学习过程中的自我监督与评估。

第二，运用启发性教学策略有降低学生焦虑的作用。这主要体现在为学生语言输出创设铺垫、间接纠正学生偏误两个方面。一方面，当期待学生输出目标语言现象时，样本教师均给出较为贴切的提示：“我给学生的铺垫，或者说暗示，都不是随便给的，铺垫的东西不一定多，但一定要到位。也就是说在这个情境下学生只能用目标词来说。”(D-1-40)F老师在复习“干燥”一词时发觉学生遗忘率较高，便运用旧课情境“没有水，沙漠里的气候”进行提示；B老师在听写词语环节再次朗读带有该词语的课文原句，并配合词语释义，这有助于学生成功提取旧课信息，准确输出。另一方面，当学生的输出存在偏误时，样本教师并未直接给出否定评价，而是通过多种技巧启发学生进行自我修正。首先，教师使用“是吗？”“嗯？”等简短反问句予以反馈或重复学生错误答案，并配合上扬语调，以期学生发觉并自我纠正。其次，教师通过让学生“再说一遍”“再考虑考虑”，给予学生再次调整、自我修正的机会。再次，教师使用标准汉语重述学生语言，“学生能感受到我说的和他说的有区别，一般也会模仿老师说的正确输出一遍”(G-1-65)。最后，教师通过提示语言知识及使用规则，亦能达到纠错效果。“学生一开始没意识到说错了，我就告诉他‘挑选’是动词，不能说‘有挑选’，他就明白了”(F-2-19)；“这里学生说完‘他一定’就不说了，我告诉他‘一定’后边得有内容，就是提示他这个句子并没结束，也在鼓励他说完整”(F-2-30)。

① 参见[美]库玛：《超越教学法：语言教学的宏观策略》，陶健敏译，北京大学出版社2013年版。

3.5　关于教学媒介的知识

关于教学媒介的知识是指教师对于如何使用教材、板书、多媒体课件、图片、视频等教学媒介与资源的知识。本书国际中文教师所表现出共性的关于教学媒介的知识涉及以下几个方面：教师对教材及其使用方法的看法，教师设计板书及多媒体课件的技巧及理念，教师选用图片、视频等教学素材的标准及原则。

3.5.1　教材的使用与素材的补充

教材是知识的载体，是教师执教的依据，也是学生获得系统知识、进行学习的主要材料，是教学的重要资源。本书实施调查的教学机构所选教材均为国家级规划教材最新版本，体现了众多业内专家、学者的专业智慧和学术水平，整体设计具有较强的科学性与可用性。样本教师重视对教材（尤其是课文）的使用，能根据实际授课情况对教材进行适当的补充。

在教材的各组成部分中，最为国际中文教师重视的是课文。样本教师表示，课文“是贯穿始终的一个东西”（B-1-48），课文的语言是经过编者精心设计的，用词标准且语句通顺得体，值得通过各种形式反复利用，不应该被边缘化。“初级学生的学习材料就只有课文，词汇量又有限，所以我就充分利用课文进行各种操练，提问、复述、挖空等等，就是翻过来正过去地练，把课文练熟。”（E-1-104）

教材的编写具有普适性，适用于更广阔的受众，因此无法顾及每位学习者的实际情况或某一类学习者的学习需求。调查发现，复习清单与 HSK 练习是多位教师选择额外为学生提供的两种补充材料。各位教师制作的复习清单内容或粗略或详细，复习形式或为展示型或为提问型，这些材料均成为学生查漏补缺、总体把握一定教学阶段学习内容的有力把手。而 HSK 是全球范围内最权威的汉语水平考试，通过 HSK 是学习者普遍具备的学习目标，也是其学习动机所在。虽然样本教师任教课型及水平各异，但课上为学生补充 HSK 练习成为各位教师的共同选择。各位教师根据任教课型的特点及学生的实际水平，选择相应的 HSK、HSKK 练习，增强了学生的学习动机和兴趣。

3.5.2 板书的运用与多媒体设备

随着科学技术的发展，现代化的教学手段已经走入汉语课堂，然而多媒体课件受其播放方式及内容容量的限制，呈现的内容常会"一闪而过"，由此会造成部分学生出现知识发展与思维过程相脱节的认知反应，不利于学生对知识的理解和掌握。而板书则具有向学生长时传递信息的作用，因此该知识传播媒介在中文教学中仍起着不可替代的作用。国际中文教师坚持书写板书，并配合使用多媒体设备以达到教学效果的最优化。

第一，板书有其不可替代的示范作用。初级汉语学习者处于识字、认字、练习写字的阶段，良好书写习惯的养成需要教师多次重复的书写示范，"(我板书就是)让学生看老师怎么写汉字"(E-1-132)。示范的缺失将导致学生难有模仿汉字正确书写方式的机会，继而影响其汉字书写能力的发展。即使在高级阶段教学，B老师依然在智能白板上手写答案，"要是直接用PPT动画出答案，学生看一下就忘了。而且他觉得自己会写，其实并不一定"(B-2-40)。由于教学对象不具备母语者认读汉字的能力及水平，样本教师汉字书写较为规范，每个笔画都清晰、准确，无连笔现象，这不仅保证了学生习得内容的准确性，也有效避免了不规则汉字给学生带来的迷惑感。"有些笔画该连上的没有连，我们中国人自己看的时候没关系，写的时候也没那个意识，但是一点点缺口在学生眼里就会放大，就会写得不好看，甚至不准确。"(D-2-54)

第二，板书有助于引起学生注意。研究者认为，"注意"是语言学习的一个必不可少的条件，只有"被注意到的事物才会被学习"(Ellis & Robinson，2016)。斯利马尼(Slimani)的研究表明，学生一般仅能注意44%的课堂显性教学要点，这也解释了为什么教师的讲解并未被学习者全部吸收的学习现象。[①] 在语言输入过程中，学习者如果只对输入语言的意义进行加工，而不注意特定的语言形式，就无法保证语言的真正习得。教学过程中，国际中文教师通过适时、恰当使用板书，达到引起学生对语言知识关注的目的。一是对于语言结构中的重要信息，样本教师会用红色或蓝色白板笔予以区分，提示其重要性。被提示的内容多集中于虚词的位置以及学生易于遗漏的语言成分(如介词短语"在……上"中的"上"等)。二是对于学生易混淆的教学内容，中文教师及时板书予以提示。授课

① 参见[美]库玛：《超越教学法：语言教学的宏观策略》，陶健敏译，北京大学出版社2013年版；翟艳：《后方法时代的汉语语法教学方法分析》，《华文教学与研究》2017年第2期。

过程中，E 老师意识到学生未掌握"那""哪"跟"哪儿"的区别，并将"不"和"下"两个汉字搞混，便及时板书，引导学生从字形上进行区分，以引起学生的注意。三是教师会对黑板进行合理分区，尤其是对教学中涉及的补充词语，教师会在黑板上开辟专门的区域予以展示。

第三，多媒体课件可提高课堂效率及趣味性。随着多媒体技术的不断发展，计算机辅助教学的普及，除传统板书外，样本教师均配合使用多媒体设备及课件进行教学，充分利用现代计算机技术生动、直观、及时反馈的特点，激发学生的学习兴趣，提高教学效率和教学质量。具体到国际中文教学，使用多媒体设备及课件进行教学可使课堂呈现书写板书占时少、认读汉字容量大、复习检测效率高、视频图片趣味多的特点。在只借助传统板书进行教学的时期，教师授课的大部分时间被书写板书所占据，"教师写，学生记"是当时汉语课堂的真实写照，"为了节省上课的时间，我以前都是提前 10 分钟到班里去，把一部分例句写在白板上"(D-1-49)。多媒体设备的使用将教师从繁重的板书工作中解放出来，学生接触、认读汉字的机会大大增加，教学容量有所增长，课堂效率得以提高；复习环节的形式也更加多样化，快速猜词、看图说话、"拍苍蝇"等课堂活动被广泛应用于教学中，加之授课过程中各类图片及视频的使用，语言教学的趣味性得以提升。

第四，教师关注多媒体课件的时效性及适配性。样本教师均表示，即便一门课程已连续教授多个学期，但"每年学生都不同，水平也有差异，外边的社会也有变化，发生了很多新鲜事，PPT 都是要一直更新的"(F-2-73)，教学课件"时备时新"是各位样本教师的工作常态。而失败的教学体验，也是教师修订课件、提升其教学适配性的动机。正如 B 老师所说："我上个学期没有把课文打在 PPT 上，效果很差，上课的时候给他们说'我们来看课文'，他们也不知道应该看哪里，特别容易走神。这学期我就把课文打上了，学生就能感觉你的课是一个连贯的过程，就很少走神了。"(B-1-47)此外，在所任教课程有集体备课共享资源的情况下，各位教师仍旧选择根据个人的教学理念以及所教班级的实际情况进行必要的调整。"别人做的课件因为创作理念的不同、学生不同，很难拿来就用，总要根据自己对教学的理解再改、再创造。"(A-1-9)

3.5.3　教学资源的选择及其标准

图片与视频是教师最常使用的两种教学资源，国际中文教师对教学资源的选择有着较为严格的原则和标准。

第一，教师注重图片的典型性。"选这张图片是有讲究的，你不能随便一个图片拿过来就用，讲到‘松弛’，学生特别是女生，一下子就能想到皮肤松弛，这是最典型的，所以就用这张图片。”(B-2-60)样本教师表示选择图片是一项费时费力且技术含量颇高的工作，选定的图片对多数国家学习者来说应为最常用、最典型的情境与场景；图片中不应有干扰信息，仅传达单一意思，不引发歧义，“让学生清楚地明白这种情况下就应该用这个词，这个语法”(F-2-97)，“最好还能有一定的趣味性”(C-2-50)。

常年的选图工作使国际中文教师积累了丰富的选图经验，实物类名词或动作性动词可通过搜索“矢量图”查找；搜索“漫画”更易找到表达确切含义的图片；查找图片时，某个词语的典型场景可作为附加关键词，比如“要是想找‘钻空子’的图片，直接搜‘假货’的图片就可以了，卖假货就是很典型的钻空子。换不同的关键词，能出来好多想要的图”(H-2-36)。

第二，教师重视教学素材的直观性与有效性。在讲解“×国人”这一表达时，E老师首先在课件中展示法国国旗的图片并领读“法国”，然后指了一下班中的法国学生。这种图片配合手势的方法使学生迅速明白了“法国人”的意思，“很多时候是不需要借助英语讲的，学生有一定的学能和智商，用图片和动作他们是能理解的”(E-1-68)，E老师如此形容自己的教学理念。图片与视频对于教学的便利性并非代表着任何教学内容均需借助此类教学资源，选用教学资源的标准是有助于教学，并可将教学化繁为简。F老师在讲解《家乡》一课时为学生播放了歌曲《北京欢迎你》，其选用理由是：“课文里提到北京是个包容的城市，什么样的人都能在这里生活，‘谁都可以找到自己的生活圈子’。这首歌说的也是欢迎人们来北京，歌词和课文内容有关，听歌也是种强化与学习。”(F-1-184)

3.6 关于教学环境的知识

国际中文教师关于教学环境的知识是指教师在教学中体现出的对社会文化环境、学校教育环境的理解和对这些方面进行回应的知识，是教师对教育在运作之社会与文化背景的了解和认识。[①] 这里的教育环境不仅包括学校外部的社会环境，还包括学校内部环境；既包括区域上的物理环境，又包括教学中的人文环境。实践性知识较之理论知识的独特之处就在于它具有明显的情境性，环境是

① 参见陈向明等:《搭建实践与理论之桥——教师实践性知识研究》，教育科学出版社2011年版。

教师和学生生活的背景，他们的知识和行动无不沉浸其中。[①] 教师对环境保有的敏感性，这使关于教学环境的知识成为教师实践性知识重要的一部分。

3.6.1　教学内容联系中国社会

教学不是孤立于学习者对生活世界和生命体验之外的活动，而是时刻置于社会大环境中的教学行为。[②] 没有社会关联的语言教学是没有意义的。[③] 语言教学是根植于宏观的社会环境中的，而非孤立的教学活动，社会环境对语言的教与学都有重要影响。因此，国际中文教师的教学内容应具有时效性，加强对现实生活的观照，通过呈现真实的语言材料、联系社会新近热点问题，为学生构建一种接近现实生活的语言学习环境，从而体现语言课程工具性和人文性的统一。

后方法教育理论提出，语言教学应当确保教学内容与社会的关联性，认清影响学习者和教师生活的各类社会、政治、历史和经济环境同样影响着课堂教学的目标与活动。[④] 社会中的各种因素对课堂交流的构建起着重要作用，课堂教学只有跟上述环境因素相结合，才不会使课堂活动内容与生活脱节，让学生即时接触到更多更新的信息和知识，丰富教学内容。[⑤] 本书样本教师的教学内容与现实生活紧密相连，同时关注学习者的语言需要与社会需要，帮助学生了解并融入中国社会生活。

D 老师"非常喜欢并愿意跟学生谈论中国的现实生活"(D-3-48)。备课时，他"总要考虑一下最近发生的热门话题能不能用上要教的词或语法"(D-1-37)，其教学理念就是"要让学生真的生活在中国，能了解真的中国"(D-1-39)。在授课过程中，除语言知识外，中国社会生活、中国人语言习惯及思维方式也占据了相当的比重，"这比多讲几个生词要有用"(D-3-21)。其他样本教师也表现出了

---

① 参见陈静静：《教师实践性知识论：中日比较研究》，华东师范大学出版社 2011 年版。

② 参见武和平、张维民：《后方法时代外语教学方法的重建》，《课程・教材・教法》2011 年第 6 期。

③ 参见张愉、高玉华：《后方法教学法视角下的电影英语教学》，《外国语文》2011 年第 S1 期。

④ 参见张愉、高玉华：《后方法教学法视角下的电影英语教学》，《外国语文》2011 年第 S1 期。

⑤ 参见[美]库玛：《超越教学法：语言教学的宏观策略》，陶健敏译，北京大学出版社 2013 年版。

同样的教学策略:“二孩政策”“学区房热”“里约奥运会”“网购/团购”“共享单车”等时下热点话题在样本教师选用的例句中多次涉及;“活雷锋”“吃货”“亲”“5555”等惯用语、网络用语也出现在其课堂上。讲解动词“撕”时,H 老师特意强调收到快递后应把快递单“撕下来,再撕掉,可以避免接到骚扰电话”(H-2-85);其他教师以肯德基外卖单、微信用户分布饼状图等实物、图表为教学素材设计语言活动,增强任务活动的真实性。课堂成为社会的一个缩影,不仅为学生补充了在中国生活应知应会的语言现象,帮助他们提高生活能力,扩大生活圈子,更增强了其对中国社会生活、人文环境的认知。

在谈论中国现实生活时,难以避免谈及中国领先于世界的领域(如高铁、快递业、移动支付等)以及中国社会当前所面临的严峻问题等。谈及此类问题时,国际中文教师的基本态度为公正客观、实事求是。面对中国优势领域,不必过于谦虚,“吓得不敢说”(H-1-82),也不可“优越感”十足,表现出“我有你无”的姿态,而是应以确认的口吻询问学生“你的国家也一样吧”,从而既维护了学生的民族自尊心,也“让学生自己说出来”(D-2-86)中国的发达之处。而面对中国当前社会存在的问题时,国际中文教师“不会按照很多书里那些教学策略说的,给学生说‘这种问题下课再讨论吧’,那是特别愚蠢的”(H-2-33),因为“学生每天生活在这里,他一定是看到了才会说,随地吐痰、按喇叭这些不文明的行为不会因为老师的否定而消失”(A-3-29)。

在处理这些所谓的“敏感问题”时,国际中文教师所表现出的智慧体现在以下几个方面:①“我们这里是这样的。”由于中国幅员辽阔,每个区域都各有特色,但学生常把自己生活城市的某一现象误认为中国普遍存在的问题,“我会承认,北京周边雾霾确实很严重,但上海、厦门等很多地方空气是非常好的,所以我借机给他们推荐可以去旅游的地方,空气污染的问题瞬间就转到了旅游上”(D-2-96);②“过马路需要‘敏捷’吗?”当学生指出中国社会问题时,都是叙述所见所闻,并非为难教师。此时国际中文教师一个幽默的话语即可将“略显尴尬”的场面化解。“讲‘敏捷’的时候,我会问他们‘过马路的时候需要敏捷吗’,他们一听就哈哈笑了,我觉得没什么啊,这就是生活。”(H-1-42)③“这个你不如我了解。”虽然很多学生看到的现象是客观存在的,但因其背景知识有所欠缺,以致价值判断稍显片面,此时,国际中文教师常运用“这个你不如我了解”的策略,让学生看到现象背后的故事。“学生说‘中国学生土’,但他们未必知道为什么我们大学的很多学生不注重穿,我告诉他们一是这里的学生都是全省最好的,学生们把大部分精力都放在了学习上,对穿着没有那么高的需求,这样学生都表示理解了。”(D-3-39)

3.6.2　文化教学蕴于语言教学

语言既是信息载体，又是文化载体，文化处处渗透在语言之中。[①] 语言中包含着一个民族的生活习俗、思维价值、行为方式等，学习一种语言就是学习其背后的文化。[②] 因此，文化教学一直是语言教学的重要一环。后方法教育理论十大宏观策略之一即为"提升文化意识"，这一策略强调将教师与学生均视作文化信息的传递者，指出文化教学的总目标在于帮助二语学习者培养起一种契合文化的目的语运用能力。国际中文教师非常注重在教学内容中展示中国文化，尤其注重对文化负载词的讲解与介绍，恰当使用中国文化元素可提高学习者的文化意识和文化敏感性，培养其敏锐感知目的语社会个人和群体感受的能力。[③] "我第一节课就给学生说这个课不是单纯的语言课，希望他们能体会到词背后的文化。比如我有一个话题是动物，十二生肖的名字在高级阶段不需要学习，但我讲的全都是动物在成语中的表现，也就是说知道词汇后边的一些妙用。"(H-1-3)

各位样本教师均未专门开辟课时进行中国文化的介绍，而是将文化点巧妙地渗透在教学过程中，贯穿于例句展示、知识讲解、课堂活动等中文教学各个环节，通过语言教学内容使学生感知中国文化。

在生词讲解上，样本教师以学生汉语水平为依据，适当融入中国文化元素。"学生的词汇量很小，一二十个，不可能进行比较深的中国文化介绍，但是呢，也要告诉他们中国生活是什么样的。这里要讲'姓'，我就放了个百家姓，告诉他们在中国，姓李的人最多。这是符合学生认知水平的，也是他们能接受的。"(E-1-91)E老师在刺激回忆过程中谈及零起点班中国文化展示策略时如此说。与之类似，在D老师的课堂上，诸多例句涉及中国文化元素相关：

例15：在中国，饭店里一般没有冰水，只有热水。

例16：春节的时候，北京的路上车很少。

例17：晚上洗澡是中国人的习惯。

---

① 参见刘向辉：《后方法时代的大学英语教师角色转换思考》，《教育与职业》2010年第2期。

② 参见甘凌：《后方法教育理论视角下大学英语视听说教学探析》，《现代教育科学》2013年第1期。

③ 参见[美]库玛：《超越教学法：语言教学的宏观策略》，陶健敏译，北京大学出版社2013年版。

在教学媒介的选择上,教师也"会考虑到一些文化的因素、文化点"(H-2-45)。B老师选择的教学图片多含有"国画""孙悟空"等文化信息;F老师结合课文内容,配合使用了《故宫的来历》《北京欢迎你》等视频,均给学生更直观的学习体验,也提高了学生学习的积极性和趣味性。

在课堂活动组织上,中国文化元素亦有所体现。H老师通过"给《西游记》人物贴标签"的活动复习人物性格词语,让学生在自行查找《西游记》相关知识的基础上,使用所学词语描述四位主人公性格,"也能发现学生的独到理解"(H-1-167)。

除展示中国文化外,国际中文教师还努力创设机会让学生表达各自母国文化中的相关文化现象,构建多元文化融合的课堂,实现多元文化的交融与交流。"讲这个'临时抱佛脚'的时候,就可以让不同国家的学生都来说说在他们国家是'抱谁的脚',就是各种文化互相碰撞,所以一般能牵扯到各个国家文化的地方,我基本上都会去问。"(H-2-48)认同学习者带入课堂的文化知识,给予学生传播文化的特权①,是将学生同样视为文化使者的具体表现。

3.6.3 物理环境影响教学体验

教学的物理环境因素影响师生的认知活动和情绪体验。课堂物理环境是教学活动的物质基础,主要指教学场所的温度、色彩、空间大小、教学设施、座位编排方式等时空环境和物质环境。

从时空环境上来看,教学时间安排及班级规模引起了样本教师的普遍关注。首先,国际中文教师认为授课时间的编排对教学有显著的影响,主要表现在:①课程时间分布影响教学效果。C老师教授听力课程,每周两次,分布于周一和周五,"本身课时就少,而且还在一周的两头,周一学的内容周五全忘了,周末学生回去又不听,周一来了还是新的"(C-3-15)。②不同时间段学生的学习状态有差别。"早上第一节学生越来越晚,每次都得到8点5分才能上起课来,一次课比别的平行班少5分钟,一个学期就少讲很多内容"(G-3-1),"中午一点上课呢,学生刚吃完饭,就犯困"(F-2-9),"这个时间上读写课,对老师对学生都是挑战"(A-2-2),而且"这个学期春暖花开的,学生的心都不在课上了,你明显感觉到刚开学的状态跟现在完全不一样了,(现在是)一团散沙"(B-2-35)。其次,班级的规模亦对教学效果产生影响。样本教师任教机构采用"小班化教学",各班教学

① 参见[美]库玛:《超越教学法:语言教学的宏观策略》,陶健敏译,北京大学出版社2013年版。

人数为 15～20 名。样本教师均表示该教学规模在保证学生参与度、控制教学进程等方面有良好的表现，这也符合美国学者史密斯（Mary Lee Smith，1980）的实验结论，即当班级规模在 20 人以下时，在学生反应、教师士气和教学环境质量方面都有优势。

从物质环境上来看，教室空间大小及多媒体设备能否正常使用是国际中文教师较为关注的两个方面。A 老师和 C 老师授课班级人数均为 15 人左右，所分配的教室是可容纳 40 人的大型教室，学生坐得较为分散，这给两位教师带来一定的困扰，“教室太大了，学生喜欢分开坐，因为这是他们的自由，我又不能规定他们必须坐哪儿，所以上课的时候就感觉拢不起来，很散”（C-1-5）。此外，在进行课堂观察时，每位教师都提早 5 分钟左右入班调试多媒体设备，以避免因设备无法正常开启而导致教学工作不能按时进行的现象，“我一直都早到几分钟，从容一些，打开 PPT，有的时候需要上网，就提前都把网页打开，上课的时候再找浪费时间”（F-2-1）。在学期前、中、后三个阶段，虽然学生到课时间逐渐推后，但样本教师并未因此降低对自我的要求，仍提早进行教学准备工作。

3.6.4　非预期情境及其应对

后方法教育理论认为语言教学是一个能动的、发展的过程，将课堂看作多种因素互动的场所，课堂实践由无数相继或共时的情境构成，这在国际中文课堂上体现得尤为明显。[①] 面对来自世界各地、具有不同文化背景而又性格迥异的留学生，教学情境的不确定性更强，对教师的应变能力是一个考验。国际中文教师需迅速解读不可预测的教育情境，并具备一定的应对非预期汉语课堂教学情境的策略，以保证教学顺利进行，达到既定教学目标。在这一过程中，教师“个人化的信念、判断和决策起着决定性的作用”[②]，因此，教师对情境的认知、解读以及应对策略，均为其实践性知识的重要构成。

第一，教师需应对学生非预期提问与回答。课堂观察过程中，样本教师所面临数量最多的非预期教学情境为学生的随机提问，如词语辨析类问题。多数问题是学生作为第二语言学习者提出的，也是教师从母语者的角度尚未察觉或意识到的，如“能不能说自己很‘懂事’”“‘天上掉馅饼’有没有不好的意思”“‘我’和

---

① 参见王正胜：《“后方法时代”的成人外语教学》，《继续教育》2010 年第 7 期；陈向明：《实践性知识：教师专业发展的知识基础》，《北京大学教育评论》2003 年第 1 期。

② 李春琳：《优秀大学英语教师实践性知识的个案研究》，《海外英语》2013 年第 13 期。

‘找’这两个汉字为什么看起来很像”等。该类问题多涉及语用限制，并非故意为难教师，反而为教师更全面理解及阐释某语言点提供了思路，也有助于其他学生更精确地理解授课内容。另外，部分学生在回答问题或展示学习成果时，常使用超纲词汇，致使其他同学难以理解，此时，教师常根据学生的汉语水平，选择性地对部分生词进行板书，并通过释义起到“将中文翻译成中文”的作用，为学有余力的学生提供额外的学习机会。“爱丽说的里边有几个难词，比如‘掌握一门外语’等等，如果不写出来呢，别的学生就可能听不懂，然后就会走神儿，所以我就板书了个‘掌握’，然后简单地解释了一下，对这个词学生也不是不能理解。”(E-3-23)

第二，教师巧妙化解课堂尴尬瞬间。授课过程中，教师难免不小心会出现口误、笔误或提笔忘字的尴尬情况，遇此类问题时，样本教师多采用“将错就错”“任务转移”的方法予以化解。在授课过程中 E 老师误将“办”写成“为”，她并未急于擦掉重写，而是问学生“老师写得对吗”，并让一名学生到黑板前修改，教师的手误转变成为学生的学习机会；D 老师也出现了类似事件，“我当时真忘了‘星巴克’的‘克’是哪个‘克’了，我心里想的应该是‘客人’的‘客’，又感觉不对，所以就让学生用手机当场查，看谁查中文查得快，就这么化解了”(D-3-27)。另外，部分教学情境亦会使个别学生陷于尴尬的境遇，此时样本教师多以“保护学生的自尊心”为原则，以化解尴尬的课堂气氛。由于一名学生的发音不够标准，A 老师让其重复两次都未能理解学生所要表达的内容，在其他同学的注视下，该学生面露难色，当 A 老师终于理解其意思时，说了一句“太对不起了，老师的听力真的不好”，尴尬的课堂气氛在玩笑中得以化解。

第三，教师需灵活处理外扰型教学情境。由于课堂教学常受到噪音、气象等外部条件的影响，外扰型非预期教学情境时有发生，需要教师的灵活应对。样本教师任教单位紧邻住宅小区，上课期间偶尔响起婚礼鞭炮声，此时学生将注意力转移到这突如其来的声音上，不了解中国国情的学生甚至出现好奇、惊慌的表情。D 老师的教学例句正好与爱情相关，他便跳出授课内容，借机提问学生“你们知道外边在干什么吗”，以此成功地将学生的注意力吸引回来，并恰到好处地为学生补充了“结婚放爆竹”这一中国传统习俗，不良教学情境得以向中国文化有效教学情境转化。

本章小结

本章运用丰富、真实的刺激回忆访谈材料，对国际中文教师六类实践性知识的共性特征进行了全面刻画。在关于教师自我的知识上，国际中文教师具有较强的职业动机；教师的过往经历及个性心理对其课堂教学有重要影响；丰富的语言知识储备、一定的跨文化能力是国际中文教师所需的职业素养。在关于学生的知识上，国际中文教师尊重各国学生身份特征，努力构建和谐的师生关系，重视对学生学习特点及状态的观察。在关于课程知识上，国际中文教师可准确把握各级各类中文教学的目标及重点，任教课程课型特征明显，训练学生各项语言技能，并关注课程间关联。在关于教学策略的知识上，国际中文教师对词汇及语法的讲解重视句法、语义、语用的展示，兼顾汉字及语音等语言要素教学；对教学内容分类处理，注重其实用性、渐进性与复现性；教学环节完整稳定，讲求教学节奏；积极实践启发式教学，给予学生一定的自主空间。在关于教学媒介的知识上，国际中文教师重视对教材的使用，选择教学资源有较为严格的标准，并综合运用板书与多媒体设备对语言知识进行合理呈现。在关于教学环境的知识上，国际中文教师认为客观环境影响教学体验，并具备一定的非预期教学情境应对能力；他们将汉语课堂与中国社会生活建立起密切联系，并将中国文化元素教学蕴于语言教学中。

第4章　国际中文教师实践性知识的阶段性特征

在完成对国际中文教师实践性知识内容构成的共性考察后，本章将研究内容聚焦于实践性知识的阶段性特征上。本章以教师专业发展阶段为依据，运用样本教师刺激回忆的转写文本作为研究材料，考察不同专业发展阶段国际中文教师实践性知识内容上的差异，并提出产生差异的主要原因是对“合理弹性空间”的理解与把握；随后以样本教师绘制的实践性知识概念图为研究内容，探寻各专业发展阶段国际中文教师实践性知识结构上的特点。

4.1　专业发展阶段内容特征：合理弹性空间

在第3章，本书以表2-4中各位样本教师刺激回忆转写文本中29个共性高级编码为依据，以教师实践性知识六大类别为框架，对国际中文教师实践性知识内容构成进行了考察。本节将对表2-4中22个非共性高级编码进行跨知识类别的整合，通过深入分析，将各专业发展阶段国际中文教师间实践性知识内容上的差异用“合理弹性空间”这一概念进行概括，具体表现为各教师群体间对教学要素的体察力与对学生的策略性忽略空间、教学行为的目标力与对标准的让步空间、教学过程的贯通力与对教学资源的延展空间、教学示范的呈现力与对自我的内控空间等四个方面。

4.1.1　教学要素体察力与对学生的忽略空间

1.教学要素体察力

教师的教学要素体察力是指国际中文教师对自我、学生、教学情境以及教学素材的观察与体会的能力，其中既包括教师感知教学情境中主客观事物的能力，又包括如何让他人感知自己的能力。教学要素体察力集中体现在国际中文教师关于教师自我的知识、关于学生的知识以及关于教学媒介的知识中，各专业发展阶段教师的差异主要表现在以下四个方面。

（1）对自我的体察

第一，对自我效能感的感知。“自我效能感”作为一个心理学的概念，是指“人们对自身能否利用所拥有的技能去完成某项工作行为的自信程度”[①]，是个体对自我处理或应对环境及事件有效性的感知能力。这种教学自信在不同专业发展阶段教师身上有着不同表现，主要体现在师资配备、应对学生非预期要求以及教学指令等方面。

在师资配备上，新手教师、胜任教师的教学自我效能感易受同班级其他任课教师的影响。本书实施课堂观摩期间，新手教师 A 老师与一名处于成熟教师阶段的教师教授同一班级，该教师经验丰富且学生评价极高，这使得 A 老师倍感压力：“这个班的精读课是×老师，跟她搭班压力好大，她教得好，有她比着，期末考评我就不会期待太高的分数了。”（A-1-26）合作教师所引起的信心缺失现象在 C 老师身上也有所体现，并一直持续到学期中段：“听力课课时少，我很难建立起精读老师那种跟学生的默契，一直到现在{学期中}。”（C-2-4）而专家教师 G 老师因教学调整需接手新教学班级：“学生习惯了之前的老师，换老师的话一定会有抵抗情绪，但我不觉得这是个问题，多关心他们，多一些耐心，他们应该很快就能适应。”（G-2-6）G 老师自信可以用自身魅力影响学生，并确信学生可在短时间内适应自己的教学方法。再次进行课堂观察时，G 老师已营造出极为融洽的师生关系，学生在其指导下有序学习，毫无生疏感。

在应对学生非预期学习要求上，新手教师亦表现出有限的自我效能感。国际中文教学中，学生非预期问题多为近义词语辨析，而当学生提出的辨析要求超出教师备课范围时，新手教师的神情反映出其内心的不安：“我当时确实有些蒙，备课没备到，现想又来不及，所以只好说‘回家查一下，下节课再说’。”（A-1-43）而当学生提出非合理要求（如提前结束教学活动、延长考试时间等）时，新手教师、胜任教师易被学生“牵着鼻子走”（D-2-90），“学生说累了，不想读了，我一看还有几分钟下课，就同意了，没教完的就只好留作业了”（A-1-55）。

在教学指令上，成熟教师、专家教师多使用简练、直接的祈使句发布教学指令，而新手教师、胜任教师则倾向使用带有请求语气的疑问句或委婉语气的陈述句，以询问学生建议和意愿的方式发号指令：“第一周上课，我也是问一下他们这

① 转引自杨雯：《大学生学习积极性的影响因素及对策探析》，《消费导刊》2016 年第 3 期。

么上课行不行，有什么建议、意见，我知道自己应该能判断，但可能还是不太自信。”(C-1-68)

为了以更加职业的形象出现在学生面前，新手教师、胜任教师积极运用以下策略构建职业自信，提升自我效能感。首先，塑造“严厉”的第一印象。日韩学生较于欧美学生更注重教师的年龄及身份，多认为教师年龄与其授课能力成正比，对年长教师的信任度更高：“年轻老师没有年龄优势，所以初次见面在班中树立教师权威很重要，刚当老师那一两年，每次教新班，韩国学生都问我多大。”(D-1-106)因此在与学生初次见面时，新手教师、胜任教师着装往往更为正式，并保持严肃、认真的姿态，尽量避免因年龄而受到授课水平及资历方面的质疑。其次，利用教学难度维护教师尊严。新手教师、胜任教师通过提升教学内容的难度以展现自身知识储备，从而达到提升个人学术形象的目的：“什么是连绵词，我都告诉他，让他知道有这么个东西，到了高级班你要是不拽一拽这些词，就根本压不住学生。”(B-2-12)最后，通过强调课型性质，达到“免责”效果。各课型训练重点不同，教学设计存在差异，精读课主要进行生词及语法教学，读写课则侧重于阅读能力的训练。由于学生并不知晓或尚未意识到课程间教学目标的差异，若读写课教师未将生词逐一解释，其学生评教结果将会受影响。因此，在学期初，A老师多次向学生强调“读写课不讲生词，有语法问题去找精读课老师”(A-1-4)，以此帮助学生明晰课型特征，保证教学评估的公平性与客观性。

第二，对教师角色的认知。身份认同是人们对“我是谁”这个问题的理解和确认，“是人所赋予自己的以及被别人所赋予的各种意义”①。对教学工作的认同感是关于教师自我知识中最为核心的内容，也是教师开展教学工作的思想基础。新手教师与胜任教师有较强的建构职业身份的需求，期待迅速完成从“学生”到“教师”角色的转变并得到认可，因此在授课过程中多以“老师”自称。而成熟教师、专家教师经过多年的身份构建，无须通过自称“老师”进行心理建设，一般自称“我”。“当你自己叫自己‘老师’的时候，本身就认定了跟学生是不一样的，也是不平等的。”(F-2-79)专家教师对教师及汉语学习对于学生人生的意义有着更深刻的体察。H老师认为自己不仅是一名中文教师，更是学生的“引领者”，这种“引领”不仅体现在“帮助学生提高一定的生活能力”(H-2-82)上，还表现为“给学生打开另一扇窗，带给他们更多的人生可能性。这扇窗开得好开不好，对我们老师的生活可能没有什么变化，但是对学生来说却是很重要的，也许正是因为这扇窗，他的人生轨迹会发生变化”(H-2-83)。

---

① 转引自李利：《职前教师实践性知识发展研究》，苏州大学出版社2015年版，第63页。

(2)对学习者的体察

每个学生都是一个鲜活的个体，在汉语课堂上，他们实施学习行为的同时也进行着丰富的内心活动，这些学习行为和内心活动都向教师传达着一定的信息。对学生行为背后的隐藏信息进行有效解读，敏锐感知学生的学习心理并采取及时、合理的应对策略，是减少师生间策略失配的有效手段，也是一名中文教师成熟的标志。处于各专业发展阶段的教师在体察学生方面有着明显的不同。

第一，在对学生学习行为、学习效果的感知上存在差异。能否敏锐捕捉学生的学习行为，做到“眼观六路，耳听八方”是不同专业发展阶段教师群体间的一大差异。与其他阶段教师相比，新手教师对学生非提问式应答的体察力不够敏感。学生对问题的应答，特别是错误应答，常被新手教师所忽略：“我这里真的是没听到他说错了，好几个学生都出声回答的时候就容易注意不到。”(A-1-49)胜任教师对学生课堂行为的关注度虽有所增加，“叫他回答问题是我看到他点头了，应该听懂了”(D-1-69)，但由于工作经验不足，难以迅速在学生不够准确的中介语中理解其意图，反复确认的指令亦常使学生处于尴尬的情境中。成熟教师与专家教师表现出较为一致的敏感体察力。他们对各母语背景学生中介语系统有较为深入的了解，以此作为揣测学生表达意图的依据，并在整个教学阶段均有意识地关注每个学生的学习状态。E 老师在领读生词时目光一直环视全班，当发觉有学生没有跟上朗读节奏时，便通过提示生词序号的方式让每位学生都参与其中，并且当某个学生纠结于如何用中文朗读数字“22”时，她立刻在班里给出示范，“这个学生有疑问，那么其他学生可能也有，只是自己还没意识到而已”(E-1-83)。这两个专业发展阶段的教师还能从学生的细小行为中体会到其背后所隐藏的信息：“只要有学生动手机，我就知道这个词可能有问题”(F-1-23)；“之所以目光冲着他，是因为那个学生眼神中有示意，他有表达的需求”(H-1-63)。

能否感知学生学习效果是各教师群体间另一大差异。新手教师 B 老师在讲解课文过程中，不时向学生确认是否已理解，得到全班肯定答复后进行后续教学，教师感知学生听课效果的方式为“询问—确认”式：“我也经常用‘对不对’‘是不是’这种正反疑问句来问学生是不是听懂了。”(B-1-33)胜任老师仍会延续这种确认方式，但询问行为多已成为教师下意识的教学行为：“之前学生说过我的口头禅是‘明白吗’，我当时自己都没意识到，其实有的时候我明明知道他们听懂了，但是还是很自然地就问了。”(D-1-72)该阶段国际中文教师开始使用理解性提问检查学生的听课效果：“我让他们说一说‘你觉得什么样的人是残忍的’，如果他回答的是对的，那就是听懂了。罗××{某学生}说的是‘打小动物’，我觉得他就理解了。”(C-2-39)这一提问方式在成熟教师阶段仍得以延续，但在回答问题学生的选择上，成熟教师有更明确的目标——语言程度较低的学生："孟×{某学生}水平比较低，只要他能答对，一般就没有问题了。"(E-1-7)专家教师则更倾向于通过学生的表情确认其理解的程度："学生真听懂和假听懂的状态是不一样的，你别看他点头，其实他是装懂，他的眼神是迷离的，又不好意思说'不明白'，你要是问他他肯定错，所以我就又说了一遍。"(G-1-52)

第二，对学生内心感受的关注度和精准度有所不同。新手教师处于事业起步期，陌生的教学内容使其对于自身教学内容的关注多于对学生性格、喜好、内心活动的关心。在本书三次刺激回忆中，两名新手教师所表述的内容基本围绕教师行为本身，多以教学者的视角阐述教学行为背后的教学理念，关于学生的实践性知识基本与学习风格相关，鲜见对学生个体内心体察之表述。进入胜任阶段的教师，开始有意识地将注意力转移到学生身上，样本教师多以班级为单位对学生进行整体感知。"学生读课文声音小不是偷懒，他们可能就是这种性格的人，不喜欢张扬，特别是如果坐在旁边的同学跟自己不熟的时候，就更不好意思张嘴，可能是不太希望别人听到自己的声音。"(D-3-90)成熟阶段教师随着教学经验的积累，多以国别为单位感知学生，对各国别学生间的差异具备了较为精准的把握。"这个×××(巴西人)呢，她有点儿像德国人，很严谨，也比较直，不太会变通"(E-2-57)；"俄罗斯学生呢，情绪化比较严重，心情好的时候上课很积极，音也想发准确"(E-1-99)。专家教师则开始打破国别的界限，将每位学生视为一个独立的个体进行感知，并且这种感知是迅速且基本准确的："我第一节课就发现了，他是那种很内向、很拘谨的学生。"(H-1-35)在专家教师心中已经存在若干种学生的性格模型，在最初接触每个学生的时候，"就把新学生往那些模型里放，然后再观察接触一下，稍作调整就能了解个八九不离十"(H-1-37)。专家教师不仅对学生的个性特征有了解，还拥有与之配合的应对措施。对于承受压力较弱的学生，他们极其注意教学用语，以保护学生的内心感受："她回答不上来我也不会说'这个我们学过啊'，我说了她就会多想。"(H-1-41)对于内心容忍度较高的学生，专家教师也会采取一定的处罚措施："他没准备听写，我就让他站5分钟，我知道他不会抵触、不会逆反，他也知道我这是对他好，老师不是故意跟他作对。"(G-1-40)而对于特别期待获得教师关注的学生，"我会经常让他感受到自己学习的成就感"(G-1-43)。专家教师做到了"做学生所想，知学生所爱"，他们敏锐观察学生的外显学习行为，并以此体察学生的内心活动。

(3)对教学活动的体察

国际中文教师对于教学活动的体察力主要体现在教师实践性知识表征形式之一——隐喻上。这种知识表征形式来源于教师的教育教学经验，是一个结合教师的感觉、价值、需求、信念的经验化术语，生动表达了教师对自身职业的看法，也影响着教师对教育教学的理解。

隐喻赋予教师实践性知识以富有想象力的描述，反映的是教师对教学的深刻理解，需教师通过多年的积累和感悟予以概括。因此，在新手教师的刺激回忆中，鲜见以隐喻这一表征形式存在的实践性知识。进入胜任阶段，教师对教学行为的理解有所加深，开始用隐喻来表征对教师角色的理解，提出“老师应该像一个主持人，能掌控整个课堂”(D-2-85)。成熟教师对教师角色的隐喻表达有着更为深刻的探索，认为教师应像“导演”一样“引导学生按照自己设计的流程完成学习任务”(F-3-58)，要像“翻译”一样，“把学生说的中文翻译成其他学生能理解的中文”(E-2-66)，还要像课堂上的“雷达”，“有耳听八方的能力”(E-1-82)。成熟教师还将隐喻范围扩展到教学情境中，他们认为国际中文课堂宛如“一个文化大熔炉”(F-2-63)，因母语背景不同而导致“学生常错的地方，我都就像打预防针似的告诉他们”(E-2-47)，并且“第二节课开始的时候肯定要重复一点儿上节课的内容的，就和电视剧的重复一样”(F-3-61)，“大熔炉”“预防针”“电视剧”的意象渗透到成熟阶段教师课堂实践中，形成了他们对教师工作和课堂教学行为的理解。进入专家教师阶段，教师实践性知识中的隐喻表达大幅增长，专家教师对于自身角色的理解也更为丰富，他们用“演员”“推销员”来比喻自己，还对不同教学班级的教学体验进行恰当的对比，“教快班的时候呢，感觉自己做了一个演讲，是一个成功的演讲者，到这边{慢班}呢，就是教训不听话的孩子，是个纪律管理员”(G-1-66)，“上课就像在打仗”(G-1-4)。对于教师应当避免呈现的角色，专家教师也有所感悟：“我希望老师在学生面前不要当刺猬，简直就是动不得的”(H-1-80)，“我经常调侃社会生活中的问题，还发现一个规律，当你这样的时候，学生反而都不会恶意了，甚至会为中国‘打抱不平’，告诉我‘每个国家都有这种情况’”(H-1-81)。此外，专家教师对于学生的形象也有了生动且深刻的理解。G 老师教授班级的学生以后进生为主，她认为在强化中文教学模式中“学生就像牛一样，平时喂得太多了，真正吸收的少”(G-2-12)，学生“前边上听力、阅读课的时候，喂得太多，他们未必消化得了，真正吸收的少；到我的写作课上，就是让学生‘吐’出来，再慢慢消化”(G-1-33)。她希望学生可以齐头并进，自己的课堂“就是张艺谋的电影——《一个都不能少》”(G-2-18)。隐喻是教师实践性知识的一种表征方式，使用隐喻是教师深深感悟和理解教育的创造性和独特性的彰显，教师实践性知识亦通过教师所使用的隐喻得到更好的理解。

(4)对教学素材的体察

教学素材是为保证教学活动有效开展而被利用的各种形式的载体，通常包括教材、案例、影视、图片、课件等，也包括教学资源、教具、教学设施等。[①] 从广义上来讲，教学素材指在教学过程中可被教师利用的一切要素。现实生活是国际中文教师获取教学素材的重要渠道，而能否敏锐感知周边的教学素材并将其合理用于教学中，在各专业发展阶段教师之间存在差异。

新手教师关于教学素材的实践性知识主要集中在例句方面，善于利用课堂上手边资源辅助教学，如桌椅、水杯、提包、地图，甚至室内温度等都成为其随手即用的例句语境，B老师还运用网络搜索例句，将有关“难民”“奥运会”等热点话题的新闻语句呈现于课件中，为学生在语言知识与现实生活之间建立联系。胜任教师在此基础上对网络资源的优劣有了进一步的认识：“我搜例句、搭配的时候经常去微博，虽然上边有很多话说得很随意，但是能帮我打开思路，能找到很多特别贴切的例子，不标准的句子稍微修改一下就行。”(D-1-38)这一阶段教师对教学情境的利用也更为熟练，能够抓住转瞬即逝的教学场景对语言知识进行操练：“这里讲‘起来’的特殊用法，正好到下课的时间了，外边有的班下课了，所以‘下课了，外边热闹起来了’这个句子就是我随机加上的。”(D-3-76)成熟教师、专家教师对于生活周边可用素材的敏感度较高，坚信“生活处处皆资源”(H-2-97)，能够有意识地在生活中收集、积累教学素材：“‘拍脑袋、拍胸脯、拍大腿、拍屁股’这些有‘拍’的说法都是我前几天看了一篇文章，叫《什么是不靠谱的朋友》里边的，我觉得挺好玩儿，正好和我讲现在这个话题有关，就放进去了”(H-2-99)；“这段广告里边有很多‘值’，是我那天看电影的时候看到的，这个星期讲到‘值’的时候，我就下载用上了”(F-2-72)。语言产生于社会，发掘如报纸、广播、电视和网络等各类资源和交流渠道，可突破依旧基于分离语言技能的传统教材的局限性。[②] 随着职业进程的推进，国际中文教师在生活中随时获取教学素材的意识逐渐增强，能被教师感知并利用的教学素材逐渐增多，最终呈现在课堂中教学素材的质量也随之提高。

2.对学生的忽略空间

如前文所述，各专业发展阶段教师均具有一定的教学体察力，具体表现在教师自我、学生、教学活动、教学素材等几个方面，并且随着专业发展阶段的推进，教师教学体察力呈现不断提升的趋势，对课堂各组成要素的敏感度也逐渐增强。

---

① 参见朱冠华、王浩：《基于虚拟化技术的教学支持服务系统研究》，《九江职业技术学院学报》2019年第2期。

② 参见[美]库玛：《超越教学法：语言教学的宏观策略》，陶健敏译，北京大学出版社2013年版。

但在刺激回忆中，样本教师尤其是成熟教师、专家教师，亦表现出对某些现象的忽略行为，这并非由于教师体察力的缺失，反而是基于对学生更深层次的了解，带有一定的策略性。教师所忽略的教学现象以学生学习行为为主，主要体现在以下几个方面。

第一，教师与学生之间有明显的边界意识，对学生的私人事宜予以忽略。“我跟学生的关系亲切而不亲密”(H-2-46)，专家教师 H 老师如此概括自己与学生间的关系。她以热情、开放的姿态出现在课堂中，“给自己设定的目标就是让学生感到舒服”(H-1-16)。尽管有意识地拉近师生间的心理距离，但 H 老师对学生有着较为清晰的边界意识，长年的任教经历使其对于学生隐私具有较强的敏感性，为避免冒犯学生的私人空间，“我很少去问学生细节的事情，对于他们的了解都是听他们自己说的，或者我观察到的”(H-1-90)。而在课后与学生进行必要联络时，成熟教师、专家教师通常选择班级公共邮箱、办公邮箱等官方渠道，而新手教师则多通过微信等个人社交平台与学生互动。

对于学生呈现的非正常精神状态，成熟教师、专家教师虽能即时感知，但不将这一学生个人行为上升为班级教学行为，“我看到她不太高兴了，但我没问她‘你今天不开心吗’，这会很尴尬，她肯定不希望别人知道，而且我今天有意少提问她，她需要自己的空间”(F-3-62)。教师的敏感性使其及时意识到了班级中的变化，但其策略性的忽略行为使这一变化仍维持在学生私人空间范围内，既尊重了学生个人隐私，又未影响正常教学活动的进行。

第二，对身心存在某些问题的学生进行长时了解，避免武断定性。基于多年的工作经验，专家教师在学期初对大多数学生性格特点有了较为准确的判断和评价，但对于身心存在某些问题的学生的评判，专家教师较之其他阶段教师表现得异常谨慎，他们选择暂时忽略身心存在某些问题的学生的“问题”行为，耐心地进行观察，避免武断地将学生定性，也正是这种耐心为学生所感知，身心存在某些问题的学生也逐渐找到了与中国老师相处的模式。“开学的时候别的老师说小林态度有问题，我听了没多说什么，我觉得还需要观察，现在看来她只是思维方式跟我们不一样”(H-2-29)，“再比如那个日本学生，开学的时候我觉得他怪呼呼的，特别怪”(H-2-5)，“从上个星期，他每天都是半闭着眼，你跟他打招呼他也不是很热情，一下课就马上趴那儿了。我觉得挺不礼貌的，但我忍着，觉得他这个样子一定有原因，我要沉住气。那天他告诉我他感冒了，很厉害。过了两天，我就问他感冒好了吧，他说‘老师我感冒终于好了’。然后从昨天开始，他就极其活跃地跟我聊天，我就想，这是为什么呢？可能是我的耐心起了作用”(H-2-6)，“我就是极有耐心观察，不行的话，我可以耽误半个学期”(H-2-10)，“总之，碰到这样的学生，如果你心里早有些定论，认为这个孩子在找事，就麻烦了”(H-2-12)。

第三，对非学习行为的柔性管理。课堂管理是指教师在教学活动中通过协调课堂内各种人际关系，使课堂环境达到最优化的状态，从而实现预定教学目标的过程。课堂管理是影响课堂活动效率和质量的重要因素，是教学活动顺利进行的保障。通过课堂观察可以发现，国际中文课堂上学生非学习性行为多表现为交头接耳、查看手机、不按时出勤等三种，各专业发展阶段教师对上述行为的应对策略和关注程度有较大差异。

新手教师在意课堂秩序，对教学纪律的管理较为严格，当学生出现迟到或随意聊天等行为时，神情中常流露出不满，并倾向于对学生明确提出“以后别迟到”“不要随便说话”等要求，或者按照各类教学法书所提到的教学策略，“用提问的办法把学生引回来”(A-2-64)。但在不影响他人学习的情况下，对于学生私人行为，如提出去洗手间、出教室接电话等请求，新手教师一般予以准许。

胜任教师对于各类教学法书中提到的课堂管理技巧运用得更加自如熟练，表现在一般采用较为隐晦而非直接的手段维持课堂秩序，“我知道他在看微信，但是我过去问他‘在查哪个词，哪个词不明白’，他应该懂我的意思是‘请不要看手机’”(D-3-77)；“有的学生坐一块儿总是用母语聊天，分组活动的时候我就把全班学生打散，这样他俩就分开了，有的时候上课前就让他们按我分好的小组坐”(C-2-54)。

成熟教师的课堂管理呈现柔性的特征。柔性管理是一种“以人为中心”的人性化管理方式，是在研究人的心理和行为规律的基础上所采取的一种非强制性的管理方式，其最大的特点在于不依靠权力的影响力，而依赖于被管理者内心的主动性和自我约束，重在引导和激励学生成为课堂活动的积极参与者，保证教学活动得以更充分展开。“早上八点的课准时到课率会越来越低，老师不能不管，又不能强势命令，我就经常会在讲解‘肯定’一词使用‘糟糕，要迟到了，老师肯定很不高兴’作为例句，把我对迟到的态度放到例句中，让他们知道我非常有时间观念，这门课的课程纪律我基本上都是这样给学生强调的”(F-1-108)，而且“学生读到这种例句的时候一般是笑的，这种不强迫、不命令他们的办法，学生可能更容易接受”(F-1-109)。

在专家教师课堂中，学生基本可保持精力集中的状态，本书中专家教师较少实施教学秩序的管理，对于学生偶发性非学习行为常持有默许的态度。当某一学生表现出困倦状态时，H 老师选择了理解与包容，“我觉得他一定是有原因的，因为我曾经有个当老师的学生，也是上课的时候一直趴着，然后他下课的时候就过来给我说：‘老师，我给你解释一下，我今天发烧了，上了一天班晚上有点儿撑不住了。'我当时心里想，万幸万幸，我要是批评了他，会怎么样"（H-2-9）。对于学生非习惯性、非干扰性的非学习行为，专家教师较之其他专业发展阶段教师具有更大的策略性忽略空间。

4.1.2　教学行为目标力与对标准的让步空间

1.教学行为目标力

教师教学行为目标力是指国际中文教师设置教学目标，并能通过带有目的性教学行为达成既定教学目标的能力。其中既包括教师通过计划与安排教学过程，使各教学环节均为教学总目标的达成而提供支持的能力，又包括对自身教学行为的目的性及有效性进行监控的能力。该能力集中体现在国际中文教师关于课程的知识以及关于教学策略的知识上。

（1）教学目标的实现方式

本书第 3 章提到，在课程教学目标设置上，各专业发展阶段教师能够较为准确地把握教学目标及重点，教学难度基本符合学生已有汉语水平。但刺激回忆环节也反映出各专业发展阶段教师在实现教学目标的执行力上存在差异，尤其体现在能否通过各教学环节的通力合作实现既定教学目标上。斯利马尼的研究证实，师生间的教学失配常引起教师教学计划与学生学习所得之间存在感知性失配的问题[①]，能否通过各教学环节的设计达成既定教学目标并被学生准确感知，对教学效果有直接影响。

在此，我们以专家教师 G 老师教学过程为例说明其课堂教学各环节是如何围绕教学目标——"帮助学生扎实掌握所学内容"（G-1-29）设计展开的。

在课前点名环节，G 老师不仅让学生答到，并运用近期教授语言知识与学生进行互动交流，在课堂管理过程中融入语法操练内容。例如在点名环节，学生需使用"我在这儿，我在（同学）的＿边"的句式进行答到，在进行班级管理的同时，创造学习机会，训练并提升学生的语言能力，这也是实践"学习机会最大化"这一后方法教育理论宏观策略的一种有效尝试。

在复习环节，G 老师主要以两种方式展开。一种是将旧课教学重点糅入一个语段让学生反复朗读，并选择恰当时机将学习难点再次进行讲述，"多重复几遍也能帮着记住吧"（G-2-34）。另一种方式为听写，G 老师不仅让学生书写生词

---

① A. Slimani, *Evaluating Second Language Education*, Cambridge: Cambridge University Press, 1992.

及句子，还让学生根据其所提供的新语境使用相关语法进行口头输出，从而达到利用听写环节同时训练学生听、说、写三种技能的目的。在这三重技能的训练中，学生对所学知识有了更扎实的掌握。

在讲解新课环节，由于授课对象为初级水平学生，G 老师教学用语语速缓慢、内容简单，希望学生在接触某一语言知识的第一时间就为其扫清理解上的障碍和心理上的负担。“有时候下了课我都觉得自己不会说话了。”(G-3-24)讲解过程中，G 老师注重建立新旧知识间的联系，如近义词、反义词、形近字等，通过以旧带新的方式在巩固先修内容的同时帮助学生更好地理解新课内容，并在适当时机将学生先前分散习得的语言知识予以整合，达到融会贯通的效果。展示例句时，G 老师常以学生的个人信息为语境，保持学生的关注度和注意力，并有意识地融入大量先修生词，不断调取学生的记忆，巩固旧课知识。在板书例句的同时她要求学生集体跟读，增加学生的开口机会，减少无效课堂时间，并根据学生的朗读情况逐渐擦掉关键信息，训练学生自主、自动进行语言输出的能力，“目的就是让学生学一个，会一个”(G-2-56)。

在操练环节，为保证教学效果，对每个需要口头输出的句子 G 老师均让学生集体重复 2～3 次，“因为第一遍他可能是跟着老师说对的，自己并没有理解，一个句子多说几遍，就会加深记忆”(G-3-21)。对于重要的句子，她会逐个检查学生的落实情况，要求每个学生再次单独输出，“要是不都检查，就有学生有侥幸心理，钻空子”(G-2-25)。她不在意学生说得快与慢，当学生输出困难时，她会给予提示，而当学生重复多遍仍无法做到准确使用时，G 老师会给学生一定的自我准备时间，待检查完其他学生后再对该学生进行二次检查，“我的目标就是学生得能说出来”(G-2-3)。在对学生操练进行反馈时，G 老师同样复现学生已知语言点，她用“不但都记住了，而且写得很好”鼓励学生，也再一次为学生提供了输入语法点“不但……而且……”的机会。

在整理环节，G 老师对授课内容进行整合，让学生及时巩固所学内容，并为学生发放复习清单供其课后自我查漏补缺。布置作业时，面对学生“讨价还价”的要求，她“坚持己见”，不予许可。在对目标的执行上，G 老师有着坚定而执着的信念。

通过对 G 老师教学过程的描述与分析，可以发现其课堂教学各环节的开展均以“帮助学生扎实掌握所学内容”(G-1-8)这一目标为基本原则，各个环节目标一致、通力配合、达成合力，通过联系旧课、落实输出、多次复现、因材施教等一系列切实可行的教学策略，保障科学、高效的汉语课堂教学能够顺利进行，取得良好的教学效果。

与成熟教师、专家教师相比，新手教师、胜任教师将教学形式置于比教学效果更高的位置。教学环节的设置与限时、课堂活动的构思与设计、教学课件的准备与制作是新手教师、胜任教师备课时重点关注的三大领域，占据了大量的备课时间。在实际授课阶段，新手教师、胜任教师更注重教学环节与流程的完整性，从而忽略了教学目标的实际指导意义。“我自己能明显感到就是在赶进度，但是一节课导入、讲解、练习、复习这些环节都要有，所以就非常赶，其实学生学得并不扎实。”(D-2-89)正如 D 老师所说，新手教师、胜任教师的汉语课堂教学环节看似完整、面面俱到，但各个环节在教学知识的落实上并不理想，往往仅将教学流程顺了下来，教学目标常难以有效达成。此外，新手教师、胜任教师追求课堂气氛的活跃与教学形式的新颖，课堂活动虽有较强的形式感，但未能以教学目标为设计指导的活动形式难免有喧宾夺主的倾向，致使教学用时与教学效果难成正比，教学效率不高。由于教学经验所限，在教师专业发展初期，国际中文教师常以“学生听懂”作为教学任务达成的终点，导致学生输出量不够，复现率偏低，教学内容难以落到实处，无法转换成学生的实际语言能力。

(2)教学行为的目的性

成熟教师与专家教师所表现出的另一明显特征即为教学行为的目的性。除非预期教学情境下，教师的应对行为有一定的随机性外，成熟教师与专家教师每个教学设计、每个问题的设问方式，甚至每个教学举动均有一定的目的性。很多看似自然为之的教学行为，都蕴含了其丰富的教学理念：“我问自己最多的就是‘为什么要这样做？我的目的是什么？’”(H-1-12)而新手教师、胜任教师的教学行为随机性较强，在刺激回忆中常有诸如“没什么特别的目的”(C-1-37)之解释，这一点在设问技巧以及中国文化教学上体现得较为明显。

在设问技巧方面，教师的提问对课堂内创造学习机会产生重要影响，各专业发展阶段教师在问题的聚焦点、类型、层次、思想性上均有所不同。[①] 在设问的聚焦点方面，成熟教师、专家教师可准确定位需提问的内容，并能以恰当的语言组织问题，所提问题具有可答性，较少出现“明知故问”“模棱两可”的情况。在问题的类型上，随着专业发展阶段的推进，教师设问习惯由采用展示型(仅有唯一答案的问题)逐渐向参考型(有多个合理答案的开放性问题)过渡，运用参考性问题不仅可减少教师命制问题的工作量，也能促使学生对问题进行充分思考与理解，多种不同角度的答案可促进学生间思想的交流，以此从学习者身上获取新信

① 参见[美]库玛：《超越教学法：语言教学的宏观策略》，陶健敏译，北京大学出版社 2013 年版。

息，更能有利于实现学习机会最大化。[①] 在提问的层次上，成熟教师、专家教师倾向于依次采用是非疑问句或选择疑问句、特殊疑问句、开放型问题等形式，问题难度逐级提升，呈现一定的层次感。而在思想性上，专家教师还尤其重视避免幼稚化倾向，问题具有一定的思考空间，“我跟学生讨论的问题都是不侮辱他们智商的问题”(H-2-15)，“比如说‘明星常常慷慨解囊，你觉得这是虚伪吗’‘政治家是虚伪的吗’‘什么时候你能接受一点点的虚伪’这样的，而不是那种不用思考就能回答的”(H-1-76)。

在文化教学方面，新手教师汉语课堂中的文化元素多与教学内容相关，常以展示、介绍的形式呈现，学生可有选择性地接受：“这个节气诗我不是让学生记住，就是了解一下中国的东西。”(A-2-16)胜任教师开始关注文化教学对学生学习的实际意义，并赋予文化教学内容调节教学节奏的目的：“这里放这首歌呢，是因为课文内容是关于旅游的，讲到了内蒙古，我就想不如就给他们听首《敖包相会》，然后也能让他们休息一下，喘口气。”(C-1-97)成熟阶段教师文化教学的目的性则更为明确：“选择长安街这个视频，一是课本提到了它，也是关于它的设计的，这个视频正好是差不多的内容，对课本教学有辅助作用。”(F-1-92)“而且我知道学生都听说过甚至去过这条街，那么视频可以让他们更深一步地了解中国”(F-1-93)；最后，“视频中虽然有几个难词，但还是适合中级学生看的，对练习他们听力也有帮助”(F-1-94)。教师从教学内容、现实生活、学生水平三个角度考察文化视频的实用性，从而保证了这一设计的教学效率。专家教师的文化教学则更具设计感，他们倾向于将文化教学融入语言知识教学中，极少安排专门时间展示中国文化，重视进行文化负载词教学，讲解其背后的文化内涵。

从设问技巧及文化教学两个方面可以看出，成熟教师与专家教师每个细小教学行为的背后都有其目的性作为支撑，任何一个课堂举动都有因可循，“为什么这样做”“这样做有何意义”是其进行教学设计时首要考虑的问题，也正是这种充满设计感的课堂教学使得学生的汉语学习高效而又富有意义。

2.对标准的让步空间

成熟教师、专家教师注重个人教学行为的目的性，各个教学环节均为实现既定的目标而设计，使得整个教学过程呈现较为强烈的目标感，通过课堂教学可基本达到预期教学效果。但在刺激回忆环节，通过样本教师的叙述，仍可明显感知到随着专业发展阶段的推进，教师在严格执行目标计划的同时，其实践性知识中

---

① 参见[美]库玛：《超越教学法：语言教学的宏观策略》，陶健敏译，北京大学出版社2013年版。

仍存有一定的让步空间，特别体现在关于教学策略知识中对于学生应答的反馈上。

第一，对标准答案的让步。通过刺激回忆发现，事业发展初期阶段教师尤其是新手教师，其评价学生回答问题、背诵课文的标准比其他阶段教师更高，对学生作答与标准答案间差异的容忍度较低。他们期待学生完全按照教师或题目所规定的任务完成学习行为，并在评判作业及各类测试时，以“打分员”或“评判师”的姿态审视学生的作答，倾向于严格依据参考答案对学生的完成情况给出评价，所判分数较为精准：“其实学生这么说不是不行，但是我说的这个答案更标准，而且指导老师给的答案也是这个”(A-3-18)，“背课文的时候我还是要求他们逐字背，不能只是意思对”(B-2-57)。而成熟教师或专家教师对于学生任务完成情况有一定的让步空间，其评判标准为学生在任务完成过程中能否达成或部分达成教学目标。如前文所述，“扎实掌握所学内容”是 G 老师一贯的教学理念，因此她将评价学生学习行为的重点聚焦于当下所讲授的重要语法项目上：“背(语段)我不要求一字不差，偶尔看看、老师提醒一下都没关系，重要的语法点得用对。”(G-2-17)对于其他部分是否与原文完全对应，她可以做出一定的让步。同样的让步空间也体现在对待分数的态度上。成熟教师与专家教师认为分数不是学生的学习目的：“学生的听写作业我不收，我给他 80 分或者 90 分，一点儿意义都没有，他顶多看一眼就放包里了，那么听写的意义是什么，是督促他复习，督促他写汉字，只要他准备了、会写了，那么目标就达到了。”(G-2-20)对于学生需提交的重要作业(如学期作文等)，专家教师多给予学生一次弥补的机会，允许学生“二次提交”，对学生再次修订、完善的内容进行最终评价。

第二，对师生观点达成一致的让步。虽然当今社会教师角色已发生转变，人们倡导建立新型平等、民主的师生关系，但在中国社会，教师在一定程度上仍是课堂中的权威，学生对教师表现出一定程度的依赖与服从，并且在中国文化这一相同母文化背景下，中国师生易于在思想、观念上达成一致。但国际中文课堂的一大独特性即为学生背景的多元性和复杂性。同一班级学生国别各异，成长及教育背景存在明显差异，若教师以中国式思维评判学生的世界观与价值观，易发生认知失配、文化失配的现象，继而导致师生关系的破裂。新手教师及胜任教师由于应对多元文化融合情境的实战经验较少，虽有跨文化交际意识，试图以开放的心态接纳各种不同的声音，但潜意识中“以师为尊”的观念仍使其期待学生按照自己的规则、标准思考与行动：“我知道作为老师要开放包容，但是我有我的看法，我从心里是不赞同的”(A-2-65)，“她{某欧洲女生}说听了京剧有不舒服的感觉，可以看到我是愣了一下的，脸色比较尴尬。事后我也在想，这可能就代表了一部分外国人对京剧的感受,以后我可能就会更自然地接受他们的这些跟我们不同的观点了”(A-3-7)。成熟教师、专家教师在应对师生思维方式差异上采取的是“求同存异”的策略,对学生思维意识上的差异持包容的心态,认为包容学生的不同见解,理解学生思想上的差异,是更深层次的平等与尊重,也是尊重学生“知者”地位的表现:“和学生有意见的不同没什么,学生并不是有恶意,无非就是想法不一样,当我按照他们的想法去思考时,会发现确实也有道理。”(H-1-84)正是在这种对异文化的让步中,经验教师构建着“舒服”的师生关系。

4.1.3 教学过程贯通力与对资源的延展空间

1.教学过程贯通力

教师教学过程贯通力是指国际中文教师整体把握教学过程,运用各种教学策略保证课堂顺利、流畅进行的能力。其中包括教师对教学时间的掌控、对教学连贯性及流畅度的控制以及对最佳教学时机的把握。该能力集中体现在国际中文教师关于教学策略的知识以及关于课程的知识中。

(1)对教学时间的把握

任教机构要求各课程老师学期初制定教学周计划或日计划,因此实施课堂观察时,各样本教师均有完成既定教学计划的意识,但各专业发展阶段教师所表现出的教学时间掌控力有所不同。新手教师十分重视各教学环节的时间分配,备课时会规划出各环节具体用时,期待教学中按照教案按部就班进行教学。然而一旦出现非预期教学情境新手教师常会措手不及,加之掌控时间的能力有限,致使课堂呈现前松后紧的状态,甚至将未完成教学内容推至后续教学中:“我在看表,看看后边时间够不够,常常前边比较慢,后边又很赶。”(A-2-54)胜任教师虽会出现控制时间失败的体验——“这次复习的时间比我预期的要长很多”(C-1-39),但已开始意识到需要通过限定学生活动用时的方式使自己成为课堂节奏的主导者:“下次不能再心软给他们延长时间了,最多10分钟,要不然后边就又乱套了。”(D-2-19)随着专业发展阶段的推进以及教学经验的增加,成熟教师、专家教师在时间管理上已具备了较高的水平,他们无须在备课时对各环节的具体用时进行细致划分,整个教学过程都在他们心中有所规划,某个环节比常规教学多使用的时间可在其他环节予以弥补,可从容完成当日教学计划。成熟教师与专家教师主要通过限时完成、策略等待、巧妙收尾等方式达到时间的合理控制。

首先，对学生分组活动进行严格限时。成熟教师与专家教师不仅为学生限定整个活动总用时，还对大任务进行细化切分，各个分任务单独计时并进行倒计时提醒，极少妥协于学生的延时请求，避免学生养成“讨价还价”的习惯：“给学生分阶段限制时间，他就有了紧迫感，任务越小，各个小组的进度越会基本一致，不会出现一个组早早完成，别的组一半还没完成的情况。”(F-3-15)

其次，对学生的应答实施策略性等待并及时给出提示。经验教师对学生的零应答并非无限制地予以等待：“我要是一看他就知道他说不出来，那就不等了；要是感觉他就挂在嘴边，只是突然忘了，那我就等一会儿，3 秒钟 5 秒钟都行，但再长了就不行了。”(F-1-103)成熟教师与专家教师等待学生回答的时间一般不超过 5 秒钟，之后给予必要的提醒或降低问题难度引导学生再次尝试回答，而非教师自问自答。新手教师与胜任教师给学生的思考时间则宽松得多——“我还是希望她能自己说出来，为此我可以等待比较长的时间，20 秒之内都行”(C-1-22)，由此产生了大量无效教学时间，增大了教学时间管理难度。

最后，巧妙确认时间保证教学顺利结束。在课堂观察中，我们发现成熟教师与专家教师一般能充分利用课堂时间准点下课，但未有明显看表确认时间的行为：“老师看手表会给学生局促感，让学生也感到很着急。”(F-2-108)这两个阶段教师确认时间的方法有：将手表表盘置于手腕内侧，为学生指点例句时顺势确认时间；定制下课前 5 分钟无声手机闹钟，当手机屏幕亮起时教师即开始进行收尾环节；学生分组活动时确认时间，并将后续课件页数及顺序进行及时调整，以保证高效呈现完整教学内容。

(2)对教学连贯性及流畅度的把握

在对样本教师进行课堂观察的过程中，可以发现新手教师授课过程教学环节基本完整，但环节界限略显清晰，环节过渡较为生硬。胜任教师虽有自然更替教学环节的意识，但往往过于追求前后内容的衔接，使得某些转换稍显牵强，高于一般学生的认知水平，从而导致部分学生无法跟上教师的思维路线，教学设计事倍功半。“我想从‘终点’引出‘逃不过’，但是没引出来，学生思路跟不上。”(C-1-84)还有胜任教师虽可呈现较为流畅的教学过程，但需在课件中给出提示以示意后续教学内容，教学连贯性的自动化水平有待加强。成熟教师与专家教师对课堂连贯性及流畅度的把握有较高的水准，其实践性知识可简单归纳成“一条线”意识。

第一，教学主题上的“一条线”意识。F 老师讲授的《你是哪儿的人》一课涉及城市对比的话题，于是她将话题“大城市与小城市”设计为教学过程的隐形故事链。在讲练“适宜”一词时，她让学生用该词讨论大小城市适宜居住的人群、何种规模的城市适宜居住等话题，进而引出课文所涉及的话题——“扬州与北京的对比”，从词语教学环节自然转入课文教学环节。课文讲解后，她安排小组活动，让学生列举“住在大、小城市的好处”，之前的生词教学、课文教学为该活动提供语言素材支撑。其后续课程“安排的是辩论，就是住在大城市好还是小城市好，还能用上今天活动的成果”(H-1-122)。虽然教学环节不断更替，但“大城市与小城市”这一线索并未中断，“整个课都是一条线的”(H-1-123)。

第二，教学内容间的“一条线”意识。成熟教师与专家教师的教学顺序并非课本生词表或语言点注释的顺序，而是经过科学设计后的带有内在逻辑性的语言知识呈现顺序：“前一教学内容应为后面的教学内容服务，从前一个词能引出后一个词，这样可以减少一些解释说明的麻烦，你不用说，学生也就明白了，这样整节课下来是一个串儿，从头串到尾，也方便学生记忆。”(E-1-76)不仅是语言知识间存在一定的逻辑顺序，专家教师在某一语言点各种形式（如肯定形式、否定形式、疑问形式）之间，亦存在着潜在的逻辑关系，从而使得整个课堂如行云流水般连贯自然、前后呼应。

第三，教学时间上的“一条线”意识。成熟教师与专家教师力求避免课堂停顿，追求整堂课教学时间上的“一条线”。他们教学指令清晰，必要时使用教学课件同时展示教学指令，使得全体学生明确学习任务，确保课堂进程顺利开展。当转身板书时，他们或领读板书内容，或讲解语言知识；当学生自主完成教学任务时，他们提前准备或发放后续教学环节所需内容（如视频网站、补充练习等）；当多媒体设备出现故障需待其反应时，他们会将正在讲述的语言知识要点予以重复。上述行为的目的在于不使课堂出现戛然而止的停顿感，起到“避免出现空堂”(F-1-143)的作用。

(3)对最佳教学时机的把握

最佳教学时机是教学活动中可以获得的具有最佳效能的一个机遇。[①] 教学时机虽是客观的，但“对待教学最佳时机的意识和把握却是主观的”[②]，只有被充分利用的最佳时机才有实际意义。捕捉并利用教学时机，相机而动，可以提高学生的学习效率，获得最大教学效益，起到事半功倍的效果。充分利用教学时机可视为有效教学的一个原则，是一名教师教学贯通力的表现。本书以国际中文教师纠错与复习的时机为例进行分析。

---

① 参见胡志刚：《教育时机论》，黑龙江人民出版社 2003 年版。

② 朱志刚、李秀华：《教学最佳时机——一个有效教学原则》，《课程·教材·教法》2012 年第 3 期。

在纠错时机上，新手教师、胜任教师更倾向于延时纠错，即在学生学习任务全部完成后集体纠正偏误，其基本出发点是“不打断学生的思路，破坏表达的完整性”(A-2-48)。成熟教师、专家教师则对立即纠错和延时纠错有较为清晰的评判标准，其基本出发点是运用学习者所创造的学习机会，向学习者发出重要的信息，实现学习机会的最大化。[①] “纠错行为对发言的学生要有用，听的学生也能从中受益。”(F-2-65)一般来说，促使他们选择立即纠正的偏误类型有：①留学生常见典型偏误，如“见面朋友”。“柏××有几个错儿，都是非常典型的错，直接就给她纠正了，因为(她正在进行的)对话很短，纠正一下她也忘不了。”(F-3-18)②留学生非即兴发言中的偏误。学生已备有发言稿，因此教师的纠正一般不会打断学生的思路。③留学生长篇发言中的偏误。“爱丽的报告里的一些语法错，我基本上都是马上纠正，如果都赶到最后再说，数量比较多，她自己也忘了，别的学生就更忘了。”(E-3-37)④内容共享的检查型学习任务(如复述课文、检查背诵课文等)中的偏误，检查的内容对全体学生来说为已知信息，因此教师的纠正不会影响学生思路，立即纠正对其他学生来说也是一种提示。除上述四类偏误外，成熟教师、专家教师更倾向于延时纠正。

在复习时机上，各专业发展阶段教师也呈现不同的策略选择。新手教师在新课开始前及当日结课前均安排知识复习环节，以对前续课程、当日课程所授内容进行整合。胜任教师在教学当日第二课时开课时增加一轮复习，实现对前一课时教学内容的巩固。成熟教师课前复习环节内容更加丰富，旧知识呈现后成熟教师会再次提示重点内容，并以朗读旧课课文作为复习环节的收尾，此外，这一阶段教师增设教学环节后的即时检测，如 F 老师在生词讲解后立即实施生词检测，评估教学效果：“这个练习是学生不看书只听我读课文，他们边听边填空，但这些空都是刚刚讲过的生词。”(F-2-81)而专家教师教学过程除具备上述各类复习形式外，复习间隔更加缩短，其一是在课件页面切换后，让学生立即回顾前页课件中的重点词语搭配，在第一时间对教学内容进行巩固；其二是在每一课时结束前均安排复习：“人的记忆都是越早越能记住它，所以我基本上都是上完一小节，就把前边的再说一遍”(H-1-159)，“这样再过一遍的话，学生基本上就全都记住了”(H-2-101)。此时专家教师以意义理解复习为主：“这个时候我不讲求应用，我的问题是看他懂不懂，而不是会不会。比如，有的人喝了酒以后动作会很粗鲁，他做什么？你妈妈说你的男朋友没有正经工作，那么他可能做什么工作？

---

① 参见[美]库玛：《超越教学法：语言教学的宏观策略》，陶健敏译，北京大学出版社 2013 年版。

这里的‘粗鲁’‘正经’是我讲的生词,我就看他有没有明白词的意思。”(H-1-113)

2.对资源的延展空间

如果说贯通力强调的是教师运用教学时间与时机的管理策略、教学连贯性及流畅度的把握能力是对课堂教学全过程进行掌控的话,对资源的延展空间则关注的是对教学媒介有效利用的深度和广度。

第一,教学素材多功能使用的延展空间。与新手教师、胜任教师一个教学素材(如图片、视频)通常仅服务于一个教学内容不同的是,成熟教师与专家教师所选图片或视频多具备多重用途,学生感到熟悉的教学素材经过必要的加工或修改,可运用于多个教学环节:“选一张好照片不容易,就用一次会比较不值吧,这张长安街的照片,既能讲‘……也好……也罢’,过一会儿还能讲‘来历’,其实我后边的视频也是关于长安街的。”(F-1-132)除“一材多用”外,展示图片或播放视频时,成熟教师与专家教师会对该素材进行必要的讲解与补充,或描述图片,或引发讨论,或分享观点,教学素材的功能得到有效延伸。

第二,教材使用的延展空间。随着专业发展阶段的推进,教师逐渐具备评判教材优劣的能力,并可对教材进行合理优化与调整。新手教师可基本理解教材的设计目的与用途,并在指导教师及同事的帮助下正确使用教材,其教学内容多限定于教材范围内,讲授顺序多为教材既定顺序。虽然当前大部分教材不属进程式教材,并非按课时编写,但新手教师仍可将课文划分为教学时长基本均等、语言难度较为一致的多个部分,以便于实际操作。胜任教师开始具备判断教材优劣的能力,并结合教学实际需求及学生兴趣对教学内容加以选择与调整:“我跳了一课,上一课是关于孔子的,学生不感兴趣,而且里边的重要生词和语法都能在之后的课文中补上”(D-2-7),“我把课文练习的顺序打乱了,第一题和第三题都是第一段文章的,就调了一下”(C-2-46)。成熟教师遵循解读教材、重构教材、超越教材的程序与原则,在理解并把握教材设计理念的基础上,根据学生的实际情况对教材的内容、先后顺序进行重组。他们也摒弃质量欠佳的课文,但为保证学生获取知识的完整性,常结合实际生活并遵循教材原有体例重构课文,以实现超越教材的目标。“本来的课文是《能干活的鬼》,逻辑上不通,意思也很怪,用的虽然是常用词,但用得很生硬,所以我就用原来的生词和语法编了一个新课文。课本上是会干活的鬼,我就编了一个会干活的机器人,就是扫地机器人,我觉得一下子就生活了”(H-2-58),“因为课本每一课的第一部分都是对话,我也就编了一个对话”(H-2-59)。专家教师则根据教学理念,结合多年丰富的教学经验,组织教材编著工作,在体例设计上尝试将自己的学术研究成果应用于教材编写实践中。

第三，课文内容与思想的延展空间。教学经验和生活阅历对确定教材的延伸点有促进作用，成熟教师与专家教师并不局限于课文生词、语言知识的学习，还善于挖掘课文中的潜在资源，引导学生关注生活、探讨人生。以 F 老师教授的一篇关于看望生病朋友的课文为例，该课文内容为朋友听说小丽生病了，便带茶去看望，小丽以不能以茶服药为由拒绝了朋友提出的喝茶的邀请。在语言知识讲解结束后，F 老师提出了如下几个问题：

例 18：朋友告诉别人你病了，你高兴吗？为什么？

例 19：朋友给小丽买了绿茶，这件礼物好吗？在你的国家带什么礼物去看生病的朋友？

例 20：真的不能用茶喝药吗？谷歌(Google)和百度说的一样吗？

上述三个问题均摆脱了课文内容的限制，提出可激发有意义互动的问题有利于创造学习机会。[①] F 老师鼓励学习者从不同角度理解话题，对课文思想进行有效延展，以此实现了让学生用汉语表达个人观点的效果，是培养语言意识的体现。对学生人生而言，这比学习语言知识本身更有意义。对课文内容有效延展的过程也并非仅是信息交流的过程，亦是师生情感交流的过程，生活化的沟通使得师生之间的关系更加融洽。

4.1.4　教学示范呈现力与对自我的内控空间

1.教学示范呈现力

教师教学示范呈现力是指国际中文教师运用一定的外显行为或方式将语言知识予以呈现的能力，主要包括教师教学用语、教学示范以及教学课件所体现出的呈现力。这一能力集中体现在国际中文教师关于教学策略的知识、关于教学媒介的知识以及关于教学环境的知识上。

(1)教学用语的呈现

在进行语义阐释的阶段，教师教学用语的可理解性、有效性是教育主体间达成以理解为目的的交流行为的关键。后方法教育理论强调师生感知错位最小化(理解失协最小化)，这一宏观策略强调教师应注意自己的意图与学习者的解读之间存在错位的可能。库玛认为，学生对教师言语或行为意图的理解程度是课

① 参见[美]库玛：《超越教学法：语言教学的宏观策略》，陶健敏译，北京大学出版社 2013 年版。

堂教学活动能否顺利进行的重要因素之一，教学的成功很大程度上取决于教师的意图与学生对于既定的教学任务和教师意图的解读保持一致。①

新手教师由于从业时间较短，任教经历有限，尚未对初中高各级别各课型有全面了解，把握各层级学生汉语水平的能力有待提高。新手教师授课过程中虽多借助图片、动作等方式进行语义讲解，但仍常出现词义解释叙述性语言过长或用更高难度的词语解释所教语言知识的现象，如直接使用词典释义，导致专业术语过多，无形中加重了学生的听课负担："因为想不出更好的解释的办法，就用的词典上的，等我说出'强调'的时候，看他们没反应，才意识到他们可能不懂，就说了个'emphasize'。"(A-1-12)由此也可看出，当语言知识较为复杂或学生无法准确理解讲解内容时，新手教师基于提高教学效率的出发点，倾向于运用媒介语(如英语)简化处理。新手教师多为年轻教师，接触网络语言较为频繁，但由于对标准汉语缺乏一定的敏感性，易把区域方言、网络用语以及个人的语言习惯带入课堂，如使用"给钱你""一百十""两月(意思是'二月')"等表达方式，给学生带来学习困扰。此外，新手教师教学用语音高普遍过于稳定，缺少起伏，难以保持学生长久的注意力："能看出来我说话就是一直很平，有可能就是刺激不到学生，听着听着就困了。"(B-1-22)

胜任教师已具有简化教学用语的意识，认为选择教学语言时，应尽量避免增加学生理解负担、易导致感知错位的语言现象。他们对图片、视频的运用逐渐增多，使用技巧也有所提升："'严肃'这个词不好解释，很抽象，那我就没讲意思，只给了这几个图片，告诉他们这些都是严肃的情况，学生就知道了。"(D-1-99)但对各个级别学生可懂词汇的把握仍不够："我以为他们学过'救命'这个词，生词表也没有，我就没讲，所以这里金铉秀{某学生}问我这个词是什么意思。"(C-3-41)该阶段教师教学用语语速不够稳定，普遍快于学生实际接受能力，且在不同水平课程间语速切换能力稍显欠缺："我讲着讲着就快了，以前有个韩国学生还举手说'老师，慢慢吧'。"(D-1-17)另外，胜任老师肢体语言的恰当性与有效性仍有待加强："有的时候都是下意识的动作，现在看录像才发现自己多余的动作很多。"(C-2-31)

成熟教师认为教学用语"干净""精简""条理清楚"是国际中文教师应具备的教学功底，教学语言的难度及语速也应与学习者的汉语水平成正比。他们对学生的语言水平有较为准确的了解和把握，在不同水平课程间用词、语速切换较为

① B. Kumaravadivelu, "Language Learning Tasks: Teacher Intention and Learner Interpretation", *ELT Journal*, vol.45, no.2 (1991), pp.98-107.

自然："我觉得自己脑子里有不同水平的汉语词库，教不同水平的学生，跟不同水平学生说话的时候就打开自己不同的词库，其实跟一个学生聊几句就大概知道他什么水平了。"(F-1-26)在中文教学专业术语的使用上，专家教师更是总结了应尽量避免使用的词："像'表示、修饰、充当什么成分、有什么意味、加强语气、舒缓语气'这一类的说法，课堂上能不用就不用。"(H-1-29)为了使学生准确理解讲授内容，同时不增加学生的理解负担，成熟教师与专家教师不追求教学用语单句的完整性，时常仅用词或词组进行讲述，有时"为方便学生理解，会牺牲教学语言的标准性"(D-3-50)。在教学媒介语上，他们不排斥使用，但仅将媒介语作为汉语授课的辅助手段："我还是要用汉语让学生明白，但班里一定有听汉语跟不上的，我就会把标准的英语翻译、注释放在 PPT 上，他看着英语，我用汉语讲，也是一种输入训练。"(E-3-11)在肢体语言上，成熟教师肢体语言贴切且固定，并且教师动作的方向全部以学生为准，即从学生的角度看过去都是正向的，避免学生产生理解困惑，专家教师更是提到教师的肢体语言需让人感到优雅、舒适。

(2)教学示范的呈现

教学示范是教师以有目的的榜样行为作为有效刺激，使学习者通过模仿继而有效地掌握授课内容的教学方法。新手教师的教学示范主要体现在语音、汉字等语言要素教学方面。除示范领读生词、课文外，学生齐读课文时新手教师亦跟着一齐朗读，以期增加学生标准语音输入的机会；在运用教学课件的同时，教师结合板书的使用为学生示范汉字书写，在潜移默化中培养学生正确的书写习惯。与新手教师多为自我朗读例句有所不同，胜任教师会带领学生齐读例句，并有意识地使用大于学生的音量，给学生更为清晰的示范。成熟教师、专家教师则向学生提供更多模仿的机会，如领读课文前事先示范朗读一遍："希望学生能找到自己不认识的词，查一下，然后注意我的断句。"(F-3-84)分组任务活动前，他们实施双重示范行为——自我示范、与优秀学生配合示范，确保全体学生准确理解教师教学意图："让学生做对话的时候，一般都是这样，先自己示范一下，让学生知道接下来他们要做什么，老师先做一遍，他们听，他们看。然后我再和水平比较高的学生来一遍，这个时候班里的学生就基本上知道要完成什么了。"(E-1-39)检查学生学习任务(如复述课文、编写对话等)完成情况前，成熟教师、专家教师会再次示范，从而达到强化学生记忆、缓解其紧张情绪的作用："我自己先说了一遍，虽然我知道他们已经准备了，但是我示范一下的话，希望他们能在脑子里再强化一遍，不至于压力那么大。"(F-3-16)

(3)教学课件的呈现

教学课件是指教师针对一节课或教学的某一具体内容而设计制作的多媒体

教学软件，是教师利用计算机辅助完成教学过程的一种教学方法和手段。[①] 设计合理的教学课件能起到减轻教师工作强度、提高教学效率、丰富教学内容、调动学习积极性的作用。教师的教学理念、对语言教学的理解以及对语言学习规律的把握都可通过教学课件得以体现。本书中，专业发展初期阶段教师教学课件版式活泼，多图文并茂、颜色鲜艳；而成熟教师与专家教师则更注重课件内容的呈现技巧，使之具有设计感。

首先，成熟教师、专家教师重视教学课件的页面设计，在字号、字体、字色、行数、行间距等方面均有一定的经验标准。F老师的表述具有一定的代表性："PPT一定要清楚，不能给学生带来负面干扰，比如字太密集、太小，行数太多之类的。我一般都五六行左右，32号字，但是不能再比28号小了，行距都是1.5倍的，我个人不喜欢太密的，学生感觉也不喜欢"（F-1-51），"PPT上字的颜色都是固定的，正在讲的词一般都是红色的，它的搭配是蓝的，课外的生词是绿色的，一些词的用法，我会用公式表示出来，紫色的背景，我觉得还是比较清楚的，学生也都习惯了"（F-2-66），"我喜欢用不同的字体，宋体、黑体、幼圆、仿宋什么的都用，学生不能只认识宋体吧？在学校外边可没有人只给他们准备宋体，各种字体的中文，他们都得认识"（F-2-71）。

其次，成熟教师、专家教师讲求教学课件动画的设计。其课件每页教学内容并非整页一次呈现，而是根据学习者思维方式以及接受知识的能力与特点分步出现。他们站在学习者的角度，考虑学生的实际学习能力，寻找各教学内容间的最佳呈现顺序，做到先后有因、层次鲜明、不突兀、不跳跃："我都是把自己当成学生，从学生的角度看一遍PPT，各个内容之间跳不跳，符不符合语言学习规律，每次都来回调好几次动作，当然这样上起课来我觉得很顺，学生也觉得容易接受。"（H-1-12）

最后，成熟教师、专家教师强调课件内容对学生学习的有效性。这不仅体现在他们将全部练习答案逐一呈现，有助于学生确认与记录，还体现在教师可对学生未知语言知识进行预判，提前将拼音或词义置于课件中，从而节省课堂时间，有助于提高教学效率。

2.对自我的内控空间

各专业发展阶段教师在外在教学呈现力上存在差异，在内在的内控空间上

---

① 参见赵鑫：《对外汉语课堂教学的多媒体课件设计与应用研究》，陕西师范大学硕士学位论文，2011年。

亦有所不同。教师群体间内控空间的区别主要体现在教师进行教学自我反思以及在合作共同体中的角色与作用上。

第一,各专业发展阶段教师的反思动机及聚焦点有所不同。教学反思是指教师"对教育教学实践的再认识与再思考"[①],是总结经验教训,进一步提高教育教学水平的一种有效手段。

本书中,触发新手教师进行教学反思的因素多为学生的学习效果及反馈。学生作业完成情况、测验应答结果常促使新手教师对语言知识本身进行反思:"我这个学期有一个教训,就是讲过的东西学生还是不会,我觉得一是强调得不够,再就是前半个学期我 PPT 上没放词义,学生记不住也跟这个有关,所以我现在就都把意思放(在 PPT)上了。"(B-2-8)

胜任教师开始将反思内容定位于教学技巧上,以期从教学策略上寻求突破,优化学生的学习体验:"我这次让学生听一遍太少了,问的问题又有点儿多,以后这个班我会让他们听至少两遍以后再回答'为什么'之类的细节问题。"(C-1-55)反思的结果常促使胜任教师调整教学模式:"这个学期的例句有很多改变,原来过分强调和上一个词的过渡,所以常常出现第一个句子不是最典型的,学生就没法一下子把握到那个点,所以这个学期这方面调整得比较多,我放弃了一些连贯性的东西,把最典型的例子放在最前边了。"(D-3-55)值得一提的是,胜任教师教学反思的外部动机较为明显。经过三年左右的摸索,他们开始谋求形成个人独有的教学风格。通过观摩其他教师的汉语课堂、观看多种来源教学视频以及参加各种形式的职业培训,胜任教师成功获取大量具有模仿价值的教学方式。但这种模仿并非全盘接受,而是在个人反思后有选择性地批判性学习,"以取各家之长"(D-2-97)。

成熟教师的教学反思更多体现在对教学内容及方法细节上的体悟,反思虽带来授课内容的细微调整,但教学模式基本保持不变:"每年都有新感悟,上课流程、模式一定的情况下,教学内容每年都会调整一部分内容"(F-1-92),比如"我直到今天才意识到我们可以说'很不一样',但是不能说'很一样',下一次教就要把这个添上"(F-2-68)。成熟教师教学反思的最大特点在于反思行为的规律化与落实化:"课上得好不好,每天都有感觉,所以我下课后都会想想今天的课哪些方面讲得不够,怎么弥补,或者临场发挥出来的好例子、好方法,哪个例子学生一

---

① 陈亚杰、王丽楠:《高校外语教师课堂情感智慧研究》,《内蒙古师范大学学报》(教育科学版)2019 年第 7 期。

下子就明白了，或者说遇到一个情况我是怎么处理的，我都会在这一课书的第一页写下来，当然每一遍教都有遗憾，但是下一遍再教的时候就看着这个改，也是一种积累。”(E-3-89)

专家教师在刺激回忆阶段极为关注自身教学中存在的不足，且多为教学细节，如某个词语搭配或例句的合理性，并可迅速明确问题解决途径：“这个学生问‘拔’，她当时一问，我就知道我讲‘揪’的时候不该用‘头发’，要不然还得再对比‘拔白头发’和‘揪妈妈的头发’，下次就不能再用‘头发’了。”(H-2-98)这一阶段教师的反思类型多为自我指向型，倾向于将问题归因于个人，而非学生、教学设备、授课时间等其他因素：“我今天在这儿碰上个麻烦，‘孤独’和‘寂寞’这两个词，昨天跟家人讨论的结果是‘孤独’是一种内心的状态，‘寂寞’是一种环境状态，但我没注意到课本上的例句跟我讲的又不完全一致，学生又蹦出来‘无聊’‘空虚’之类的更多的词，但我在当下并没给他们做一个特别清晰的对比，这就很危险。”(H-1-106)值得一提的是，专家教师除进行规律性课后反思外，授课过程中也进行即时反思，在教学过程中寻求问题解决的方法：“‘曝光’这个词说出来的时候就知道他们不知道，所以就没返回去，一带而过了。”(H-1-44)

第二，教师在合作共同体中的角色与作用存在差异。工作中，教师常与其他同事结成短期或长期、正式或随机的教学研究合作者的关系，建立起一定形式的合作共同体。然而各专业发展阶段教师与同事的互动模式、在合作共同体中的角色与作用存在明显的差异。

本书中的新手教师均配有教学指导教师或教学组长，在资深教师的指导下进行教学，该指导形式具有一定的制度、形式及时间上的规定和保障，故新手教师的教学方式在很大程度上体现着资深教师的教学理念。教学过程中常表现出对资深教师的借鉴与模仿：“教哪些词都是组长定的，每个班都一样”(A-1-20)，“教学组长也会给一份通用的PPT，我们根据班里的情况稍微做一些调整”(A-1-21)，“让学生背课文是I老师{指导教师}的要求”(B-1-39)，“课程设计中第七课让学生自己当老师上来讲课也是延续了之前教师的传统”(B-1-7)。新手教师在合作共同体中更多地处于接受的状态，自主空间较为有限。胜任教师已掌握一定程度的国际中文教学策略，在没有资深教师指导下可单独进行课堂教学，并通过集体备课、私下讨论等形式与同事进行业务交流，交换彼此教学心得，但这一阶段的教师已对中文教学有了一定程度的理解，可在业务交流后根据自身体会实施认为是合理的教学行为：“有的老师说告诉学生容易出现的偏误会强化他们错的概念，但是我不这么认为，你不说，他们就觉得是对的，就觉得可以那么用，所以还是得告诉他，而且不时提醒他，我觉得效果是好的。”(D-2-48)成熟老师已开始担任新手教师的指导教师，其教学合作行为首先体现在个人教学理念的传递上。此外，成熟教师与同事交流的问题不再局限在语言知识教学范围内，而是集中于非常规教学现象上，如出勤率低、身心存在某些问题的学生等。专家教师对教师之间的关系的感悟较为深刻，尽管认为打通同班级各课程间教学内容十分必要，但明确指出时间成本是制约这一合作行为得以落实的决定性因素，因此教学中多为“单打独斗”。此外，专家老师还指出，同班级任课教师应在学生中树立共同的权威，而非互相拆台：“如果教师之间教的东西存在分歧，也不需要在班里急于向学生解释或者给什么结论，更不要在对方不在场时对其他老师作任何评论。”(H-2-72)

4.2　专业发展阶段结构特征：概念图的视角

在前文的论述中，本书运用样本教师刺激回忆转写文本作为材料进行分析，揭示了各专业发展阶段国际中文教师实践性知识内容构成上的共性特征与阶段性特征。为对国际中文教师实践性知识的全貌进行深入刻画，本节将以 8 位样本教师绘制的实践性知识概念图为研究对象，对各专业发展阶段教师实践性知识组织结构上的特点进行立体化分析，亦是对前文知识内容性分析的有力补充。

本书共获得样本教师实践性知识概念图八张。如本书第 2 章所述，绘制概念图时，已将核心概念设定为“实践性知识”，且对第一级“节点”，即实践性知识的六大类别，做出了限定，样本教师自行命制第二级及以下“节点”、节点间的“链接”以及链接上的“命题”。因此，处于不同专业发展阶段样本教师六大分支保持一致的情况下，在概念节点、分支层级结构、交叉链接三个方面上均有不同表现。本节将从这三方面对国际中文教师实践性知识结构上的阶段性特征展开论述。

4.2.1　概念节点特征与分析

1.节点数量

从教师整体上看，8 位样本教师绘制的概念节点在六类知识上的分布表现出一定的“不均衡”状态(见表 4-1)。

节点数从高到低依次为关于教学策略的知识、关于教师自我的知识、关于学生的知识、关于教学媒介的知识、关于课程的知识、关于教学环境的知识。

表 4-1 样本教师概念图概念节点数量统计

专业发展阶段	关于教师自我的知识	关于学生的知识	关于课程的知识	关于教学策略的知识	关于教学媒介的知识	关于教学环境的知识	教师节点总数
新手教师	9	11	5	16	6	6	53
胜任教师	18	12	10	14	7	7	68
成熟教师	16	16	10	24	13	7	86
专家教师	20	16	9	26	16	7	94
节点总数	63	55	34	80	42	27	301
平均数	15.75	13.75	8.5	20	10.5	6.75	75.25

由表 4-1 可知,节点数最多的关于教学策略的知识(80 个)是最少的关于教学环境的知识(27 个)的近 3 倍。节点数量可在一定程度上反映教师实践性知识的丰富程度。上述数据表明,国际中文教师拥有内容广泛、体量庞大的教学策略知识,在教学中视教学策略为达成教学目标的有效途径,讲求通过多种教学策略的运用帮助学生开展语言学习。同时,国际中文教师将“以学生为中心”落到实处,重视对学生个性特征的体察、尊重其进入课堂前的身份特征、讲求对学生学习状态的敏锐关注,因此关于学生知识的概念节点数量(55 个)位居前列。基于对学生的了解与感知,国际中文教师充分调动个人过往经验,深入挖掘个人潜质,积极丰富个人知识储备与职业技能,以满足专业发展需要,从而在关于教师自我的知识上亦呈现数量较多的概念节点(63 个)。而由于样本教师任教机构有较为完善的课程标准与教学管理规定,且所用教材基本为任教机构所指定,加之教学环境可供教师自我发挥的空间较小,关于课程的知识、关于教学媒介的知识以及关于教学环境的知识较之其他三类实践性知识,概念节点数较少。

从专业发展阶段看,除关于教学环境的知识外,在其他五类实践性知识上新手教师、胜任教师、成熟教师、专家教师的概念节点数基本呈现上升的趋势。围绕同一主题进行概念图创作,绘制概念节点越多,说明教师知识构建的丰富性程度越高。[①] 也就是说,随着专业发展阶段的推进,国际中文教师对所从事的事业(如自我职业身份、教学对象、任教课程等方面)的认同感、熟悉度及感知力均有了一定程度的提升。需指出的是,胜任教师关于教学策略的知识以及成熟教师

① 参见刘艳超:《基于概念图的初中物理教师课程知识评价研究》,东北师范大学博士学位论文,2017 年。

关于教师自我的知识节点数在表 4-1 中呈现较低的现象，经与其他阶段教师同知识类型的对比，上述两阶段教师并非因实践性知识的缺失导致某知识类别概念节点数偏低，主要原因是教师在绘制概念图时并未使用更低一级节点对上一级节点进行举例说明，但这并不会对研究结论产生影响。

2.**节点表述**

本书对样本教师所提供的各类实践性知识的概念节点进行了整理，因篇幅与版面有限，在此仅以关于学生的知识与关于教学媒介的知识为例（见表 4-2）进行说明。经过比较，可将各类实践性知识中样本教师所列概念节点分为共性知识节点与个性知识节点两类。如在关于学生的知识中，“了解”“性格”“能力”“友好”等多个概念节点（或类似表述）是四个阶段教师所共同拥有的，而“心理”“亲切不亲密”“长时观察”“适当施压”等节点则不具备共性特征；再如在关于教学媒介的知识中，“教材”“课件”“典型”等为各阶段教师共性知识节点，而“调整”“多重”“感知”“拓展”则为各阶段教师所呈现的个性知识节点。样本教师共性知识节点与个性知识节点与其在刺激回忆环节中表述的核心概念（见表 2-4）相关内容基本一致，这也从侧面验证了前文有关国际中文教师实践性知识内容构成上的共性特征以及专业发展阶段性特征相关研究结论的真实可靠性。

表 4-2　样本教师知识节点对比

教师类别	关于学生的知识		关于教学媒介的知识	
	共性知识节点	个性知识节点	共性知识节点	个性知识节点
新手教师	了解、性格、水平、能力、风格、互动、平等、帮助、和谐、关注	无（新手教师的概念图中并未出现此类概念节点——笔者注）	教材、课件、板书、素材、图片、呈现、配合、典型	无（新手教师的概念图中并未出现此类概念节点——笔者注）
胜任教师	背景、交流、尊重、了解、需求、差异、态度、公平、亲近	鼓励	课件、课本、选择、使用、补充	整合、调整
成熟教师	熟悉、融洽、关注、学习、生活、了解并熟悉、群体、个人、性格、学能、风格	体察、心理、管理	典型呈现、调整补充、教材、使用、教具、形式、PPT、板书、内容、典型	多重、多种用途、延伸
专家教师	关系、友好、关注、个体、群体、学习、生活、背景、行为、状态、差异	心理、信任、亲切不亲密、长时观察、适当施压	教材、实用、理解、补充、呈现、课件、素材、选择、辅助	重构、感知、拓展、加工、发现

在概念节点呈现共性及个性特征的同时，各阶段教师在概念节点的用词表述上也存在一定的差异。总体来说，随着专业发展阶段的推进，教师对概念节点的表述更趋专业化及精练化。表 4-3 择要列举了三类实践性知识中不同范畴下各阶段教师部分概念节点用词。如表 4-3 所示，专家教师所使用的“个性特征”是对其他阶段教师“性格”“道德”“个性”“自我特征”的概括与提升，“素养”则是对“教师知识”与“职业能力”的有效整合，“重构”“拓展”反映的是教师对教学素材的“调整”“补充”“延伸”，“人文”则是专家教师对教学环境中“人际”交往“互动”的提炼。概念节点用词的专业化与精练化使得专家教师的概念图在内容具有丰富多样性的同时，更富有学理性。

表 4-3　样本教师概念节点用词对比

知识类别	范畴	教师专业发展阶段			
		新手教师	胜任教师	成熟教师	专家教师
关于教师自我的知识	教师性格	性格	耐心、道德	自我特征、包容、个性与形象	个人特性
	教师知识与能力	知识能力	知识储备、能力	职业能力	素养
关于教学媒介的知识	对教学素材的处理	无（新手教师的概念图中并未出现此类概念节点——笔者注）	调整	调整、延伸	重构、拓展
关于教学环境的知识	合作共同体	合作	互助、人际	互动	人文

4.2.2　层级结构特征与分析

层级结构是概念的展示方式，是运用分层排布的方式表示概念节点间关系的结构。概括性最强的概念置于概念图最上层，从属概念排列在它们之下，具体例子位于概念图最下层。[①] 本书将从层级数量、层级类型、分支数量三个方面对样本教师实践性知识概念图进行分析。

① 参见朱学庆：《概念图的知识及其研究综述》，《上海教育科研》2002 年第 10 期。

层级数量是指最上层概念下包含的概念的层级数量，它反映构图者对该主题领域的思想深度与知识分类的水平。根据所绘概念图层级数量可判定构图者概念图的纵向深度，一般来说，层级越多，说明构图者对该领域的理解越深刻。① 研究表明，专家教师层级整合程度较高，对知识理解的结构性更好；新手教师概念图层级结构比较单一，层级数量较少，对主题的理解比较零散。② 由于关于教学策略的知识是概念节点数量最多、多样性最强、结构最为复杂的一类实践性知识，在此以该类知识为例（见表 4-4）进行说明。

表 4-4　样本教师"关于教学策略的知识"知识层级数量统计

教师类别	教师	概念图中关于教学策略的知识层级数量
新手教师	A 老师	4
	B 老师	2
胜任教师	C 老师	3
	D 老师	2
成熟教师	E 老师	4
	F 老师	3
专家教师	G 老师	4
	H 老师	—*

* 因 H 老师的该类知识在概念图中呈现方式为网状，故不统计其层级结构。

从表 4-4 中的统计数据可以看出，概念图中各阶段教师关于教学策略的知识层级数虽无明显差异，但 B 老师（如图 4-1）与 D 老师（如图 4-2）的知识层级数量仅为 2，这说明其该类知识呈现的是一种单层发散的结构，各概念节点均从主要概念"关于教学策略的知识"引出，无下设概念，缺少对教学策略知识深层次的理解。而随着教龄的增加，成熟教师与专家教师挖掘概念间联系的能力有所增强，概念图深化程度更高，在阐述该类知识内容的过程中均设有专门一个层级用于举例说明，并用命题"体现（于）"链接，将某一策略的具体操作方式清晰呈现，如 E 老师（如图 4-3 所示）认为"连贯"教学策略应体现在"铺垫""示范""提示""过渡"等四个方面。

---

①　参见刘艳超：《基于概念图的初中物理教师课程知识评价研究》，东北师范大学 2017 年博士学位论文。

②　参见刘艳超：《基于概念图的初中物理教师课程知识评价研究》，东北师范大学 2017 年博士学位论文。

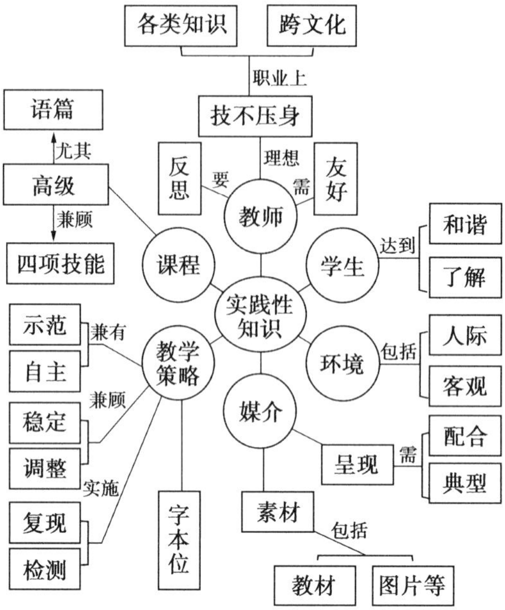

图 4-1 B 老师实践性知识概念

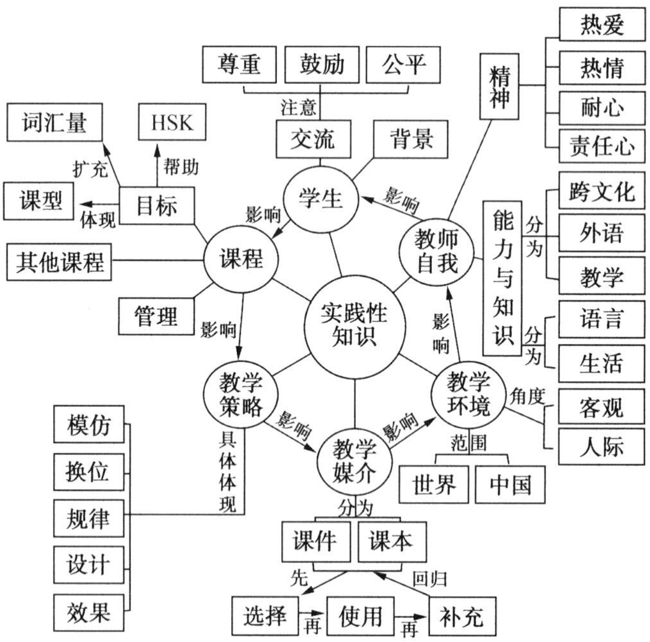

图 4-2 D 老师实践性知识概念

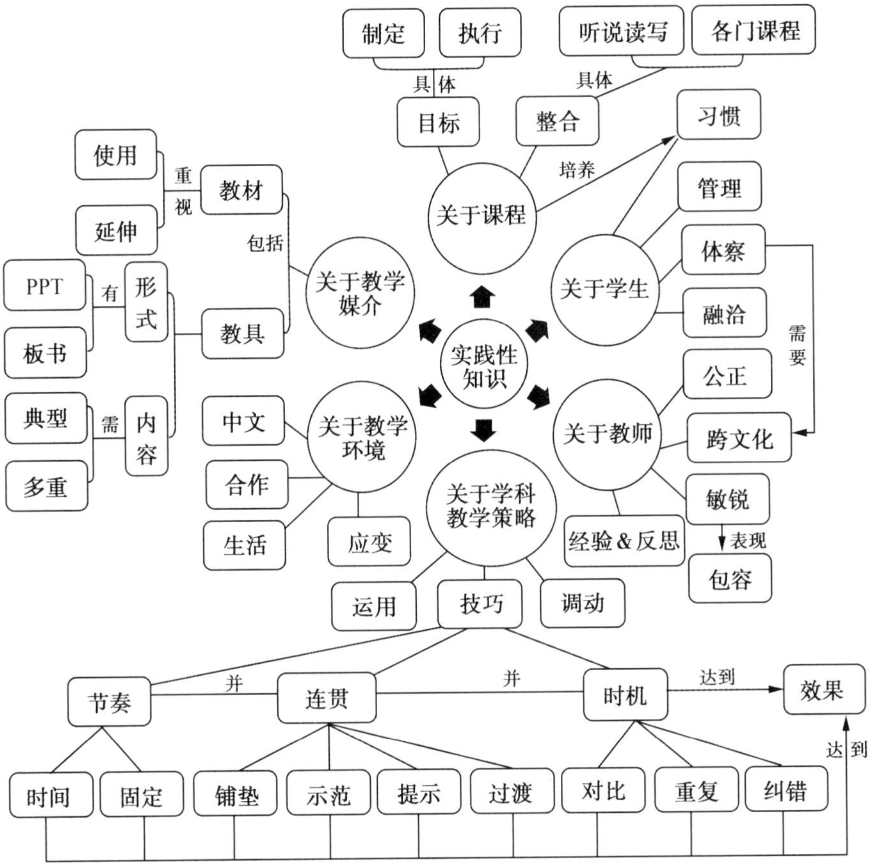

图 4-3　E 老师实践性知识概念

再看层级类型，概念图的层级类型主要包括线型（如图 4-4 所示）、轮辐型（如图4-5 所示）、树型（如图 4-6 所示）、环型（如图 4-7 所示）、网络型（如图 4-8 所示）等五种。

图 4-4　线型

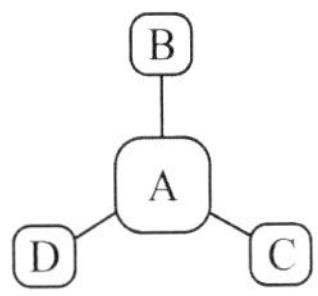

图 4-5　轮辐型

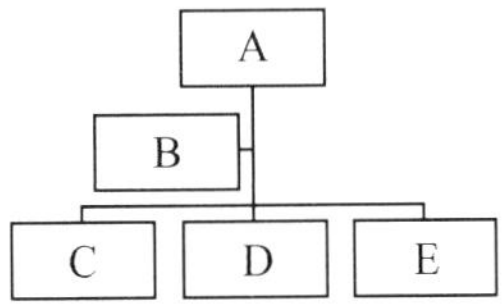

图 4-6　树型

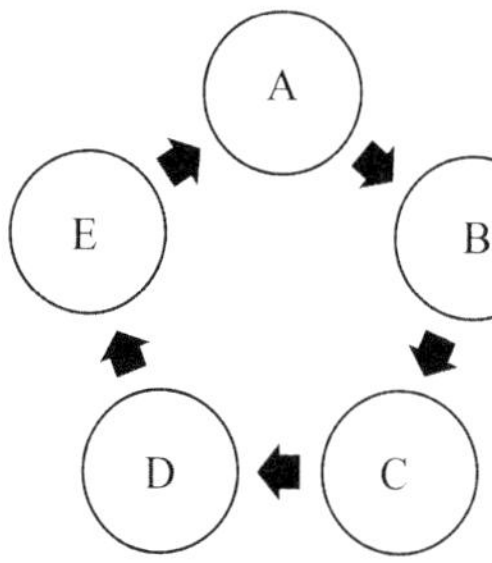

图 4-7　环型

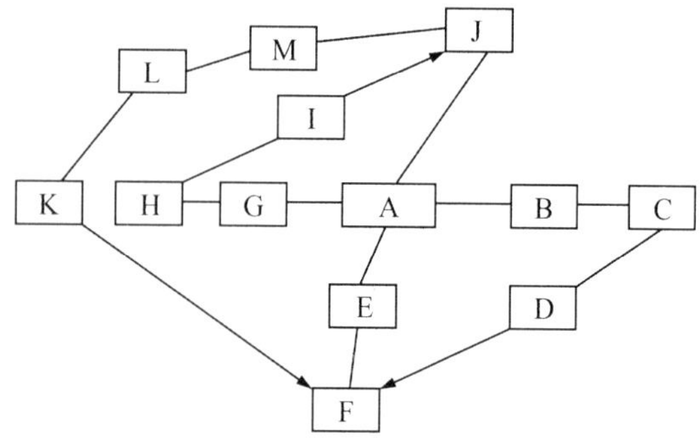

图 4-8　网络型

本书中新手教师与胜任教师概念图层级类型基本相同，均以轮辐型结构或由多个轮辐型与线型结合而成的树型结构为主。以关于学生的知识为例，A 老师（如图 4-9 所示）的该类知识由“了解”与“互动”两个轮辐型结构组成，C 老师（如图 4-10 所示）的该类知识亦表现出“了解”与“态度”两个轮辐结构。该类型虽层次分明，但各条分支独成一线，缺乏横向联系。到成熟阶段，样本教师知识层级开始出现环型结构，如 F 老师（如图 4-11 所示）认为应对学生的学习与生活状况进行“关注”，进而在群体和个人两个维度达到“熟悉”的状态，并以此为基础形成互相尊重的师生“关系”。在和谐的师生关系下，教师又将开始新一轮对学生的“关注”。其“关注”“熟悉”“关系”与核心概念“学生”形成一个循环互动的环型结构，并且“关注”与“熟悉”两个概念再分别以轮辐型结构向外扩散，使得其关于学生知识的概念图呈现出动态、丰富的形态。到专家教师阶段，不仅环型层级类型得以延续（如图 4-12 中 G 老师关于教学策略的知识），网型结构亦开始显现。G 老师关于学生知识的概念图（如图 4-12 所示）整体由两个轮辐（即“关系”“关注”两条分支）结构构成，但其通过链接将轮辐结构间的关系予以呈现，认为对学生的“关注”将决定师生间的“关系”，而对学生“学习”“生活”“行为”“心理”等方面的了解可为师生关系的构建提供策略支持。这不仅使关于学生的知识内部形成一个互通的网，还通过链接将该类知识与关于教师的知识、关于教学策略的知识建立起联系，使关于学生的知识纳入教师实践性知识这个更大的网络中。

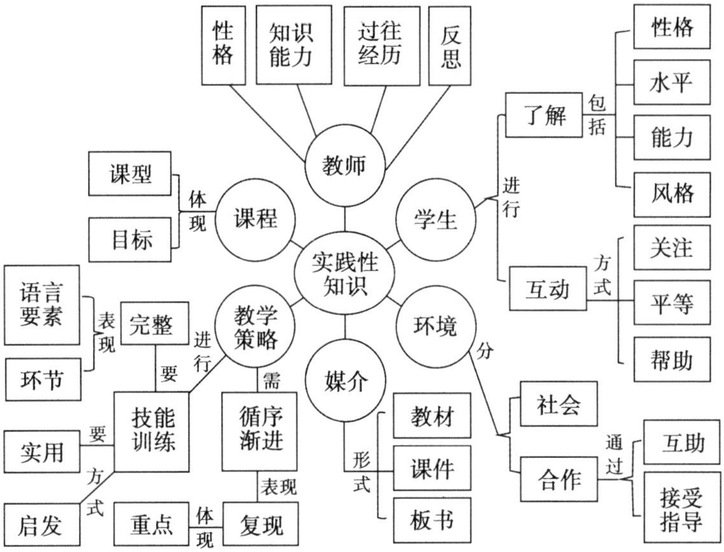

图 4-9　A 老师实践性知识概念

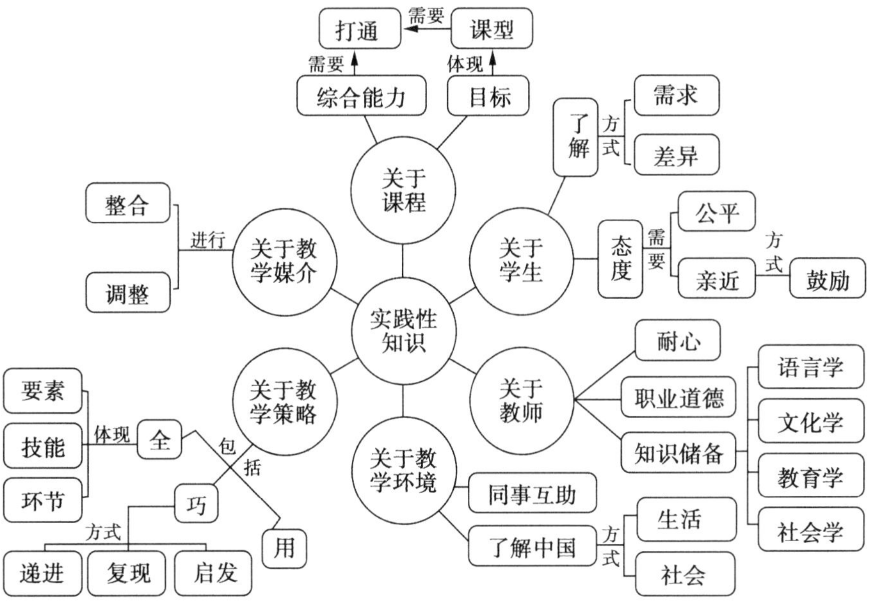

图 4-10　C 老师实践性知识概念

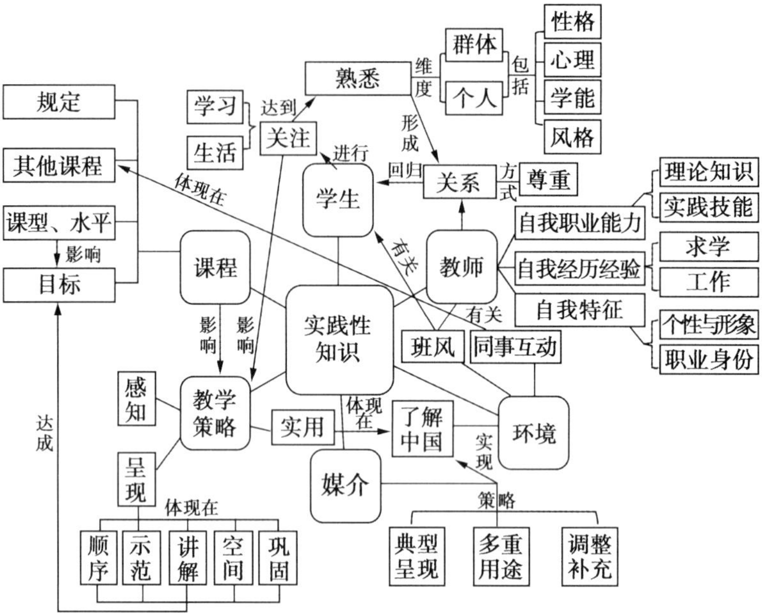

图 4-11　F 老师实践性知识概念

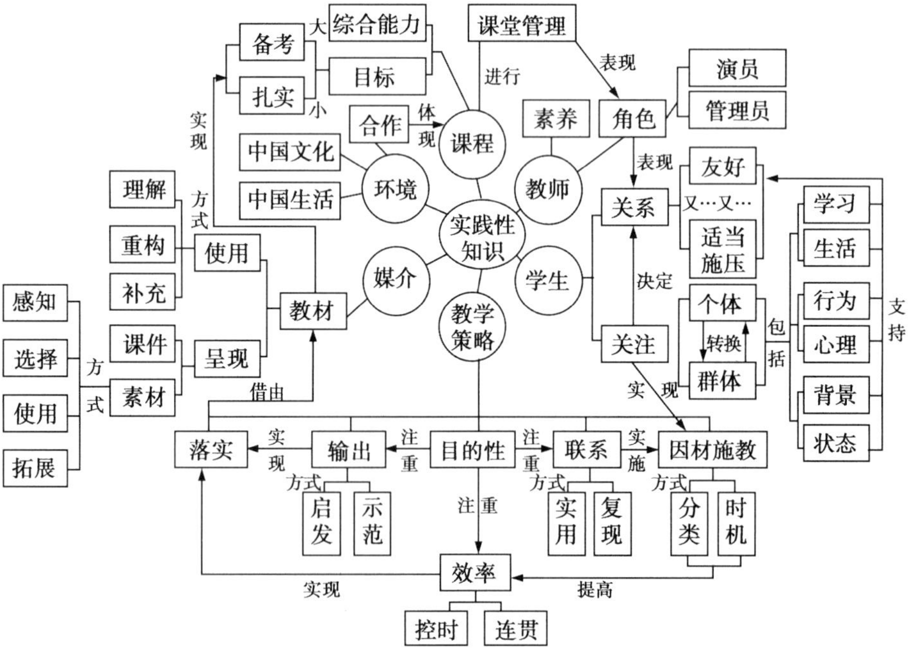

图 4-12　G 老师实践性知识概念

可以看出,层级类型反映的是构图者对该领域知识的综合理解程度,体现了知识理解的深入性。新手教师概念图受理论知识影响较大,缺乏个人深入的理解与内化,难以形成一个贯通的网络型结构。而随着专业发展阶段的推进,不同阶段教师在实践性知识的整体逻辑一致性上有差异,教龄与知识结构的系统性、结构性成正比。

分支数量反映的是教师切入知识的角度。一般来说,分支数量越多表明教师对该领域知识理解的分化程度越高。[①] 以关于教师自我的知识为例,本书中新手教师、胜任教师、成熟教师、专家教师平均分支数量分别为 3.5 条、2.5 条、4 条、4 条,并未呈现随教龄的增长而分支数量明显增加的现象。通过对样本教师概念图进行对比分析,发现新手教师分支数量接近于成熟教师、专家教师的原因主要是新手教师从业年限较短,对教师角色体会不够深入,知识层级结构类型为轮辐型,多个概念平行分布,呈现单层发散式结构,未对概念节点间的层次关系进行深入探讨,虽分支数量较多,但并未形成结构复杂、层级深入的主要分支(本书中称之为"主线")或仅形成国际中文教师应具备的"知识与能力"单一主线(如 B 老师)。随着教龄的增长,各阶段教师的主线数量有逐渐增多的趋势(如图 4-13 所示),胜任教师 D 老师将教师自我的知识划入"精神"与"能力和知识"两大主线中;成熟教师 F 老师在此基础上强调过往经历对教师的重要意义,将"自我经历经验"定位为与"自我职业能力""自我特征"并列的单独主线。专家教师在长年的从业生涯中形成了对教师身份极强的认同感,因此"职业认同"成为 H 老师实践性知识概念图(如图 4-14 所示)的四条概念主线之一。

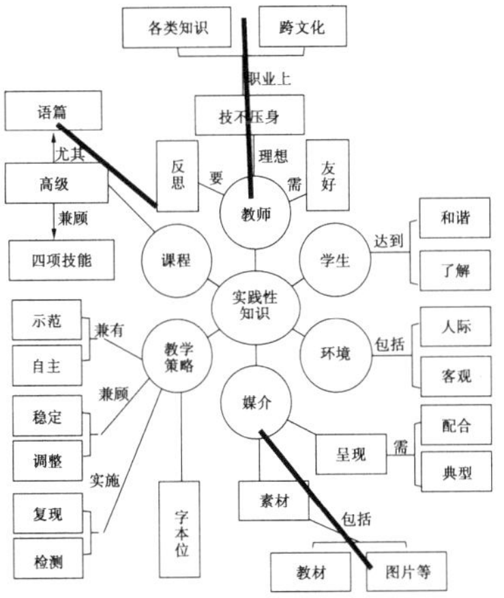

B 老师(新手教师)

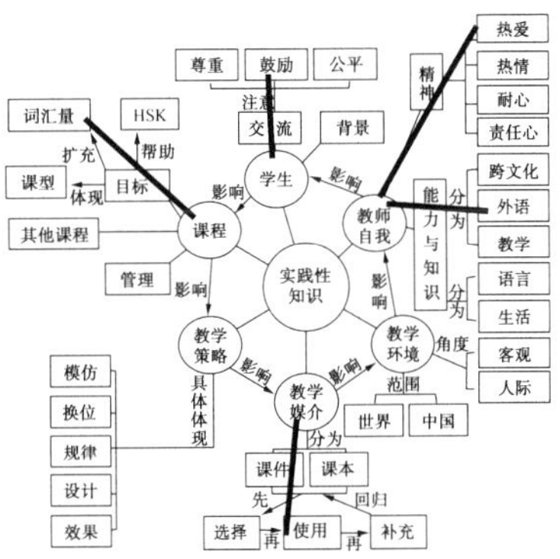

D 老师(胜任教师)

① 参见刘艳超:《基于概念图的初中物理教师课程知识评价研究》,东北师范大学 2017 年硕士学位论文。

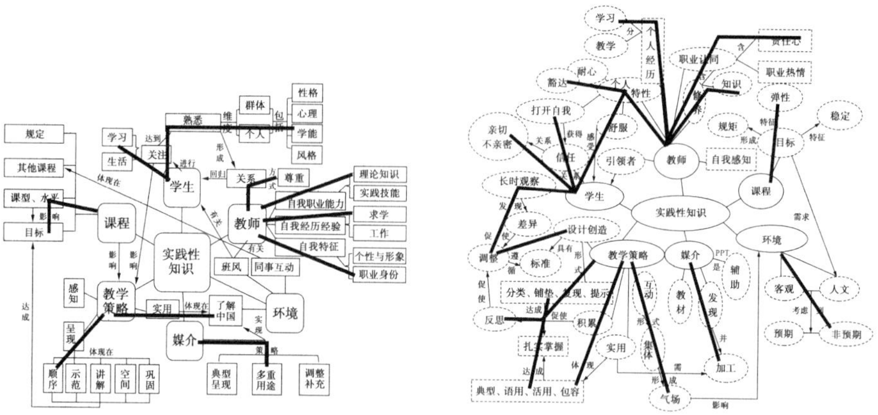

F老师(成熟教师)

H老师(专家教师)

图 4-13　各阶段教师概念图主线

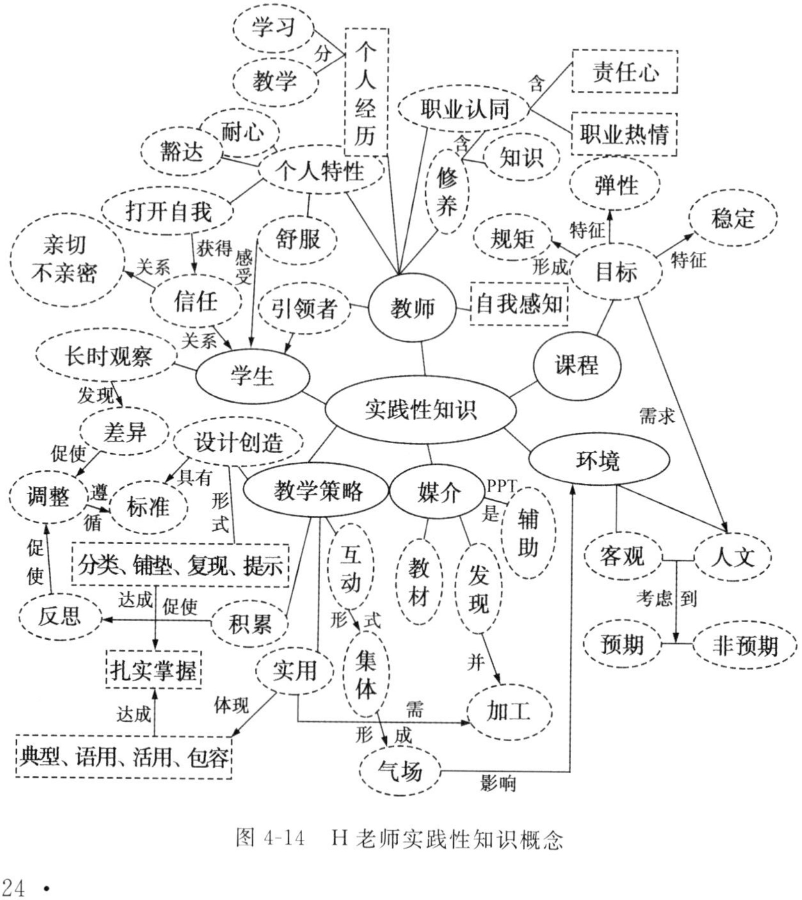

图 4-14　H老师实践性知识概念

4.2.3　交叉链接特征与分析

交叉链接表示不同知识领域概念间的相互关系，是衡量概念图复杂性的指标。交叉链接的数量可反映构图者对多个领域概念间联系的认识，有助于对研究对象知识结构关联性的理解。刘艳辉(2017)通过调查指出，新手教师难以寻找概念图中分支间的相互关系，而专家教师概念图的逻辑关系更清晰、结构更合理，在教师各类知识之间的转换更灵活。

在本书中，新手教师概念图中未出现交叉链接。胜任教师 D 老师意识到各类知识间相互影响的关系，运用交叉链接及命题“影响”使各类知识间呈现依次“影响”的循环。成熟教师不仅关注到各类知识间的相互“影响”，还运用“体现”“达成”等命题解读知识间的关系，例如 F 老师关于教学环境的知识与其他各类知识间存在着多重互动关系，她认为，“班风”作为教学环境的一大因素与“学生”“教师”均有密切的关系，“了解中国”社会环境需通过对教学媒介进行策略性加工得以实现，这也使“实用”教学策略得以“体现”。专家教师更加关注各类知识间的整体互动，G 老师认为关于课程的知识要求教师进行“课堂管理”，这赋予教师一定的“角色”(如“管理员”)，并具体展现在师生“关系”上。在师生互动过程中，基于对学生个体及群体的“关注”，教师运用“因材施教”的教学策略以提高教学“效率”，实现教学内容的“落实”，并借由教学媒介(特别是“教材”)的使用，实现既定教学“目标”。由此可见，其实践性知识概念图是一个各类知识密切互联的有机网络。

各专业发展阶段教师概念图交叉链接的差异说明新教师的实践性知识较为零散，其各类知识孤立存在，难成体系，而拥有丰富教学经验的教师能更好地构建概念间的联系，其实践性知识具有一定的结构性。这一结论也与李娟(2016)等人的研究结论相一致：拥有 5 年及以上教龄教师所绘的概念图更为丰富完整，其会更加全面地看待概念间的关联性。①

本章小结

本章对各专业发展阶段国际中文教师在实践性知识内容上的差异进行了分析，提出“合理弹性空间”的概念，指出教师群体间的区别具体表现为教学要素体

① 参见李娟、张丽芳、刘娇娇:《幼儿园教师数学领域内容知识考察》,《学前教育研究》2016 年第 11 期。

察力与对学生的忽略空间、教学行为目标力与对标准的让步空间、教学过程贯通力与对资源的延展空间、教学示范呈现力与对自我的内控空间四个方面。在知识结构方面，本章以8位样本教师绘制的实践性知识概念图为依据进行深入研究，从概念节点、层级结构、分支间交叉链接三个方面对各专业发展阶段教师实践性知识的结构性特征进行论述，指出随着专业发展阶段的推进，不仅教师所绘知识节点在数量、范围及精细度上有明显提升，单一知识类别组织结构、层级划分亦更为优化清晰，且各知识类别间逐渐打破独立封闭的状态，存在明显互动关系。

第5章 国际中文教师实践性知识的来源

在对国际中文教师实践性知识的类别构成及其阶段性特征进行探讨后，本书已对国际中文教师实践性知识的全貌有了一定的了解，而教师的实践性知识从何而来，是通过何种渠道获得的，则是本章讨论的主要问题。在谈及教师实践性知识来源这一问题时，我们既不能离开教师所处的社会、工作与生活环境，又无法脱离教师过往经历、个性心理等个人化因素对实践性知识的影响。国内外学者从不同角度对教师实践性知识的来源进行了探究，综合当前研究成果，教师实践性知识的来源主要有9个。本书将其分为个人来源和外在来源两大类，其中个人来源主要有教师的过往经历与日常体验、个性心理、自我反思、科(教)学研究活动等方面；外在来源包括合作共同体(包括同伴互导、资深指导)、学习者、教学观摩与职业培训、教学媒介以及国家政策等。下文将结合对8位样本教师进行的以“实践性知识来源”为主题的深度访谈内容，对国际中文教师实践性知识的来源进行分析阐述。

5.1 个人来源

5.1.1 过往经历与日常体验

教师来自不同的生活环境，有着各自独特的人生经历，教师的实践性知识的形成过程“无法脱离教师自身的生活体验，以及个人所赋予的经验意义”[①]，因此教师过往经历是教师实践性知识的重要来源之一。过往经历包括教师过往作为学习者的学习经历、作为教师在职业生涯中积累的实践经验等一系列个体行动轨迹和生活体验，是实践性知识积累的基础，也决定着实践性知识的发展方向。

① 姜美玲：《论教师实践性知识的发展路径》，《当代教育科学》2009年第13期。

教师个人的生活史决定了其对教师角色的认知、对教育教学本质的认识、对教育情境的判断以及对教学方法的选择等，而这些反过来又会进一步转化为教师的实践性知识，因此过往经历是教师建构实践性知识的动力来源，对教师专业自我的形成和发展具有直接且长久的影响。

1.过往学习经历

第一，教师求学时期获得的理论知识是其实践性知识的重要来源之一。这在具有对外汉语相关专业背景的教师身上体现得较为明显。从中文教师的培养过程来看，各高校专业课程设置情况一般为先进行理论知识学习，后进行教学实践（多以教学实习的形式展开），不仅重视学科内容知识的教授，更注重为学生提供运用、检验、探索理论知识的机会。教师通过专业课掌握的理论知识并非其真正信奉的教学理论，但教学实习为理论知识向实践性知识转化提供了一种可能性。例如“精讲多练”原则是教师教育者通常提及的中文教学原则，这一原则以理论性知识的形式存在于职前教师的意识中，当其在后续的教学实习中尝试应用这一理论知识开展教学并取得一定的教学成效时，“精讲多练”便会转化为教师真正信奉的实践性知识：“专业背景对我的影响特别大，我的本科是汉语言文学，那时候上的课，特别是‘古代汉语’‘现代汉语’这些和汉语言有关的专业课，都为我的汉语知识储备打下了基础，这可能要比别的专业要好一些，对语言的理解更深，也更专业。研究生阶段我学的对外汉语，它让我更有针对性地学习，首先我们学习了‘中文教学法’‘二语习得’‘跨文化交际’之类的课，这些课程毋庸置疑都是为了让我成为一名合格的国际中文教师做准备的。然后我研二开始实习，实习前就觉得自己浑身都是教学法，跃跃欲试的，但你真的站到讲台上，才发现有些教学法自己在用的时候就不是那个味儿了，很多具体的情况、不同的学生都让我得具体问题具体分析，教学中有比教学法更复杂的因素，很多都不是跟语言知识相关的，就必须自己去探索教学理论和实际课堂之间的一种平衡，对一些之前只是学过、背过的理论才有了自己亲身的理解，才知道怎么用了。”(A-FT-3-A)A 老师在教学实习过程中，通过对学科内容知识的思考和运用，建立理论性知识与教学实践间的关系，为理论性知识向实践性知识的转化提供可能性，并在长年的教学经验积累过程中，提升为对中文教学的理解与认识，形成支撑其教学活动的实践智慧。

第二，“学徒式观察”(Apprenticeship of Observation)，即教师作为学生时所进行的观察体验，是获取实践性知识的一个重要的途径。学生时期对任课教师、教学现象的观察体验，使样本教师形成最初的“教学是什么”“教师该如何教”“学生应怎样学”的意象，这强烈影响着他们教学意识的塑造：“我很感谢能遇到 W 老师，是她让我理解教师该有的样子，可以说她就是我事业上的目标。”(D-FT-3-B)

“汉语教学案例分析”是对外汉语专业本科、研究生阶段必修课之一，该课采用案例教学法，借助教学影像，通过感知教学情境、聚焦问题情境，继而生发对教学策略的思考以及对教学机制的构建。在难有机会进行大规模、多课时教学实践的情况下，进行案例观察可在一定程度上弥补教学实践的缺失：“我读研时候的案例分析课先安排看了一些示范课，了解各种语言要素教学应该是什么样的。但更有用的是，老师还录了几段同班同学实习片段在班上放，针对性就很强，大家都开诚布公地提建议，很多他们自己没意识到的教学问题全都出来了，然后大家一起说怎么改进比较好，这个时候的收获要比看示范课那种明显是做出来的课的收获更大，讨论出来的一些好点子，之后用的时候都还蛮有效的。”(F-FT-3-B)

第三，教师过往外语学习经历亦可促使其生成中文教学实践性知识。首先，对其他语言的了解有助于教师了解学生在语音、语法等语言要素上的学习难点。通过访谈我们发现，样本教师除具备较高的英语水平外，大多还拥有一定的其他语种学习经历，如俄语、日语、韩语、法语等。这不仅帮助教师通过语言对比较为准确地预测学生汉语习得难点，还使教师一定程度上理解学生语言偏误的根源所在。其次，教师作为外语学习者时，其教师使用的有效教学方法亦被国际中文教师采用：“不管是我学英语还是法语，我的老师都特别强调背诵，所以我现在也会觉得背诵是一个非常好用的办法。我经常看到一些学生拿着词典一个词一个词地背，每当这时我都会给学生说，你需要考虑一下背生词是不是有用，还是说可以通过背真实的句子或段落来培养语感，这样生词记得更准确。”(F-FT-3-C)最后，多位样本教师认为失败的外语学习体验亦可转化为中文教学实践性知识：“我是一个很失败的外语学习者，究其主要原因，第一就是怕说错，第二个就是太逻辑、太理性，这两个是致命的问题。我很清楚地知道自己为什么没把英语学好，所以在教学中我就会避开这两点。比如我上课一般都是齐唱，或者齐回答，或者随便回答，我就不想让他们像我那样，一看老师开始点名回答了就紧张得不行，而且我现在讲语法的时候很少强调那些公式化的东西，而是喜欢问‘这个语法什么时候用最合适’，语感和语境才是一个学习者真正的法宝，而我学英语的时候从来没有学过这种东西。”(H-FT-3-C)

第四，行业证书备考过程也是教师收获实践性知识的过程。国际中文教师证书考试是由中外语言交流合作中心主办的标准化教师资格考试，从中文教学基础、中文教学方法、教学组织与课堂管理、中华文化与跨文化交际、职业道德与专业发展五个方面评价考生的中文教学能力。8 位样本教师中有 5 位已经考取该证书，并一致认为备考面试的过程使其应对课堂跨文化交际冲突、进行课堂纪律管理等方面的实际操作能力有了一定程度的提高，并引发了新手教师对于职业规划的思考:“备考过程中我一直在思考,一名优秀的国际中文教师是什么样的,自己有哪些是符合的,哪些是需要改善的,案例中展示的那些教学策略哪些是我可以直接用于教学的,对我来说,这都是进步。”(B-FT-3-D)

2.过往教学经历

实践性知识是教师对过去教学经验主动建构和积累的结果,其形成过程是个体在特定情境中探索可行的知识与经验的过程。艾尔贝兹、康奈利与柯兰迪宁等学者均在其研究中提出教学经验有助于教师实践性知识发展,教师是在课堂教学过程中构建个体教学经验,逐步形成实践性知识的:“教学过程本身就是一个不断积累的过程,我现在的教学水平一定是在过往的教学经历中积累到现在这个程度的。”(F-FT-3-E)教师实践性知识对教师自身的体验与领悟有依赖性,教师可从自身教学经验中巩固原有已证明为正确或可行的知识,修正已被证明是错误或不可行的知识。若离开个体经验的建构,教师实践性知识的发展将无从谈起。

第一,多轮讲授同一课程的教学经历是教师实践性知识的稳定来源。本书样本教师均有重复讲授同一课程的经历,并对该教学安排持肯定态度:“一门课要上三四轮才能基本打磨成型,然后后期再上就是锦上添花,有些好的讲解方法或者没讲到的地方是我讲到第七遍、第八遍才发现的。”(D-FT-3-E)在反复的教学过程中,教师根据学生课堂即时反应与期末教学评估反馈,对教学内容进行调整与改进,并通过下一轮教学实践的检验,实现实践性知识的生成与积累:“上旧课的时候吧,第一是心里有底儿,学生可能会出现的常见问题,或者难点,相对来说已经有了比较好的把握,越教越觉得游刃有余;第二是你更知道怎么能激发学生,有些好用的点就是保留性的。我去年的课是新课,一学期特别惶惶然。”(H-FT-3-E)

第二,教师在其他国家或地区教学机构的教学经历为实践性知识的丰富与发展提供了可能。不同国家有其独特的教育模式,不同教学机构也有多样的教育文化与学生构成,在异质汉语课堂中,国际中文教师收获不同的教学体验与经验:“我在T国任教过,对我帮助比较大的是更加了解西方国家他们典型的学习方法以及跟老师沟通时学生的一些思维方式,我现在再跟欧美学生交流的时候也会得心应手一些。在其他学校的教学经历,也会有影响,我在S大学实习过,教零起点的学生,这么多年过去了,我现在教初级一的时候也能感受到S大学教学方式带给我的影响。我还在R学院教过,是商务部一个针对比较高端学生的班,都是些外交官、商务官员,这段经历让我更加了解一些成年的、年龄比较大的学习者们的一些学习特点和情况。”(E-FT-3-F)

第三，非语言课授课经历有助于教师实践性知识的生成。本书部分样本教师在为留学生教授语言课程的同时，还承担汉语国际教育专业中国本科生、硕士研究生专业课程的教学。学位教育专业课程的教学对其自身中文教学实践能力的提升有直接影响："教学位生的课，要求老师对知识的理解更加细化，这就让我对汉语理解得更深，更了解自己的语言，然后你再回到语言课上去讲课或者遇到学生提问的时候，就感觉自己也越来越清楚，更清楚什么样的讲解方式更有效。"(G-FT-3-G)

3.日常生活体验

教师实践性知识的形成及发展与其自身日常生活体验有着密不可分的关系，教师的生活对于理解其实践性知识非常重要。布特(Richard Butt)和贝默德(Danielle Raymond，1992)指出教师的知识受他们作为"孩子、父母、教师、同龄人"等经验的影响，本书第 3 章亦指出国际中文教师关于教育环境的知识包括"教学内容联系中国社会"，并且在进行语言知识教学过程中，蕴含着对文化内涵的介绍。将个人日常生活与教学内容、教学方法紧密结合，一方面可拓宽实践性知识的来源途径，另一方面能深化对教师经验知识的认识与理解，因此应将教师的工作置于其生活背景中予以考察，充分认识教师个人维度在其实践性知识形成中的作用。

在调查过程中，样本教师表示日常生活是其教学内容的重要来源之一，生活见闻、社会现象、国内外热点话题等均可作为教学素材呈现于课堂中："至于上课的例句，不管是什么水平的同学，我都会尽量围绕日常生活、日常见闻来给他们"(A-FT-2-B)，"如果现在上课的话一定会把四川九寨沟地震放进去"(H-FT-2-A)。教师对这些问题的关注与介绍不仅是出于个人兴趣爱好，更期待"学生增进对中国的了解，让他们对中国人有一个客观直接的看法"(D-FT-2-A)。值得特别指出的有以下两点。其一，教师在个人隐私、家庭生活等信息上有明显边界意识："我自己的年龄啊、爱好啊、平常做什么运动啊，都无所谓，直接说就行，但是我对孩子、丈夫就很少提到。"(G-FT-2-D)其二，与学生分享生活经历，特别是不如意的生活体验，也是拉近师生心理距离，营造轻松学习气氛的有效手段："我经常举例子说自己倒霉的事情，我觉得学生特别能跟我共情，而且当他看到老师放松的时候，没有太多盔甲防备的时候，他也就放松了。"(H-FT-2-B)

5.1.2　个性心理

一般来说，一个人个性心理由其个性倾向性和个性心理特征两个方面构成，表现着个体间的差异性。其中前者是指人的世界观、动机、理想等因素，它体现着人的意识倾向，为个体行为活动提供动力支持，而后者则包含个人的性格、气质和能力等，体现个人稳定的心理活动及行为特点。个性心理决定着教师如何认识自身的职业追求，如何看待个人性格对教学行为的影响，以及如何在师生交往过程中实施个人的教学行为。对个性心理的了解为教师认识自我、提高自我特征与职业的匹配度提供着智力支持，是国际中文教师关于自我的实践性知识的主要来源。

在个性倾向性方面，样本教师主要谈及个人世界观对实践性知识的影响。世界观作为一种积淀于个人心智中的个人哲学，以有意识的经验假设的形式支配着教师的行为。“求同存异、包容理解”是样本教师一致提到的自身具备且对职业生活起指导作用的为人处事的价值观念：“在课堂教学中，我都会有意识地求同存异，避免一些敏感的话题、一些不必要的矛盾，只要不触及真善美这个普适性的底线，我觉得我都是可以理解的。我觉得我的世界观是很包容的，我不会去偏袒什么、歧视什么。”(A-FT-1-B)

在个性心理特征方面，性格特征是样本教师集中关注的问题。性格是个人对待客观现实的稳定态度以及与之相对应的习惯化的个性心理特征，可对能力的发展方向与水平产生影响。实践性知识的直接母体——“我”的性格影响个体对自身经验构建的结果，因而使得实践性知识带有独特的“我”的烙印：“教学的过程也是一个与人相处的过程，我在跟学生交流的时候，很多东西确实都是我本身性格里边带的。比如说我比较外向，愿意跟别人交流，放得开，和学生开得起玩笑，没那么严肃，以这种样子出现在学生面前呢，他们也会相应地更容易放开自己，不那么害怕用中文表达自己的想法。事实也是，我现在教的口语课的感觉还是很融洽的，我也就很清楚自己适合承担什么课。而有的老师呢，他的性格可能比较内向，但是他做学问非常严谨，善于归纳总结，那可能精读课就会更适合他。”(F-FT-1-C)

不仅教师的性格影响其教学实践，在教学实践过程中，教师的性格也随之发生变化。某些变化是对原有性格的放大，而另一些变化则是教师对自我性格的控制与调整。首先，课堂带给教师内心上的安全感，使其无意识地将放大的自我呈现在学生面前：“我上课的状态和下课的大方向没有什么不同，但我上课的时候反而更放松，是一个更放大的自我。平常接触的人，并不是每个都熟，交流的目的不同，所以有的时候我不放得那么开，有一点儿收敛的感觉，反而我在课上是最放松的。”(H-FT-1-D)其次，教师有意识地结合授课体验，意识到自身性格中改变的可能性，提高自我性格与课堂教学适配度：“以前我性格孤僻，不爱说话，还爱皱眉头，学生就总觉得我生气了，还有意见，后来我就开始调整自己，整整两年，现在跟以前的状态是完全不同了，可以说课堂上的我也改变了生活中的自己，我变得更加开朗。”(C-FT-1-D)

5.1.3　自我反思

教师在教学实践中积累了丰富多样的教学经验，这些教学经验通常处于内隐状态，反思是教师在长期的工作实践中使教学经验意义化的行为，是将内隐实践性知识显性化的重要手段。经过反思，实践经验可在大脑中进行意义建构，促使实践性知识的生成。反思还是教师面对始终变动不居的教学实践所实施的一种不断思考取舍的习惯性行为，在这一过程中，教师肯定并加强正确、合理的实践性知识，摒弃或改正错误、不合理的实践性知识，继而生成适合自己的新的实践性知识，达到改进教学方法与策略的目的。在日常教育实践中，教师是以一种发现问题、实施反思、形成假设、采取对策的方式，构建其关于教与学的实践性知识的。

“实践中的反思”“对实践的反思”是最主要的两种反思形式。其中前者具有很强的时效性，强调此时此刻对具体问题的解决，但由于课堂时间有限，教师还未进行深入思考之时后续教学内容已跟上，该类反思常转入“对实践的反思”，即课后反思。在“对实践的反思”中，教师通过对个体主观经验进行系统梳理，挖掘解决问题的思路和方法，在现有实践情境中解读出各种改变的可能，从而有助于将某种失调的情境转变为“清楚条理、安定和谐的情境”[①]，这对教师在“实践—反思—实践”循环上升的路径中改进后续教学，丰富、提升实践性知识，具有十分重要的作用。

从反思的时间上来看，学期初期、教学困境发生后是国际中文教师反思频率较高的两个时间节点。由于教学对象存在流动性强、国别不确定的特点，国际中文教师学期初一般会面对全新的教学情境。尽管同一国别学生具备一定的民族特征，但由于与学生在文化背景、教育背景上存在较大差异，学期初国际中文教师在跨文化交际方面面对着较大挑战。为使教学工作尽快步入正轨，并使汉语课堂呈现融洽、和谐的气氛，中文教师多运用反思的方式，调动过往教学经验中相关信息，构建适用于多元文化融合教学情境的实践性知识：“学期开始的时候，

---

① 石心：《多元文化视域下内地新疆高中预科班语文教师实践性知识研究——以北京潞河中学为例》，中央民族大学博士学位论文，2013 年。

每节课都会做教学反思，遇到的各种跟学生的'碰撞'都写在本子上，后来跟学生的关系融洽了，反思就没有那么多了。"(E-FT-4-A)

教师的反思行为也常始于授课过程中失意的教学体验，解决教学困境是促使教师主动进行自我反思的动机之一："我去反思，一定是发生一件事情触动了我"(F-FT-4-A)，"课上得好的时候我很少反思，上得不顺的时候不由自主地就反思"(G-FT-4-A)。语言教学不总是一帆风顺的，教师的教学困境多集中于教学未达到预期效果、未能全面解答学生的问题、未建立起良好的师生互动等，"很多环境因素、人和人的因素是很难捕捉到的"(H-FT-4-A)，此时的教学反思行为多是基于过去的教学经验，针对当下具体的、带有困惑性的教学情境所进行的一种实践取向的思考，反思的结果经过日后教学实践检验后则进入教师实践性知识体系。

从反思的方式来看，国际中文教师的教学反思多为自发型反思。样本教师均表示其反思行为并非在固定时间及地点，以一种固定的形式进行刻意为之的反思活动，相反，其反思活动具有随机性、个体性与选择性："我的反思大多是自我进行，我可能开着车就想起来今天课上的一个点，很随机。反思结果要不要落实到笔头，我要看反思的内容，对一个语言点的反思，我可能会记下来，然后下次用更好的例子，但是如果是教学技巧方面的，比如对于对待某种性格的学生应该怎么对待，这种我就不会写下来。"(F-FT-4-B)尽管目前的教学反思多为教师的个人行为，但样本教师仍对集体性反思的必要性持肯定态度："很需要大家定期坐下来开个会，聊一聊各自的困难，然后一起想办法"(D-FT-4-B)，"同一个班四门课的老师坐在一起是有必要的，我们对同一个班掌握的信息是不对等的，是有信息差的，有信息差就是有价值的，我目前的反思就是恰巧和这个班另一门课老师的关系比较好，那我们聊天的时候，就会聊到学生、聊到上课，这都是自发性的，很少有形式上的、正规的"(F-FT-4-B)。

由此可见，教师的自我反思行为在实践性知识的获得过程中扮演着重要的角色，是更新和发展实践性知识的推动力，也是促进教师提升专业素质、实现专业成长的重要途径。"学会反思""成为反思的实践者"已成为教师发展个人实践性知识的基本要求，也是教师专业发展过程中必不可少的能力。

5.1.4 科(教)学研究活动

科(教)学研究活动是连接教师所学理论知识与实践教学情境的桥梁。教师作为研究者开展工作，以研究者的视角审视已有教学理论与现实情境，以问题为载体整合教学理论、实践规则和策略知识，有利于实践性知识的生成。通过进行与日常教学联系密切的应用型课题的研究，样本教师认为科（教）学研究活动所带来的“不仅仅是某些教学环节的优化，更是教学理念和思维的提升”(E-FT-5-A)，并且“通过教学研究我可以为自己的经验找到一些理据性的东西，这些理论支撑反过来也促进自己教学能力的提高”(F-FT-5-A)，由此实现教师实践性知识的发展与提升。

在多重因素影响下，多名样本教师表示任职以来所进行的教学、科学研究与日常教学“没有直接关系，都是根据自己原来的学科背景进行的”(B-FT-5-A)。原因之一是与教师的专业背景与研究旨趣有关：“我是学汉语言文学出身的，本硕做的论文都是纯本体的，做教学的就需要补很多二语习得、心理学、统计学、教育学的知识，而这些我都没有受过专业的训练，所以我目前走的还是本体的路子。”(E-FT-5-B)原因之二是受到教龄与职称所限，难以得到较高层面的支持，这一点在新手教师身上体现得较为明显：“很少做研究跟教龄有关吧，毕竟这是刚参加工作，职称不高申请项目也受限，很多没资格报，报了被立项的可能性也很小。”(A-FT-5-B)原因之三与国际中文教学专业的行业处境相关：“对外汉语的 C 刊就两三本，一年没几期，知名教授都排不上，更别说我们这些没名的了，而且纯国际中文教学的项目很难批下来吧，所以只能换方向。”(D-FT-5-B)从本书实施的刺激回忆中可以看出，各专业发展阶段国际中文教师，尤其是成熟教师、专家教师具有相当数量的教学体会与实践经验。由于科（教）学研究活动的缺失，很多教师的实践性知识并未得以充分凝练、提升、分享与再应用，教师的实践性知识以隐性知识的形式常年处于教师个人的思维意识中，并未转换为推动行业发展的动力，科（教）学研究活动作为教师实践性知识潜在的重要来源在当前国际中文教学界并未发挥其应有的作用。

5.2　外在来源

5.2.1　合作共同体

本书中“合作共同体”的内涵既包括横向上的“教师合作共同体”，又包括纵向上的“师生合作共同体”。

1.教师合作共同体

教师合作共同体是一种专业性的团体，是在学校推动下或教师自发组织下，以提高自身专业素养和职业能力为宗旨，积极探寻各种合作形式，注重成员之间的社会确认与经验资源共享，以实现互促共进的教师组织。① 教师的专业发展需要一定的社会环境与文化环境，“尤其是教师合作文化的支撑”②。在合作过程中，教师以自愿、平等的方式，就共同感兴趣的问题或合作完成的工作及时沟通、相互交流，探讨问题的解决方法，使实践性知识得以共享、积累和传承，从而提高教师集体的智慧和教学能力，达到改善教育实践的目的。教师合作共同体的实施形式主要有同伴互导（Peer Coaching）和资深教师指导（Mentoring）两种形式。

同伴互导是指具有共同工作目标的教师为共同发现和解决教学中的实际问题，结成长期或短期的教学研究合作者的关系所进行的形式丰富、交流广泛的业务交流，通过分享观点和见解，实现个人专业的发展、教学策略的改进以及教学质量的提高。同伴互导合作共同体本质上是一个对话共同体，强调组合中各方地位平等地进行对话，这一合作形式的关注点不在于指导，而在于参与各方在排除年龄、教龄、职称等方面的差异所进行的双向、互惠的活动。教师同伴互导分为正式指导和非正式指导两种类型，教师合作对象可以由学校有组织地安排或是教师自行选择。

正式的同伴互导是指教学机构内有组织地进行的集体备课、课例研究等形式的业务探讨。萨米（Sami Paavola）等人曾指出，人类的学习首先是发生在主体间的社会性活动，然后才是发生于主体内部的思维活动，学习的本质是人与人之间的交往，是自我见解与他人思想之间的对话。③ 在同伴互导共同体中，每位教师的个人创造都将为共同体带来新的信息与资源，使得教师以更广泛的视角审视问题，多种观点的碰撞也可激发新的思想和观点。当共同体内部对某些观点达成共识，它将以实践性知识的形式在共同体内流动并共享，使得同伴互导行为呈现出动态特征：“我觉得集体备课特别好，去年我们三个老师教同样的课，其他两个是年轻老师，我没觉得我应该教育他们什么。我们集体备课，真正的交流不是一些具体的语法点，也不是统一课件，我觉得老师一定要有自己的风格。集体备课除了说一说进度方面、重点方面，我们仨最主要的就是在一起说说‘你能

① 参见姜美玲：《论教师实践性知识的发展路径》，《当代教育科学》2009 年第 13 期。

② 常波、吴非晓：《关于高校青年外语教师专业发展途径的探讨》，《教育与职业》2011 年第 8 期。

③ S. Paavola, L. Lipponen, K. Hakkarainen, “Models of Innovative Knowledge Communities and Three Metaphors of Learning”, *Review of Educational Research*, vol.74, no.4 (2004), pp.557-576.

说说这两天最管用的活动吗’，然后我们就每个人说两个活动，然后有的时候我们就说‘啊，你这个好’，然后第二天我们就把他的活动弄到我们课上，我觉得这个特别管用。”(H-FT-6-A)

非正式同伴互导是更为常见的一种形式。日常生活中，教师间互动机会随处可见，联系方式多种多样。这种同伴互导形式不受时间和空间的限制，教师可自发、自愿、平等地运用当面交谈或通信工具等方式与同事形成一种开放、信赖、支援性的关系，寻求彼此的策略性支持。在此类同伴互导活动中，教师之间尽管并没有正式的伙伴关系，但通过合作活动，教师能够从其他教师的专业经验中收获富有价值的替代性经验，并在互动对话过程中实现共同发展：“我们单位的氛围好像时时刻刻都在聊学生。上课遇到什么问题，或者遇到一个特别拧巴的学生，课间就跟同事聊聊，或者见面碰到的时候聊两句，发微信聊一聊，都是很随机的，然后聊着聊着就会受到一些启发”(H-FT-6-A)，“刚开始上课的时候，经常请跟我关系好的同事去听我的课，让他们说说对我的课有什么感受，告诉我一些不足。因为关系好，有什么就说什么，很多地方提得很有道理”(A-FT-6-A)。

资深教师指导是任职初期新手教师实践性知识迅速增长的途径。在这一时期，新手教师实践性知识的建构过程具有较为浓重的主观色彩，而科学合理的构建对其日后的专业发展具有助长作用，因此教学界普遍存在“传帮带”这一师徒互动模式。所谓“传帮带”，是指行业内熟手对新手在工作或(和)学习中对文化知识、技术技能、经验经历等给予亲自传授的一种辅导形式。这一“学徒制”制度赋予资深教师以新手教师个人成长中“重要他人”的角色，使得资深教师将个人以缄默的形式存在的实践性知识，结合具体的实践情境将其显性化，为新手教师的学习提供可能。资深教师对其实践性知识，尤其是其中关于教学策略知识的输出，可加深新手教师对中文教学的认识，增加其对教学方法的理解，这一部分认知经过新手教师的思考与反思，将进入其认知体系，转化为其实践性知识的一部分，有助于实现职业生涯健康、快速地成长。

本书样本教师任教机构设有“指导教师制度”，即为新进教师配备资深教师为业务指导教师，指导周期为两年。样本教师表示，指导教师带给其专业上的发展是全方位的，指导教师传授的实践性知识不仅包括职业意识与行业热情，还包括身为人师的做人准则与师生关系的定位策略；不仅涉及教学宏观设计上的教学意识，还有结合具体教学情境的课堂授课微技巧。有了资深教师全方位、多角度的指导，新手教师如同“吃了一颗定心丸”(A-FT-6-B)，“每次说到这个问题，我觉得完全不是客气或者客套，就是 K 老师对我的影响真的非常非常大，因为她首先是我见到的最认真负责的老师之一，特别是她作为一个指导老师的时候。

在我刚参加工作教的那个班上，K老师是负责老师，她真的是从一开始，一直到第一个学期期末，几乎每一周都要去听我起码两次课以上。有一段时间，我的问题比较集中，她几乎是每天去听我的课，我觉得这太需要一种敬业的精神了。她真的是手把手地在教我怎么上课，从很小的问题，比如板书的处理、汉字的笔顺，再到例句的设计、整堂课的安排、教学活动、教学环节，就是手把手地带我。她完全是从一个有经验的老师的角度发现你的问题，和你讨论应该往哪个方向去改进，作用非常的大。一直到现在，她当时给我的指导还在让我受益。”(E-FT-6-B)资深教师的指导对帮助新手教师迅速获得行业实践性知识，建构对教学活动意义的理解以及对自我身份的建构有重要的促进作用。

在资深教师指导过程中，新手教师并非被动的参与者，教师实践性知识也并非仅从资深教师向新手教师进行单向流动。美国人类学家玛格丽特(Margaret Mead，1970)提出的“后喻文化”现象使资深教师意识到，新手教师由于对新观念、新技术具有较高的接受能力，虽在教学策略上有较大的上升空间，但其实践性知识中仍有诸多值得学习借鉴的部分，尤其体现在师生互动的模式及课堂活动的设计上。一位专家教师谈道：“新老师跟学生交往的方式挺棒的，我有的时候需要用很大的力气去调动学生，但是他们好像跟学生就有一种天然的互动的冲动，这是一个；再一个呢，我觉得他们的话题跟我想的话题不一样，年轻人的话题经常让我觉得‘哦，我还从来没想到这个’。”(H-FT-6-B)在资深教师指导过程中，新手教师同样参与实践性知识的创造与分享，并积极由边缘参与向中心参与转变，获得自身专业不断发展，教师合作共同体的文化也因此得以再生与延续。

2.师生合作共同体

陈向明(2011)等人的研究认为师生间的互动是影响教师实践性知识生成的重要因素。国际中文教学的教学对象具有特殊性，与国内其他专业教学及海外中文教学相比，教师与学生、学生与学生之间由于国籍各异，在文化背景、生活经历上均存在较大的差异，客观上对教师的教学策略的选择与实施提出了特殊的要求。本书第3章在探讨国际中文教师实践性知识类别构成时指出，关于学习者群体性特征、个性特征、学习风格、学习状态等方面的知识均属于关于学生的知识范畴，此类知识“一部分是老师自己总结的，也有一些是学生提供的”(H-FT-7-A)，正如E老师所说，“学生一直在给老师提供一些反馈的信息”(E-FT-7-A)，而这些信息均会影响教师对教学策略的选择，学生是国际中文教师关于学生的实践性知识的重要来源。

样本教师表示，在师生相处过程中，课上开放性问题互动、课下交流、作业展示是其关于学生知识的主要获取途径。通过上述方法，教师可全方位、多角度获得有关学生学习风格、汉语学习难点、学习工具以及学生母国风土人情、思维习惯等实用信息，并据此在教学目标的确定、教学方案的设计以及教学策略的选择上进行相应的设计，实现教与学的相长共赢。深度访谈过程中，样本教师着重强调需尊重学生带入课堂的身份特征，并认为有关学生母国风土人情、社会现状的知识是学习者作为教师实践性知识来源的最重要的体现："跟班里韩国学生上课或者课下闲聊的时候他们会说韩国人不喜欢吃香菜、爱吃黄焖鸡之类的，也会告诉我他们国家年轻人压力也很大，跟中国差不多。至于别的国家，以前学关于婚礼的时候，澳大利亚学生说他们那儿是女方承担婚礼费用之类的。"(A-FT-7-A)在有意识或无意识的互动过程中，教师关于学生的知识逐渐积累，这不仅丰富了教师的知识储备，还使其增强了文化敏感性，逐渐提高了对异文化的理解水平与包容程度，认可并欣赏文化间的差异，并使文化差异成为解决问题的源泉或资源："很多事情，可能普通中国人听了会觉得很惊讶，但是因为我们听了很多遍了嘛，就习以为常了。而且很多事情都是约定俗成的，是长期以来某个民族由于地理位置、气候条件或者其他因素带来的一种习惯，我就把它当作一种事实接受，然后自己的包容性就更强了，再听到时不仅不会感到奇怪了，反倒是能设身处地去了解他们到底为什么会这样做了。"(F-FT-7-A)

通过学习者这一外部来源，教师可获得较大数量的关于学生的实践性知识，使之成为教师因势利导、实施因材施教教学策略的依据，并促使教师逐渐具备一定的文化敏感性和相应的多元文化教学技能，以便更好地实现课堂上中国文化和其他民族文化的适应和协调，帮助学生更好地理解汉语语言知识，提高其汉语应用能力。同时，在教学资源的利用上，样本教师还指出教师在多元文化教学情境中所挖掘的有价值的信息可作为日后教学内容的素材(如作为例句语境)，这也是拉近师生距离、构建"舒服"的师生关系的有效手段。

5.2.2　教学观摩与职业培训

1.教学观摩

教学观摩作为一种常见的教研活动，对教师的专业发展起着十分重要的作用。他人的实践经验也可通过观察的方式进入教师实践性知识结构中，教学观摩即为其中一种重要来源。该知识获取途径主要发生于教室中，是深入教学实践现场的一种来源形式，教室在此充当了实践性知识原创场的作用。对于新手教师来说，观察与模仿是其职业的起点，是执教生涯必经阶段，也是实践性知识快速增殖的阶段。教师真正走入课堂前所进行的第一项业务学习即为实地观摩资深教师课程，并在自我教学实践中有意识或无意识地模仿资深教师的可观察性教学行为，并根据实际教学效果进行个人反思，从而实现实践性知识的生成。

课堂教学观摩是培养新教师常用的一种活动方式。对于新手教师来说，为使职业生涯尽早步入正轨，课堂观摩是其基于个人专业发展需要自发进行的。“刚接触对外汉语的时候，为了让自己快上道，只要有空就去听老教师的课，各种课都去听，把他们的本领都记下来，自己上课的时候就是模仿，甚至一些课堂上的教学语言都是别的老师的原话。我就觉得那个时候自己就像一个海绵，吸收了很多好办法，然后自己再慢慢调整，内化到自己的教学里边，找到适合自己的一条路。”(D-FT-8-A)另一部分课堂观摩是新手教师求学时期所在教育机构规定完成的教学见习的一部分。几位有对外汉语专业背景的样本教师的求学机构均有课堂观摩制度，通过提供一定的资源或渠道，保障课堂观摩的顺利进行。例如某大学汉语国际教育专业硕士培养计划中有如下规定：“教学见习于入学之初开始，至少听 2 门以上主干课程，每门课不少于 8 学时，见习结束后需提交教学见习报告。”①这在制度上为新手教师实施教学观摩提供了政策支持，也为新手教师获得资深教师隐性实践性知识，继而转换为自我实践性知识提供了有利条件：“我读研的时候，系里要求我们必须要听够一定数量的课，一些教得比较好的课让我学到了很多东西，对我来说是一个飞跃。”(F-FT-8-A)

对于非新手中文教师来说，教学观摩仍是其实践性知识持续且稳定的来源，不仅为教师间相互学习、取长补短提供了载体，还为教师的专业成长搭建了资源平台，有助于教育整体质量的提高。② 非新手教师多采用“同伴结对观摩”(Peer Observation)的方式，主动结成相对固定的对子，有针对性地对同伴的教学进行观摩，然后就观察到的客观信息进行交流和讨论。该观摩方式不以指导或评价为目的，提倡在自然教学情境中捕捉真实的信息，授课及观摩角色亦可随时互换，这对于改善教师间的关系、创设良好的校本教研氛围、促进教师的专业发展有重要的意义。教师在他人的实践中看到与自身教学相似之情境，当他人的处置方式以直接、清晰的方式呈现时，可根据教学对象的反馈检验该方法的适用性，反思自己的课堂。若学生反馈良好，教师则有意识地根据自身经验与教学情境进行调整，并在个人教学中进行尝试。在得到正向反馈后，该策略会内化为教

---

① 易娜伊：《社会文化理论视角下汉语国际教育硕士课程实施的个案研究》，东北师范大学博士学位论文，2014 年。

② 参见徐晓燕：《“优秀教师教学观摩课”促进教师专业成长的探析》，《吉林广播电视大学学报》2012 年第 4 期。

师的实践性知识;若出现“水土不服”之情形,该方案则被放弃或进行重构:“教学观摩是应该定期去做的事情,我经常找机会去听学院老师的课,哪怕一个非常小的教学技巧,拿到我的课上都是非常有用的。当然不是每个都完全照搬,毕竟教学对象变了、情境也变了,稍作调整去用的话,就会变成自己的经验。”(F-FT-8-B)

同时应当看到当前国际中文教师课堂观摩的安排多处于较为随机的状态,课堂观摩并未围绕某个中心问题展开,且在观摩程序、观摩技术等方面缺乏科学的借鉴与指导,课堂观摩并未实现效果的最大化。为了取得更佳观摩效果,发挥教学观摩对教师职业成长的促进作用,教学机构还需在实施方法上为课堂观摩活动提供更有益的保障。

2.职业培训

职业培训是指以满足社会、经济发展的某种特定需要为目的,对准备就业或已就业人员,以开发其职业技能而进行的定向性培训。国际中文教师职业培训一般包括职(岗)前培训和在职(岗)培训两种,其目的是为教师提供一定的中文教学基础与中文教学法知识、教学组织及课堂管理策略,培养中华文化传播和跨文化交际能力,从而使参训教师具备一定的中文教学能力,以达到胜任教学任务的目的。

样本教师表示,尽管当前职业培训因培训课程“自上而下”的设计理念而导致出现忽略教师的实际需求[“针对性不强,没什么太大的帮助”(D-FT-9-A)]、理论性知识讲授课程占主要地位而培养教师实践技能类课程被边缘化[“流于形式,都是硕士课程的重复”(C-FT-9-A)]等高耗低能的问题,国际中文教师的职(岗)前培训和在职(岗)培训仍是其实践性知识的来源之一。

目前,国际中文教师参与的职(岗)前培训主要有学校、院系等各级新进教师培训以及中外语言交流合作中心举办的初次赴孔子学院任教教师岗前培训(俗称“三周班”)等;在职(岗)培训主要有各教研机构不定期举办的培训班、研讨会、学术论坛等以及中外语言交流合作中心举办的多次赴孔子学院任教教师岗前培训(俗称“一周班”)等。在参加职业培训过程中,样本教师大都在关于课程的知识、关于教学策略的知识以及关于自我的知识三方面有明显的收获,尤其在上述三类实践性知识中有关把握教学目标、实施各种教学微技巧以及有效进行跨文化交际的能力上,样本教师收获较大:“我参加过中外语言交流合作中心举办的岗前培训,在北京,大概三个星期,还是有帮助的。那次培训呢,一般的教学法、活动设计、跨文化交际这些大课就不多说了,都是很有帮助的。我当时感触最深的就是小班课,就是参加培训的老师分成好多小班,每人要真的进行课堂演示,就是试讲,然后有负责老师点评,全班一起再讨论。当时对我触动最大的就是每个人都充满激情，每个人都很有创意，都把自己的教学经验分享出来，设计了很多小活动，我们就是集思广益，这让我记忆很深，收获很大。”(E-FT-9-A)在此，E老师着重强调了充分挖掘组织中个体所拥有的实践性知识，将其显性化并在群体中共享，这是一种创生、习得新实践性知识，促进教师个体专业化发展的有效途径。

深度访谈中，样本教师对如何通过提高职业培训质量以丰富教师实践性知识提出了自己的几点建议和看法：

首先，应对参训教师的类别进行合理划分，关注不同教师群体的培训需求。各专业发展阶段教师对职业培训有着不同的期待与需求。然而现今国际中文教育行业教师培训多以组织者的视角安排培训内容，少有针对参训教师培训需求所进行的培训前调查。组织者在培训前并未对参训教师的职业背景进行详细了解或组织培训前中文教学技能测试，从而导致分班标准无法体现教师的实际需求：“我培训的时候虽然划分了小班，但是班里参加培训的老师的水平参差不齐，很多老师虽然在大学工作过很多年，他可能是很好的外语老师，但是完全不会教中文，那么跟他们在一起，我并没觉得自己有什么收获，这和我去培训前的期待是不一样的。”(D-FT-9-B)

其次，应增加优质课观摩时间，并提供与执教教师交流的机会。当前教师培训中已设有观摩资深教师课程的环节，但由于培训时间有限，观摩课程课时偏少，并且鲜见让执教教师与参训教师进行课后交流的安排，致使“很多老师就是看热闹”(E-FT-9-B)，并未真正思考执教教师各环节教学设计背后的教学理念，执教教师的教学实践性知识仍以隐性知识的形式存在，并未达到显性化。因此需创造机会，如采用刺激回忆的方式，为执教教师提供阐释教学设计理念的机会，激活其实践性知识使之显性化，达到为参训教师所共享的效果。

最后，应注重实现实践性知识的内化，改进培训效果评估体系。现有中文教师培训多设有进行设计课程并试讲的板块，并配有教学专家的点评。但是专家的意见与建议是否能被参训教师真正内化为其个人教学实践性知识并用于指导新的教学实践，尚未见相应的培训效果评估体系。当前，教师培训的试讲环节多结束于专家点评，点评过后的落实、巩固与再创造因培训时长的限制并未得以实施，然而参训教师接受的新实践性知识需通过新教学实践的检验，并在反思后才有可能内化为教师个人认知体系，从而促进原有知识结构的重组，以达到丰富自身实践性知识的效果。与此同时，当前中文教师培训评估机制尚不够健全，培训效果评价是整个教师培训中最为薄弱甚至是缺少的一环[①]，即使采用问卷调查的方式了解教师的培训感受，仍难以切实反映培训实效，教师也很难知道自身实际在哪些方面提高了多少。因此，有必要加强中文教师培训效果评估体系的建设，从实践性知识的视角对中文教师完成职业培训的效果进行有效评价。

5.2.3　教材与教学资源

1.教材

教材是依据一定的课程标准所编制的、系统反映学科内容知识的教学材料。作为教师备课的主要依据，教材虽在很大程度上呈现的是理论性知识，但随着教材编写相关研究的不断深入，编写水平的逐渐提升，教材也成为教师实践性知识的来源之一，主要表现在关于教学策略的知识、关于教学媒介的知识上。

随着国际中文行业对教材编写的关注日益加深，新一代教材多以“过程化”的体例进行编写。教材所呈现的内容顺序即为教师实际授课的环节安排，这对于专业发展初期阶段的教师，尤其是新手教师来说，有助于其了解教学程序，熟悉教学内容设计，促进其关于教学策略知识的积累与发展：“现在的教材越来越好了，我们顺着它已经规定好的顺序讲，一般不会出现什么问题。特别是关于教学活动的设计，因为刚开始工作，设计起来特别困难，但是现在用的教材中，很多都是设计好的，我们直接让学生做就行了。我呢，也在一定程度上了解了应该如何更合理地进行活动设计。”(A-FT-10-A)

除了在教材体例上有“过程化编写”的趋势，“立体化”亦已成为主流国际中文教材的呈现方式。除了课本，一般教材还配有练习册、教学课件等辅助材料。其中所呈现的练习编写原则以及教学课件设计技巧，也会被国际中文教师关注，从而实现关于教学媒介知识的更新与发展：“教材配套的 PPT 做得很不错，动画一步一步地很有逻辑性，使我的 PPT 制作水平有了一定的提高。”(D-FT-10-B)

2.教学资源

教学参考书是重要的教学资源之一，是教师备课的媒介。教学参考书分两类。一类是教材出版部门为任课教师编写的教学用书，或称“教师手册”，它是由教学一线的教师、专家依据教学大纲及教材的内容与要求，结合教学实际而编写的，供教师备课时使用，它在教材和教师之间架起了一座联通的桥梁。另一类是专供查找知识信息的文献，如字典、词典、教学大纲等工具书。

---

① 参见朱旭东、宋萑：《论教师培训的核心要素》，《教师教育研究》2013 年第 3 期。

教学用书虽在国际中文教学界已较为普遍，各大主流教材均配有相应的教师手册，但样本教师表示从这一渠道获取的实践性知识极其有限："现在的教师用书很多都集中在语言知识的介绍上，也就是说在'教什么'上，是我们已经知道的，更多的时候我们需要的是'怎么教更好'，有没有可以随手就用的素材。有的书里即使给了一些教学参考，也是觉得不实用，还不如我们平时用的方法好用。有的教材还配了PPT，只能说那就是个PPT，真上课的时候是没法直接用的，几乎都要大改，那这些资料存在的意义是什么，这需要出版社好好想一下。"(F-FT-10-A)一线教师对于教学用书在发展教学专业技能上，尤其是选择教学策略、改进教学设计等方面所应提供的帮助与支持仍有较大需求，教学用书理应成为教师理解教材、选择教法、设计教案的重要依据。

工具书则是国际中文教师备课时的必备用书。各类词典、语法书、HSK考试大纲都为教师更好地定位并理解教学内容、保证教学内容的科学性和准确性、提高教学质量发挥着重要的作用："我常常查阅词典，有很多种词典，为此我还买了最新版的《汉语大词典》，然后还有别的，比如同义词、近义词比较之类的，这些书对教学的影响还是很大的，因为我在备课的时候常常会遇到这种那种的问题，当你不确定的时候肯定要去看工具书，不可能你遇到的所有的知识点都那么系统地存在脑子里。那么你查了工具书以后，就能帮助你厘清很多知识点的思路，然后怎么把每个知识点，某个词、语法讲清楚。"(A-FT-10-B)通过将自身对语言知识的理解与工具书的叙述相结合，授课教师可根据学生实际语言水平及课型要求，设计符合语言习得规律的教学策略，从而使得个人关于课程教学法的实践性知识不断丰富、完善。

然而样本老师也对目前国际中文教育行业工具书存在的问题提出了自己的看法。首先，词典中的"释义经常不能用"(H-FT-10-C)，因为"它大多数是给我们本族人提供的一个知识，还得转化成留学生能接受的方式"(F-FT-10-C)，"即使词典受众是留学生，叙述性语言还是特别多，学生根本听不懂"(D-FT-10-C)。其次，词语辨析类工具书的科学性有待提高，"很多词语辨析没写到点儿上"(G-FT-10-C)，或者"看的时候不能内化，一边看它讲的一边还得自己归纳，再用自己的例子去核实一遍，现在的近义词词典它只起验证作用，或者补充作用"(H-FT-10-C)。

随着互联网科技的发展以及人们对远程学习认识的加深，互联网远程教育已经成为当今社会国际中文教师获取教学资源、寻求专业发展的一种形式。按照网络平台的主办单位及规模大小进行分类，教师运用的教学资源网站主要有以下三类：一是教育主管部门主办的网站，如中文联盟、世界汉语教学学会网站等；二是专业院校或公司开发的汉语资源网站，如 HSK 动态作文语料库、中文教学资源库、对外汉语人俱乐部网站等；三是中小规模个人网站或社交平台，如立涛中文网、“北语刘志刚”微信公众号等。YouTube、优酷等视频平台上由中文教师个人上传的课堂教学视频也可作为国际中文教师进行教学观摩的对象，尽管此类教学视频的受众定位于外国汉语学习者，但其中中文教师所使用的教学模式或策略仍可供其他教师学习与借鉴。

然而，本书样本教师对于网络资源的使用较少，几乎全部教师都提出“网上的汉语课看得很少”，也“没有参加过网络课程”。第一，样本教师认为网络内容更新速度较慢是首要原因：“世界汉语教学学会网站上的那些教学视频还都是四五年前的，看它不更新，我也就慢慢地不去看了。”(D-FT-11-A)第二，由于教学任务繁重，同时还要完成一定数量的科(教)研工作，教师无暇顾及网络资源的使用。目前，以网络多媒体为核心的信息技术在知识管理中扮演着重要的角色，网络教研平台等技术与现实中的各种学习场互为补充，加速了信息共享，促进了问题探讨、课题研究等合作方式，在知识共享与教师专业发展中起着日益重要的作用。因此，国际中文教师应适应教学环境的改变，使“熟练运用现代多媒体技术”成为教师获取实践性知识的有效手段之一。

5.2.4　行业与国家政策

与国际中文教育行业相关的国家政策多为国家语言推广政策，该类政策作为国家公共外交的重要组成部分，对国家总体战略布局有着重大影响。但在本书中，几乎全部样本老师表示“平时并没有太多关注这方面的动态”(B-FT-13-A)，并且“想不出来对我的教学本身有什么影响”(H-FT-13-A)。教师对行业内相关国家政策了解缺失的原因主要有两个。一个原因是国际中文教育行业鲜见全国范围内的教学改革。较之其他传统学科，国际中文教育行业起步较晚，虽已经历半个世纪的发展，但目前各教育机构仍“各自为政”，未实施大规模统一的教学改革。而就大学英语教学等其他学科来看，全国性教学改革层出不穷，教学模式不断创新，每一次教育改革均是教师获取、丰富实践性知识的契机。从知网论文检索结果(截至 2019 年 11 月)亦能看出，多位英语专业教师发表的教师实践性知识相关论文都与一定的教育教学改革相关，如《课程改革背景下学术英语教师教学实践性知识的叙事探究》(王雪松，2017)一文，是以一位大学学术英语教师为研究对象，采用叙事探究的方法描述该教师的教改经历，对其实践性知识的生成及构建过程进行了详细阐释。然而，目前尚未搜索到国际中文教育行业内有关国家政策可作为对中文教师实践性知识来源相关文章。另一个原因是部分与国际中文教师相关的管理规定改动较为频繁，且并未以公开的方式颁布。有样本教师表示“听说不考那个证{国际中文教师证书}就不能外派出国任教了”(F-FT-13-B)，此类规章制度仍处于“口口相传”阶段，尚未建立一个公开的渠道以供教师获取权威的行业相关政策。

自2013年“一带一路”倡议提出以来，与“一带一路”相关的语言政策问题逐渐引起学界的研究兴趣，有俄罗斯中文教学经历的C老师也提到了这一点，认为教育主管机构会增加“一带一路”国家中文教师的输出数量，但目前相关国家政策对中文教师实践性知识的影响尚不显著。

5.3 个人来源与外在来源的关系

本章前两节对国际中文教师实践性知识的个人来源与外在来源分别进行了较为详细的描述，然而这两个实践性知识获取渠道并非各自孤立的，个人来源与外部来源存在着互相影响的关系，教师的实践性知识是在内外部来源相互作用的影响下逐渐丰富发展起来的。

第一，个人来源与外在来源互为来源，相互作用。教师通过个人内部渠道生成的实践性知识可为外在来源提供内容支持，而外在来源又是教师进行个体内部实践性知识生成的依据。

“资深教师指导”是合作共同体的一种形式，属实践性知识的外在来源。指导过程中，资深教师对新手教师或课程组其他成员进行全方位的教学指导，既有宏观教学理念的设定，又有教学微技能的点拨。然而，资深教师所提出的教学改进策略、优化方式均基于自身对中文教学的理解，这些教学体会不仅源自资深教师过往教学经历中长年的教育经验与教学领悟以及对日常生活的体验，还凝结着资深教师对自身教学的思考与反思，属于实践性知识来源的个人范畴。也就是说，教师通过“资深教师指导”这一外部途径所获取到的实践性知识实际上源自资深教师个人内部的知识生成渠道。

随后，新手教师根据资深教师的教学指导对自身教学进行调整，对当下的教学实践加以改进。这一过程教师一般以自我反思的形式进行，通过该个人来源方式实现实践性知识的更新与增殖。但反思过程中，教师并非盲目地被动式接受资深教师给出的全部建议，而是批判性、选择性地进行考量，而诸如班级学生具体特征、课堂教学实际情境等外部因素则是教师着重考虑的方面，同时网络资源、教学参考书、先前职业培训及教学观摩活动等外部渠道也会为教师的自我反思提供策略支持。因此教师通过个人渠道生成实践性知识时，外部来源又起到了参考与借鉴的作用。

第二，个人来源与外在来源对各专业发展阶段的教师实践性知识生成的影响不同。

对于专业发展初期阶段的教师（尤其新手教师）而言，受工作年限、教学经验、个人反思能力等个人因素所限，其通过外在来源获取的实践性知识数量多于个人内部渠道。一般来说，新手教师入校之初需参加由学校、院系等部门组织的各类形式的新进教师培训，并配有资深教师作为业务指导教师，参与培训课程、接受资深教师教学指导的过程有助于新手教师在短时间内获得大量实用、显性化的关于课程、教学策略、教学环境、学习者的实践性知识，实现知识的快速积累；而在实际备课授课阶段，新手教师以各类教学工具书为参考制定教学计划、安排教学内容，积极寻求观摩资深教师中文教学的机会，并就教学中遇到的各类问题与周边同事进行多种形式的互动讨论，更为其实践性知识的丰富发展提供了可能。在课堂上，随着与各国留学生的交往日益密切，学习者又为新手教师提供了诸多第一手的关于学生身份特征、学习风格等方面的实践性知识。由此可见，新手教师在专业发展初期通过外部来源可以获得大量实用的实践性知识。

对成熟教师、专家教师而言，由于已具备丰富的教学经历和教育经验，日常教学中，过往经历已成为其进行教学行为选择强有力的策略支撑，即使面对陌生或非预期的教学情境，他们仍可调动固有知识体系，并通过深入的个人反思，在原有实践性知识的基础上生成可用于解决当下新情境的实践性知识。在访谈中，受访成熟教师也多次强调个性心理、日常生活体验对其教学的影响："每个班的整体作风都有任课教师的深深的烙印，学生被带得越来越像其老师"（G-FT-1-C），"我经常把我的家庭生活、生活见闻、对生活的理解等跟教学联系起来，一是可以让自己的教学内容更贴近生活，再就是希望我对生活的一些理解和体验能对学生的人生有所帮助"（H-FT-2-C）。对这两个阶段的教师来说，师生互动中学生所提供的新信息数量已大幅降低，主动进行课堂观摩的次数有所减少，对常用工具书（如《HSK 考试大纲》）中的内容也有一定程度的熟悉，因此，外在来源对其实践性知识生成所产生的影响要低于新手教师。

第三，尽管个人来源与外在来源都是教师实践性知识生成的重要渠道，但在知识生成过程中个人来源起决定性作用。这也符合唯物辩证法内外因作用的原理，即事物的发展是内因和外因共同起作用的结果，其中内因是事物发展的依据，决定事物发展的方向，外因是第二位的，它通过内因而起作用。外部环境并非绝对客观的实体，个体因素影响人们看待这个社会的方式。受教师个体主观因素的影响，在不同的内部因素影响下，相同的外在来源会对实践性知识的生成起到不同的作用。前文提到，每位教师都是独立思考、有理性思维的个体，对于资深教师的指导，新手教师并非毫无选择地全盘接受，而是在“个人反思”这一内部驱动力的影响下，对所获取的教学建议进行“个人反思”，继而生成新的实践性知识。但由于个体反思能力不同，受教于同一名指导教师的不同新手教师或课程组成员常呈现不同的指导效果，继而生成不尽相同的实践性知识。此外，“教师天赋论”也是个人来源起决定性作用的有力佐证。“遗传决定论”“天赋训练融合论”都表明社会各行各业有其特定的天赋要求，如果个人天赋与所从事的工作相吻合，辅之以行业内的知识与技能，即可将这一天赋发挥到极致，该个体也极有可能在该行业有突出的表现。[①] 教师行业也不例外，盖洛普机构（Gallup Organization）长期组织优秀教育学家、心理学家对优秀教师的构成要素进行探究，经过调查与分析，发现所有伟大的教师都有一个重要的相同之处——他们都是基于各自的天赋并将其发挥到极致。[②] 据此可知，个人来源尤其是教师的个性心理及自我反思能力对国际中文教师实践性知识的生成具有决定作用，外在来源需要通过个人因素起作用。

本章小节

通过本章的论述，我们对国际中文教师实践性知识的来源有了较为全面的认识。在个人来源方面，过往经历是最主要的来源之一，理论知识、外语知识、备考职业证书的学习经历、求学时期的学徒式观察以及过往及当下在各类教学机构进行的中文教学、专业课教学都为教师实践性知识提供着稳定且有效的来源；日常生活体验帮助教师实现了教学素材的积累，而个性心理则使汉语课堂有了教师明显的个人特征；教师在不同时机进行的不同方式的个人反思都是教师更新和发展实践性知识的推动力，而作为连接理论知识与教学实践之桥梁的科（教）学研究活动，需在实践性知识转化方面发挥更大的作用。在外在来源方面，教师与教学伙伴或资深教师组成的合作共同体以及作为教学对象的学习者均在为教师提供实践性知识方面起着重要的作用；对各专业发展阶段国际中文教师

---

① 参见汪明帅：《发现“教育天赋”：改进教师教育的另一种视角》，《教育发展研究》2014年Z2期。

② 参见[美]罗莎娜・利斯威德等：《发现你的学习优势，发现我的教育优势》，张林译，中国社会科学出版社2011年版。

来说，尽管在进行教学观摩、参加职业培训方面获取的实践性知识的数量有差别，但上述三种渠道均有助于国际中文教师实践性知识的丰富与发展，并且教师可对如何更好地利用这些知识来源提出自己的见解。此外，尽管目前国际中文教师对教学媒介、国家政策利用的范围及程度较为有限，但这也为日后拓宽实践性知识的来源指出了发展方向。

第6章 国际中文教师实践性知识的生成机制

通过前文对8位国际中文教师实践性知识的探究可知，国际中文教师在实践性知识内容构成上存在一定的共性特征，不同专业发展阶段国际中文教师实践性知识呈现一定的阶段性特征，且不同知识来源为实践性知识的生成提供了多重渠道。教师的实践性知识并非固定不变，而是在类别框架一定的情况下，随着职业进程的推进，不断调整变化。因此，有必要以动态的视角对知识的生成机制进行描述与分析。若要深入考察教师实践性知识丰富、发展、更新的过程，需对教师的职业成长历程进行细致描述，以长期的从业经历为背景探讨知识生成的一般性规律。因此，本书将目标聚焦于一位具有代表性的样本教师身上，通过对其进行深入的个案研究，综合论述其各类实践性知识是如何在各种知识来源的影响下生成发展的。为使研究结论更具说服力，本章采用基于文本的教育叙事研究方法，邀请该样本教师以其专业发展阶段为线索，自行撰写职业生涯中可反映个人实践性知识生成发展的关键事件，尝试从个案教师的真实经历中，体会错综复杂的环境因素对个体的影响与塑造，概括国际中文教师实践性知识的生成机制。

6.1 基于个案的实践性知识生成分析

为了更好地理解F老师实践性知识生成与发展的路径，本书将其专业发展史分为职前阶段、新手教师阶段、胜任教师阶段、成熟教师阶段以及走向专家教师阶段五个阶段。教师实践性知识的生成离不开其理论性知识的学习和以学生身份进行的学徒式观察，故其求学阶段也在本书考察范围内。本书将通过F老师自行撰写的18个教育叙事，分析各专业发展阶段中，其实践性知识是如何利用个人及外在来源得以生成并发展的。

本书运用“微词云”在线网站生成 F 老师各专业发展阶段教育叙事词云图。绘制词云图过程中，仅选择频率高于 1 的词语，排除连词、助词、数词等词类以及部分难以体现教学思想的名词、代词、副词(如“时候”“这个”“非常”)等。为保证词云图直观展示其教学思想，入选词语在词云图中均不重复，字号大小与其出现频率及重要程度成正比。

6.1.1　职前教师阶段

职前教师是指正式步入职场之前的教师，一般指以教师为主要求职意向、即将走上讲台的在校学生。由于国内高校普遍持有智育取向的教育理念，这一阶段的“准教师”在学术取向的职前教师教育体系中接受的多是教育知识和学科知识等理论性知识的教育，教学技能类课程受课程设置的影响，数量较少且针对性较弱。① 对汉语国际教育专业本科生来说，他们多是在理论性知识的学习中感知国际中文教育行业、构建自我职业规划的。对于实践性知识的获得，多是在研究生阶段教学观摩的过程中进行的，而模拟试讲这一类理论与实践相结合的教学安排可被认为是职前教师实践性知识发展的关键性事件。从 F 老师撰写的三篇教育叙事(故事一至三)及其职前阶段教育叙事词云分析(如图 6-1)，可清晰地感知职业认同对其职业选择的影响，以及“观摩”“试讲”对其实践性知识生成的作用。

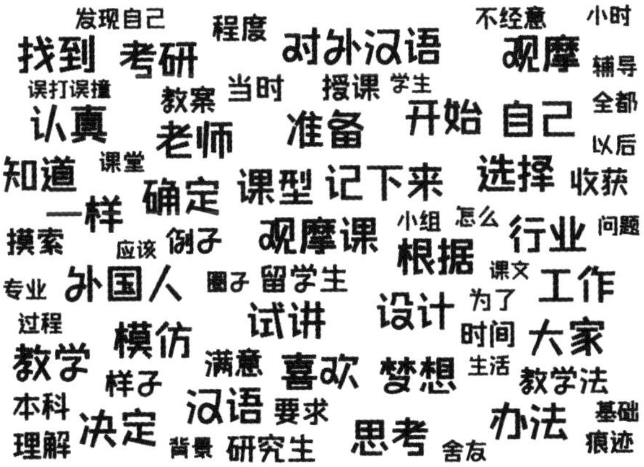

图 6-1　F 老师职前阶段教育叙事词云分析

---

① 参见黄友初:《职前教师实践性知识的缺失与提升》,《教师教育研究》2016 年第 5 期。

1.**感知行业**

F老师就读研究生期间，正值国际中文教育行业快速发展的时期，孔子学院刚开始在世界各地布局，2008年北京奥运会的成功举办掀起了全球中文热，国家对优秀中文教师的需求大大增加。F老师进入国际中文教育行业，偶然中蕴藏着必然。说其偶然，从她在对国际中文行业缺少了解的情况下就随大流应考，可见其入行之路充满着随机性。然而这看似随机选择的背后，却是其年少梦想的另一种实现。长久以来，教师就是F老师的理想职业，其对教师行业有着天生的热爱和原动力，研究生考试则为其打开了另一番天地，赋予了她人生的另一种可能，一时逃避就业压力的举动成就了其日后的职业规划。在研究生入学考试备考阶段，F老师所进行的主要是理论性知识的学习，尤其是对汉语知识的掌握。

例21：

备考的过程就是背书，刘珣老师那本《引论》(《对外汉语教育学引论》)从头到尾都背了，然后我又没有现代汉语的基础，就跟舍友在生活中每说一句话就判断一下自己用的什么语法，很快就觉得自己了解汉语了。

——节选自故事一《误打误撞入了门》

该类知识是国际中文教师理应具备的，是教师理解所教语言、开展教学的根本条件。尽管F老师当时对于国际中文教育行业的认识较为肤浅，但当其开始感受这一全新领域时，对教师职业的热爱以及天生的悟性，促使其迅速从个性特征角度来审视自己与国际中文教育行业的匹配度，并初步建立了对国际中文教学事业的认同感。由于彼时还未设立汉语国际教育专业硕士学位，F老师就读的是对外汉语学术型硕士学位，这对于本科阶段并未经过国际中文专业训练的她来说，有着较大的挑战。

例22：

进入这个圈子后，我觉得我才发现了真正的自己，找到了自己的小世界，可能自己这辈子就是为了对外汉语而生的吧。在那么不经意的时间的一个不经意的决定，影响了我的一生，很奇妙，也很幸运。

——节选自故事一《误打误撞入了门》

2.**观摩实践**

由于本科阶段的教育背景为外语专业，进入硕士阶段学习之初，F老师对于自身欠缺理论知识的实际情况，内心深感担忧。但其对国际中文教学有着较高的悟性，并发觉自身的个性心理与这一行业有着较高的匹配度，这使得 F 老师继续保有对中文教学的信心和热情，并且这种热情一直激励着其走过繁忙与压力并存的研究生一年级。

由于专业的特殊性，F 老师的硕士课程采用理论与案例相结合的授课模式，任课教师不仅关注教学理论发展前沿，还通过展示丰富的教学案例、布置实用的任务活动以帮助学生尽快进入国际中文教师的角色。正是基于对这一行业强烈的归属感，F 老师乐于与同学切磋问题，通过建立合作共同体，实现学业上的共同进步。

例 23：

因为本科不是学对外汉语的，所以对我来说一切都归零了，考研的时候看过几本专业书，但是也就停留在某些理论知识上，没进过留学生课堂，更没有上过讲台，这带给我很大的压力。……(但)硕士的课实践性比较强……(让我)越来越感兴趣，也越来越喜欢琢磨一些问题。在思考的过程中，我发现自己对这一行业是热爱的……那个时候老师经常布置一些小组作业，我经常和小组成员在图书馆一坐就是一天，为了做出一个好的设计，就和着魔了一样，现在想想真的是一段快乐的时光。

——节选自故事二《从零开始》

进行教学观摩是 F 老师求学阶段获取实践性知识最主要的来源、最有效的途径。在对各种水平、各种课型的汉语课堂进行观摩体验之时，任课教师的隐性实践性知识在教学设计中展现出来并被 F 老师所感知。尽管授课教师并未对教学设计理念进行阐述，且由于 F 老师缺乏教学实战经验，对授课教师的隐性实践性知识无法做到完整感知，但学习热情促使其不断进行思考、用心反思，体会授课教师的设计意图，概括各课型最基本的授课模式与流程，因而授课教师部分实践性知识被 F 老师感知并内化，为其日后实施教学提供了一定的策略支持。

例 24：

说到让我收获最大的，或者让我现在受益最大的就是去听老师们的课。……那个时候真的只要有空就去，我也不管课型，什么课都听。……老师有什么好办法，全都记下来。那个时候自己是个白板，教学经验为零，进了老师们的课堂就像海绵一样，觉得什么都要学，可以说我听过所有老师上的课，听过初中高各级别各种课型的课。当你观摩多了，用心的话，也能大概总结出某一种课应该怎么上了，那一段时间对我来说是一个迅速收获教学方法的时期。

——节选自故事二《从零开始》

与此同时，F 老师还积极寻求实践机会，将从课堂观摩中领悟到的隐性实践性知识运用到相对真实的教学实践（语伴辅导）中。尽管教学效果难以与职业教师相提并论，但在多次试错、反思的过程中，F 老师不仅收获了一定的源于教学实践的实践性知识，还对新手教师的专业发展路径有了明确、抽象的表述——“先成为另一个自己，然后再找回自己”，这使其对之后几年的专业发展有了较为清晰的认识。

3.模拟试讲

对 F 老师来说，专业课上的一次模拟试讲可被认为是其职业生涯中关键事件之一，对其职业规划有着决定性的影响。第一，本次试讲展示了 F 老师对中文教学的专注与热爱。为了半课时的试讲，她利用各种教学资源撰写教案并现场演练，将之前在专业理论学习、课堂观摩、语伴辅导等学习与实践中收获的实践性知识融会贯通、一并呈现，展示了其较高的教学理解力与领悟力。第二，学会模仿是其成功试讲的关键所在。F 老师指出，要想成为独具个人魅力的中文教师，应先学到其他优秀教师的教学艺术与精髓，即“先成为另一个自己”。F 老师将 Z 老师作为自己模仿的对象，将所观察的 Z 老师的教学理念与设计恰如其分地运用到试讲教学中。虽然模仿痕迹较为明显，但由于运用得较为自如，呈现的教学效果并无违和感。第三，任课教师的鼓励与肯定使 F 老师获得了较高的自我效能感。在此次试讲之前，F 老师一直处于观察模仿、自我反思与探索中，并未进行过教学展示。此次试讲，任课教师对她给予了极高的评价，这不仅是对其不懈努力的肯定，还提升了 F 老师职业上的自信，使其认识到自己在性格、思维、能力等方面与中文教学这一职业有着较高的契合度，并促使 F 老师决定将这一行业作为终身为之奋斗的事业。

例 25：

我准备的时候满脑子都是旁听过的几个精读老师的样子，我就完全模仿他们的做法写了教案。……讲的时候，自己的一举一动都有模仿的痕迹，很多个瞬间我都觉得自己就是 Z 老师。……教那门课的老师给了我很高的评价，（这）对我来说是莫大的鼓励，直到今天我也一直记在心里，十几年了。也就是从那一刻起我更喜欢对外汉语教学这一行了，我确定自己是适合做这份工作的，而且也决定要在这条路上走下去。

——节选自故事三《战战兢兢的第一堂“课”》

在求学阶段，F 老师的实践性知识主要来自理论性知识的学习及课堂观摩。

由于教学经验的缺失，并且与所观摩课程执教教师的交流机会较为有限，在这一阶段，F 老师进行课堂观摩时多凭借所学理论性知识对执教教师授课过程中所表现出的隐性实践性知识进行体会与感知，并非准确且难成体系。尽管 F 老师尝试在极其有限的试讲和课后辅导中模仿使用，其所得实践性知识仍难以通过足够的教学实践加以验证。然而这一时期，F 老师的专业自信获得到了有效构建，自我效能感的增强对其走入国际中文教育行业产生了积极的影响。

6.1.2　新手教师阶段

新手教师一般指步入工作岗位 1～3 年的新教师或是正在进行教学实习的师范生。他们一般充满职业热情，对待工作认真负责，对待学生热情且友好，但由于缺乏教学经验，处理教学问题时常带有较强的偶然性和盲目性，灵活性不足，需指导教师予以引导。对国际中文教师来说，初入职场之时不仅要面对教学策略缺失的困境，教学对象的特殊性亦常带来跨文化交际的挑战，继而影响师生关系的构建，这使得教学指导教师在新手教师日常教学中扮演着“重要他人”的角色。从 F 老师撰写的四篇教育叙事（故事四至七）及其新手教师阶段教育叙事词云分析（如图 6-3），可清晰地感知指导教师对其职业生涯的影响，以及其关于教学策略的知识、关于学生的知识呈现显著增加的趋势。

图 6-3　F 老师新手教师阶段教育叙事词云分析

1.新手“上路”

2008 年，F 老师经过两年的硕士研究生学习以优异的成绩完成学业，并凭借自身优秀的职业素养顺利应聘到现就职的单位，开启了自己的教师职业生涯。

其硕士阶段所就读院校研究生学制为两年，理论课学习、毕业论文撰写时间较为紧迫，因此读研期间，除寒暑假短期汉语学习项目外，F老师并未从事常规班级中文教学工作。在新工作岗位的教学工作可被认定为其处于新手教师阶段的工作。

在教学策略上，F老师入职之初非常注重个人职业技能的训练。由于自身缺乏初级中文教学经验，学生亦没有汉语基础，F老师便采用撰写逐字稿的方式，依据学生的认知水平和接受能力，对教学用语进行全面设计，避免因自身教学用语的难度影响学生的学习效果。这种职业训练需耗费大量时间和精力，但其训练成效显而易见。采访过程中，F老师曾表示自己现在面对不同水平的学生可以开启不同难度的词汇库，也是源于新手教师阶段的训练。

例26：

我当时很大一部分备课的时间是在写逐字稿，也就是把上课要说的话全都一个字一个字地写下来，学生听不懂的我应该用什么图或者什么动作，先说什么，后说什么，怎么能让前后有连贯，怎么能从前边引到后边，真的很费脑子。

——节选自故事四《日日备课到深夜》

在教学媒介方面，F老师通过对现有教材的调查与对比，已具备一定的甄别汉语教材优劣的能力，并在工作热情的影响下，为学生“取各家之长”，重新编写学习材料。F老师也提到了对“另起炉灶”编教材这一做法的反思。经过近十年教学经验的积累，F老师在对待教材的态度上产生了一定的转变，目前她更注重挖掘现有教材的内容，对其做到充分、合理的利用。

工具书作为这一时期F老师非常重要的外部知识来源，对其专业水平的提高亦起到了重要的作用。新手教师由于经验有限，需要大量借助字典、词典等工具书进行备课。F老师以批判的眼光对待工具书，不照搬书中词语释义或近义词辨析知识，而是通过自身思考，结合对汉语的敏感性，有选择地使用工具书中的知识，并将思考的结果纳入其认知结构中。

例27：

备课的时候就要查各种书，当然不是每本辨析词典都写得很全，甚至有的我觉得辨析得都不太对，这个时候就是多看、然后再凭借自己的语感去概括。

——节选自故事四《日日备课到深夜》

就职之初，F老师非常注重自身职业能力的训练，重视关于教学策略的知识以及关于教学媒介知识的培养与积累，促使其在短时间内迅速进入职业状态，完成从学生到教师的角色转变。

2.遇到恩师

作为新手教师的领路人，指导教师在新手教师职业生涯中起着启迪职业之路的作用。F 老师一直感恩于能在 Q 老师的指导下，以“站在巨人肩上”的姿态取得教学经验的长足进步。在接受 Q 老师指导的过程中，F 老师、Q 老师以及另外一位兼职教师构成一个合作共同体。在共同体内部，Q 老师对自身积累多年的以隐性知识形式存储于认知结构的关于教学策略的实践性知识进行梳理、凝练后予以表达，将其显性化，并被其他两位新手教师所接收。F 老师在随后进行的教学实践中对所接收他人的实践性知识进行实际运用，取得良好教学反馈后，教学经验经过内化进入 F 老师原有的实践性知识体系，促使其教学经验得以增长、教学水平得到提升；而在实践效果未达到预期的情况下，F 老师根据实际教学情境，并结合自身教学能力进行必要调整，通过多次反思性实践，实现教学效果的提升，此时新生成的教学经验亦转化为其实践性知识，从而实现了实践性知识的发展。

例 28：

老师给我说的每句话都是她通过多年教学总结出来的精华，很多经验都能派上用场，在日后教学中，大多能帮我解决教学困境。即使当时我运用得不太熟练，效果不太明显，但是结合我自己的思考，很多问题都迎刃而解了。

——节选自故事五《职业恩师》

故事五中指导教师给 F 老师提出的教学改进策略亦反映出专家教师与新手教师实践性知识的差别。首先是对教学行为目标性的感知，专家教师的教学设计具有较强的目的性，每个教学行为背后都有一定的教学意图作为支撑，新手教师的教学过程往往流于形式；其次是对学生学习行为的感知，专家教师具有较高的课堂体察力，可敏锐观察全体学生的学习状态，新手教师在课堂上的关注点多集中于教学内容本身，对学生的学习情况多有忽略；最后，专家教师实施课堂教学时讲求轻重缓急，新手教师在课程节奏的把控上稍显稚嫩。上述三点所体现出的教师群体间在目标力、体察力与贯通力上的差别，印证了本书第 4 章有关国际中文教师实践性知识阶段性特征的研究成果。

3.师生关系

在关于学生的实践性知识中，师生关系是重要的一项，也是决定课堂教学能否顺利开展的重要因素。如果说教学技巧上的提升可通过资深教师的指导得以快速实现，在多元文化融合的课堂中构建和谐的师生关系则需要新手教师在漫长的教学实践中逐渐摸索。

例 29：

入职之初发生过几件事情，让我跟学生之间的关系一度有些"紧张"。……也就从那个时候开始，我开始刻意跟学生保持距离，我们的互动也仅限于课上……过去的经历告诉我跟学生就是工作的交情，不需要私下交流……这是我一直寻求并享受的一种师生关系。

——节选自故事六《与学生的"小摩擦"》

处于新手阶段的 F 老师与大多新手教师类似，对教师职业保有一定的新鲜感，在其认知结构中，应当以朋友的姿态出现在学生面前，努力建构亲近、友好、和谐的师生关系，由此导致对学生有求必应，甚至涉及金钱问题。F 老师所面对的"插曲"多是希望为学生提供生活上的帮助，最终却导致师生关系紧张，这并非 F 老师本意。师生矛盾的出现促使 F 老师对最优师生关系进行反思，转变师生和谐关系构建策略，决定不再介入学生的课余生活，将师生交流定位于课上，课后刻意保持一定的距离。这种转变也让 F 老师收获了成功师生关系的内心体验，并对"教师"这一角色有了新的认识。

4.**文化碰撞**

同一个国家不同地区、不同民族间在生活方式、思维方式上存在着巨大的差异，这种差异在不同国家间表现得更为明显，诸多交际性问题需新手教师在其专业成长过程中不断感知并通过反思以寻求问题解决策略，从而实现经验的增长。F 老师在故事七中回忆了任职初期"跨文化没跨好"的几个关键事件。

一般来说，一个国际中文教学班有来自四五个国家的学生，国籍多时学生可能来自十余个国家，专业的特殊性使得整个课堂犹如一个多元文化融合的跨文化交际场。世界各国对某一问题或事件的看法各不相同，对"好老师"的评价标准也存在差异，这就给国际中文教师提出了更高的要求，需在日常教学过程中敏锐捕捉关于学生的实践性知识。

故事中，F 老师主要遇到了私人空间、公共外交、长幼尊卑、鼓励策略等方面的跨文化交际问题，其中多为非预期教学情境，不可提前预知。从每个故事最后一句的总结中，可以看出 F 老师的勤思与成长。

例 30：

这件事告诉我：有一种关心叫远望。……这件事告诉我：课堂之上无小事，外交事宜须敏感。……这件事告诉我：年轻并不总是优势。……也让我明白了：夸奖学生也是要分对象的。

——节选自故事七《猝不及防的跨文化》

尽管师生间的信息差永远客观存在，跨文化交际始终是国际中文教师职业生涯需要面对的一大挑战，但若能在教学中尊重各国汉语学习者进入汉语课堂时所体现出的民族及个人身份特征，注重收集来自学习者及其他外在来源的跨文化交际知识，可实现教师知识储备的增长以及跨文化交际能力的提高。

综合新手教师阶段四个教育叙事以及词云图的呈现，可以看到 F 老师在关于课程的知识、关于教学策略的知识以及关于学生的知识上有了显著增加，其中合作共同体成员间的互动（尤其是资深教师业务上的指导）、反思型教学实践的开展以及教学过程中对学习者日益深入的了解起到了关键性的作用。指导教师制度使得 F 老师摆脱了仅能通过课堂观察捕捉隐性实践性知识的限制，专家教师对自身教学经验显性化的表述使 F 老师的实践性知识在短时间内获得大规模的增殖，并指导其在随后的教学中开展模仿性实践。成功的教学体验将促使这些知识转化为其"实际信奉"的实践性知识，为其日后处理类似教学情境提供策略支持，而教学效果欠佳之处则使 F 老师进行反思并再次投入新的实践，并在日后成功解决类似情境的过程中实现实践性知识的更新与发展。

6.1.3　胜任教师阶段

胜任教师是指教学方法和策略有所提高，教学行为有较为明确的目的性，能够选择基本有效的方法或手段以达到教学目标的教师，其教学年限一般为 3～5 年。随着专业发展进程的推进，通过参加职业培训、接触多种教学媒介等方式，国际中文教师对中国文化等其他元素的思考也日趋理性与深入，部分教师还通过海外中文教学经历实现实践性知识的更新与增长。从 F 老师撰写的五篇教育叙事（故事八至十二）及其胜任教师阶段教育叙事词云分析（如图 6-4 所示），可清晰感知职业培训、海外教学及各类教学媒介对其新实践性知识生成的积极作用。

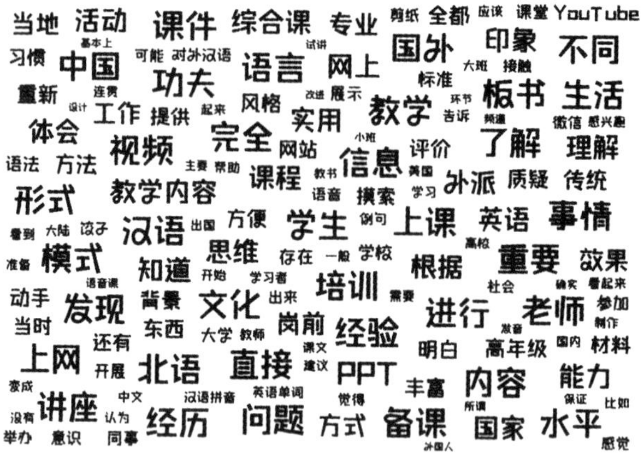

图 6-4　F 老师胜任教师阶段教育叙事词云分析

1.参加职业培训

随着中国在海外设立的孔子学院数量日益增多,如何保证外派师资的教学质量成为中外语言交流合作中心重点关注的问题之一。因此,自 2008 年起,全部孔子学院公派教师及志愿者教师赴任前必须接受由中外语言交流合作中心统一组织的岗前培训。进入胜任教师阶段的 F 老师通过外派教师考试后,在北京语言大学接受了为期三周的岗前培训,这次职业培训成为其职业道路上迅速成长的一段黄金时期。

北京语言大学作为中国唯一一所以对来华留学生进行汉语教育为主要任务的大学,其专业性强的岗前培训为即将赴任的教师提供了丰富的知识来源。在大班专家讲座中,知名教授将自身数十年的海内外中文教学经验(多为隐性知识)加以提炼,以知识传授的形式向参训教师传递。优质课展示观摩活动又使参训教师在真实课堂环境中体会并理解专家讲座中接收的实践性知识。而在后续的小班实战演练过程中,F 老师与指导教师和其他小组成员构建起合作共同体,在资深教师指导及同伴互导双重性质的合作中,就试讲任务进行集体备课。通过多轮语言要素教学、语言技能教学的试讲实践并结合充分的个人反思,F 老师意识到以往教学过程中所存在的不够严谨、科学之处——主要体现在关于课程的知识中有关任教课型特征以及关于教学策略中有关教学节奏的方面。三周的培训不仅使 F 老师对中文教学有了全新的认识,还为其日后形成富有个人魅力的教学方式奠定了坚实的基础。

例 31：

从聆听大班讲座到实地观摩公开课，我逐渐弄清了这种模式的操作流程和具体环节，然后我就在小班试讲上尝试……班上还有一位浙江来的老师也对教学充满了热情，我们也时常就一些问题进行探讨……这种观点的碰撞就会出现智慧的火花……可以这样说，那三周的培训基本算是让我定下了上综合课或者精读课的一种风格……当然也会根据学生的实际水平和教学单位的要求做一些调整，但是万变不离其宗。

——节选自故事八《头脑革新的培训》

2.进行海外任教

经过岗前培训并通过考核之后，F 老师开始了为期三年的海外教学。F 老师这一选择的目标很明确：开阔视野。经过了新手教师时期，F 老师认为自己已具备一定的中文教学能力和水平，能够基本胜任中文教学工作。此时，她需要跳出原有的工作环境，去不同的教学"阵地"感受不一样的中文教学，以丰富自身的教学经历。异域的中文教学打破了 F 老师原有的对中文教学的认识，尤其是快节奏、大容量的教学模式使其再次经历了摸索中前行的体验。

例 32：

高年级的汉语课，我要在一个半小时之内讲完一整篇课文的生词和语法……这种摸索我整整用了半个学期，才基本上理顺过来，主要做法就是我要分类，重点讲的、一带而过的，分得特别清楚，再就是复现，我必须利用好课堂时间让学生多次接触，争取在课上就掌握。

——节选自故事九《国外初体验》

F 老师体会最深的是整体教学目标的设定以及为达成这一目标所进行的教学设计。由于海外中文教学课时少、任务重，教学管理者对单课时教学内容的安排远多于国内一般中文教学。授课过程中，F 老师认识到教师应具备较强的教学行为目标感，即特定的教学行为应达成相应的教学效果，尽量避免无效教学行为，只有这样才可完成既定的教学内容。在具体操作过程中，F 老师认为最重要的是应对教学内容分类处理，重视教学内容的实用性、渐进性和复现性，从而提高课堂效率。

在师生关系的处理上，由于出国前曾因过多涉入学生的课余生活而有过不愉快的失败体验，F 老师刻意与学生保持一定的距离。这次外派经历则更加强化了其这一意识。不与学生在社交媒体上私下交流是当地约定俗成的师生相处模式，也是教师自我保护的一种方式，F 老师对此种师生关系有了成功的体验。

因此,这一有关师生关系的关于学生的实践性知识便在其知识体系中得以强化。此外,F 老师对于国外高校教师评价体系下语言教师所表现出来的职业热情有着自己的感受与体会,海外教师协同“作战”、精益求精、不断创新的精神也深深触动了 F 老师。

总的来说,三年的外派经历不仅使 F 老师获得了教学技巧上的成长,丰富了关于教学策略的实践性知识,还使其在关于教师自我、关于学生、关于课程等多方面实践性知识上都有了长足的进步与提升,这一切都为其进入成熟教师阶段打下了坚实的基础。

3.革新教学媒介

F 老师关于多媒体课件这一教学媒介的实践性知识在其胜任教师阶段发生了较大的变化。从最初不使用教学课件到具备较高课件制作水平,不仅是客观教学环境的变化,还体现了其教学能力和理念的提升,尤其是其教学呈现力和贯通力的不断增强。

例 33:

真正用起来,能慢慢体会到课件的一些优势。一是效率高,学生上课训练认读汉字,重在理解,书写训练课下进行;二是直观,各种语言结构、图片、视频给学生直接呈现,而且一张图可以用来讲很多点;三是整个课更连贯流畅了……我常会在 PPT 上给自己一些小提示,及时预知下一页的内容,课就会连贯得很自然。……制作课件需要把自己完全放到学习者的角度去做,比如考虑选什么样的图最典型而又没有歧义、哪个动画先出来更容易被接受等。

——节选自故事十《开始用 PPT 吧》

首先,她通过运用课件实现课堂教学的连贯性和流畅性,通过设置隐性线索及显性提示,使整个课堂成为前后贯通、连贯自然的整体。其次,她对图片、视频等教学媒介的选择有明确的标准及原则,避免歧义、一图多用是其最基本的选用标准。这一切都源自 F 老师多年教学经历中形成的对语言教学的深刻理解。

此外,F 老师还特别强调学习者因素对其关于教学媒介实践性知识变化的影响。首先,学生是其关于教学媒介的实践性知识的来源。在课堂互动与教学评估中,F 老师收获了很多针对课件设计的建议,改进后良好的教学体验转化为其新的实践性知识并指导其后续课件制作。其次,学生是运用关于教学媒介的实践性知识的出发点。F 老师从学习者视角设计教学课件,将便于学习者学习作为课件制作的立足点,注重提升学生的观赏感受。

4.思考文化教学

例 34：

我们常常展示太极拳、武术等功夫形式，但这经常会导致学生对中国文化有刻板印象……真正的文化教学是渗透在每节课中的，是用教学内容来反映中国社会生活、中国人思维方式和说话习惯的，让学生在日积月累的语言学习中逐渐了解中国。……文化教学不应停留在传统文化教学上，现代文化也理应是文化教学的一部分；文化教学的内容和形式不只是"我们觉得外国人喜欢什么"，而是应该真的去了解外国学生对什么感兴趣。

——节选自故事十一《文化教学？文化教学！》

F 老师对文化教学的体会代表了一部分一线国际中文教师的真实想法。中国文化元素教学一直是中文教学中极其重要的组成部分。但从目前来看，教学管理者与一线教师对文化教学存在着一定的分歧。教学管理者在对文化教学进行顶层设计之时，一般将传统文化作为中国文化展示的重点，因此目前设计文化教学时多停留在包饺子、剪纸、写书法、茶艺展示等几种形式。而从本书第 3 章关于教育环境的实践性知识的论述以及此处 F 老师撰写的教育叙事上看，基于对各国留学生的深入了解，一线教师更倾向于利用语言知识的教学展示语言背后所凝聚的文化内涵，尤其关注对中国人汉语使用特点、思维习惯以及当代中国社会风貌的介绍，使教学内容与实际生活紧密相连，以达到使学生更加了解并熟悉当代中国社会生活的目的。这是一个持续、长久的过程，也是单次文化活动难以达成的。文化活动应如何设计并非本书研究之内容，但需指出的是，学习者是国际中文教师实践性知识重要的外在来源之一，也是教师进行教学设计时所应秉持的视角和出发点，因此对学生进行大规模文化学习需求的调查，有针对性地设计、开展中国文化教学以满足新时代学生对文化知识的实际需要，是当前国际中文教学界实施文化教学的必经之路。

5.利用网络资源

随着视频网站的迅速发展，越来越多的中文教师以自媒体的身份出现在网络上，他们进行自我传播的形式主要有两种：一种是以公开课的形式将自己线下授课的实况录像发布于个人网络频道；另一种则是以上网者为教学对象，分专题进行知识讲授。由于汉语学习者基本来自汉语非官方语言的国家，上述两种中文教学视频主要出现在国外视频网站上。"Yoyo Chinese"是对 F 老师影响较大的中文教学网络平台。

例 35：

有一个叫"Yoyo Chinese"的频道做得很专业，那个老师上传了一些供国外学习者自学汉语的视频，从语音开始，基本上初级班的语法每一个都做了视频，学生看就像在线学习。……我也从里边学了很多。……目前网络资源已经成为我备课的主要来源之一。……网上有很多好的短视频、小文章，甚至是一些做好的图表都是可以直接拿来上课的。……我这种偶然发现身边教学素材的意识强了很多。

——节选自故事十二《发现"新大陆"》

F 老师注重各语言要素教学能力的均衡发展，因此特别关注自身教学薄弱环节——语音教学能力的提升。网络教学资源使 F 老师意识到授课教师应尊重学生进入课堂时所带入的身份特征，尤其是学生的母语背景，因此她邀请本土同事运用学生的母语发音为汉语拼音进行精确标注，以便于学生习得汉语语音。良好的教学效果也使得 F 老师关于教学策略的实践性知识中有关语言要素教学的部分获得较大程度的丰富与发展。

网络资源除作为 F 老师获取教学策略的外在来源外，还是其教学内容的重要来源之一。由于具备一定的教学体察力，网络上的文章、视频、图片等资源都被 F 老师感知并运用于实际授课中，这有助于其将教学内容与日常生活产生关联，帮助学生在相对真实的语言环境中开展学习活动，从而加深对学习教育情境（目的语社会）的认识与理解。

综合胜任教师阶段五个教育叙事的描述以及词云图的呈现，可以看到 F 老师在实践性知识上的两个关键词是"革新"与"调整"，这两大变化均是由外在条件引起的。职业培训将 F 老师带入新一轮的实施教学观察、接受教学指导阶段，已具备的实践性知识有助于其感知并接收更为广泛的来自资深教师、专业院校所凝练的实践性知识。她还走入更专业的汉语课堂进行观摩学习，这对其固有教学模式、教学策略产生了一定的冲击，促使其进行教学策略的调整，并在后续反思性实践过程中实现着实践性知识的革新。而国外任教经历则使 F 老师进入全新的实践情境中，不同的教学目标与教学对象以及新教学资源的涌现和新教学媒介的运用使 F 老师面临着全方位的挑战，此时其已有的实践性知识便扮演着策略之源的角色，有助于 F 老师在陌生的生活与教学环境中迅速、有效调整教学方式，对其实践性知识的丰富与完善起到了促进作用。

6.1.4　成熟教师阶段

成熟教师是指具有丰富的教学经验及较强的直觉判断力，教学技能达到一定认知自动化水平，并可根据学生课堂反应有效控制自身教学活动的一类教师，其工作年限一般为 5～10 年。该阶段教师能结合具体的教学情境因人、因材、因地施教，合理处理课程间的关联，师生关系得体。对国际中文教师来说，通过对教学模式、教学理念、同事合作方式的调整与探索，成熟教师可形成高质高效、具有鲜明个人风格的汉语课堂教学，并结合自身性格特征与不同文化背景的学生建立起良性的互动模式，尤其表现在能够游刃有余地处理非预期教学行为上。从 F 老师撰写的 4 篇教育叙事（故事十三至十六）及其成熟教师阶段教育叙事词云分析（如图 6-5 所示），可清晰地感知教学手段的创新与调整、教学评估、同事合作对其实践性知识发展的促进作用。

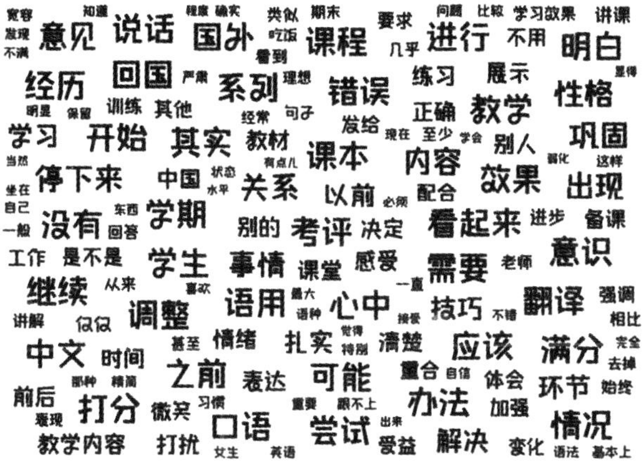

图 6-5　F 老师成熟教师阶段教育叙事词云分析

1.回国后调整

2013 年，结束了为期三年的海外任教，F 老师回到了原工作单位继续从事中文教学工作。三年的海外工作经历使其在教学技巧、教学管理、跨文化交际等方面都有了长足的进步，成功完成了从新手教师向胜任教师的转变，并逐渐成长为一名成熟的国际中文教师。在教学模式上，她根据个人体会逐渐形成了具有个人特色的汉语课堂；教学理念上，她开始强调翻译在语言操练中的重要性，并注重给学生展示留学生常见语言偏误从而起到强化学习准确性的目的。虽然如她所述，在刚回国初期教学中出现了些许不适应，但丰富的教学经验使她在期末反思中非常敏锐地感知到了教学中存在的问题，并根据问题聚焦点寻找到了解决问题的途径，对教学策略进行了及时调整。教学经验作为其改进教学策略的智力来源，对她当下的教学工作发挥了积极作用。

例 36：

第一个学期上下来，虽然还算顺利，但是我总觉得还有一些需要进步的地方……一个是，我在国外习惯了快节奏上课，回到国内那个惯性还在，上起课来跟别的老师相比就显得比较赶……二是，虽然我的课感觉课堂气氛还不错，跟学生互动比较顺畅，看起来学生也听得很明白，但是学生的学习效果并不扎实，尤其是在造句作业和考试中体现得特别明显。

——节选自故事十三《回国后的调整》

F 老师回国初期面临的最大挑战是教学节奏的调整。由于在海外长时间处于课时紧、任务重的工作状态，F 老师回国后虽然根据学生的水平和教学机构的课时安排进行了教学节奏上的调整，但教学惯性仍使其汉语课堂具有强化中文教学的特征。通过教学反思，F 老师意识到其当下的学生与国外任教机构的学生在学习动机与学习能力上存在明显差异，动机上的缺失使得学生明显缺少学习积极性，而学习能力的不足又使得 F 老师过于强调的教学环节过渡自然的设计无法体现出应有的功效。同时，快节奏的语言教学易导致语言点语用功能介绍的不完备，使学生呈现出看似已掌握、实则不扎实的学习特点。

在对当下教学现状有了清醒的认知与判断后，F 老师开始积极寻求授课形式上的突破。首先，在注重集体参与性的同时给予学生一定的自主学习空间，设置“留白”时段供学生消化与回味。其次，对教学内容进行科学分类，为每个教学点设置合理的教学容量。再次，大量运用网络真实语料作为例句，让学生不仅了解当今中国，还能体会到语用的限制。最后，F 老师还通过阅读教研论文研究成果，保证教学内容的准确性。通过这一系列积极调整与改进，F 老师关于教学策略的实践性知识得以发展与更新，知识的累积使其在从业五年后感受到强烈的教学自我效能感，这对于提高其专业自信、保证日后身份的顺利转变都有着深远的意义。

2.评估中提升

尽管教学评估的结果连年保持优异，且评教成绩并未与工资薪金、职称评定挂钩，但对教学工作一向高标准、严要求的 F 老师仍在意学生给出的每条建议与评价，并因从未获得满分而遗憾不已。为获得全体学生的满意，F 老师不断反思自身教学工作，寻找症结所在，从而为学生提供更高质量的学习体验。

例 37：

其实教学水平我觉得自己是过硬的，也就是说问题应该不是出在技巧上，那么最大的可能就是基于某些个人因素。……这个可能跟我自己的性格有关系，我是个比较内向的人，……性格上的调整则需要一种耐心和毅力。其实有些调整一直到现在我都在努力。……我现在很注重进行自己的表情管理，慢慢地我会发现自己有改变。

——节选自故事十四《遥不可及的满分》

F 老师认为国际中文教师的个人因素对课程教学有着深刻的影响，一个班级的学习氛围打着任课教师的烙印。她将反思的重点集中于自身的个性特征，认为自身性格过于严肃、对他人期待值过高、喜怒易通过表情外显等三个方面是学生尚未获得最佳学习体验的原因。于是，她开始有意识地进行调整，面带微笑、采取鼓励式教学、加强表情管理是其主要改进策略，并期待通过长久的努力实现量变到质变的飞跃。

值得指出的是，这一时期 F 老师对于师生关系的亲近程度有了新的认识。之前由于年龄与学生差别不大，F 老师刻意与学生保持一定的距离。也许正是这段距离，让 F 老师一直与满分失之交臂。随着年龄的增长，与学生的年龄差逐渐增大，F 老师看待学生的心态也悄然发生了变化，从同龄人的视角逐渐转变为长辈的姿态。这一变化使得 F 老师开始打破心理壁垒，试图通过“中文午餐”的形式增加与学生的课下交流，并取得了一定的成效。

3.合作中改进

例 38：

有一天上课，一个学生说“这个语法学过了”，我当时就觉得很尴尬。……我知道自己应该去看一下其他课程的教学内容……但通力合作确实需要花费大量的时间成本，我也就疏忽了。于是，我做了一个决定，我要每周把自己的课上讲过的内容发给同班级其他课的老师，希望他们备课的时候能帮我复现一下，然后我还请其他课的老师把即将讲到的内容发给我，这样备课的时候能有选择地避开，不做重复劳动。就这么试了几周，发现效果特别好。

——节选自故事十五《老师，这个讲过了》

课堂中出现教学内容与其他课程重合的场景并非 F 老师个案，而是教学中时常出现的教学现象，但因碍于面子，学生多未向教师示意。多名教师出现重复性教学主要体现出以下三个方面的缺失：一是构建课程间关联意识的缺失。教师极其注重课程内部前后内容的纵向关系，常通过以旧带新、多次复现的方式使新旧教学内容前后呼应，同班级各分技能课程间的关联虽被中文教师认为“应当引起重视”，但落实效果却不够理想。二是优秀成体系教材的缺失。目前，国际中文教学界不缺少系列教材，但主干教材与分技能教材共享教学内容、彼此呼应的系列教材较为少见，多“各自为政”，语言点分布各成体系，课型间难以建立起有效互相支撑的关系。三是教师合作共同体的缺失。由于课程间的互动会大幅提高备课的时间成本，教师虽能意识到协调备课的必要性，但不同课型实现集体备课仍存在一定的难度。

在意识到上述问题后，F 老师进行了积极的尝试与改进，并在加强与其他课程教师的互动过程中起到主导作用，及时沟通备课内容，合理调整内容设置，使各课程间形成了“你详我略”“你讲我练”的良性合作关系，实现了多门课程的共赢以及课堂教学效率的最大化。

4.**技巧中管理**

在入班观察过程中，我们发现 F 老师的汉语课堂秩序井然，整堂课各个环节层层相扣，学生开口率、参与度极高，极少出现分心走神的情况，F 老师关于课程的实践性知识，尤其是与课堂管理相关的实践性知识较为丰富，整堂课在其精心组织下开展得顺利且流畅。然而，F 老师还是遇到了两个无视课堂纪律的、身心存在某些问题的学生。

例 39：

她们在入班前应该就认识，所以坐在一块儿，但是凑在一起就开始低声聊天……我用了各种办法企图制止她们，可是效果都不理想。有一天，我实在忍不住了……她俩说话的时候我就突然不讲了，我也不说为什么，就等着她俩停下来，整个班就只有她俩的声音，估计她俩有所察觉，就不说了，我就继续上课。没过两分钟，她俩又开始聊，我就又停下来了……我空了很久，然后我说“这不是口语课，请不要在下边‘开会’，以后，有人说话的时候，我就不说话”。……我选择这样一种方式是有自信的：一、我知道别的学生没意见，他们也希望有安静的学习环境，我在他们心中的威信是有的；二、这两个女生不会记恨我，因为我能感受到她俩人的本质没问题，而且对我的教学也是非常认可的。

——节选自故事十六《课堂上的停顿》

在其长达九年的任教生涯中，F 老师遇到的所谓的身心存在某些问题的学生不在少数，通常她会以包容的心态换位思考、理解学生，并试图通过长时间的互动去观察了解学生，避免武断地为学生“贴标签”。在出现上述两名身心存在某些问题的学生这一新情境时，F 老师首先调动已有的关于课堂管理的课程实践性知识，尝试运用过往教学经历中解决类似教育情境的方法手段，解决当下新教育情境，可一连使用多种方式都无济于事。在此情况下，F 老师重新进入新一轮的反思性实践循环，经过慎重考量，她决定通过制造课堂上的停顿来引起“问题学生”的注意，并在实际操作中多次运用，以无声的形式表达对破坏课堂秩序行为的不满，起到了预期效果。但 F 老师同时提到，她这一“放大招”的做法是基于自己作为一名成熟教师对学生内心的体察与解读，是在通过自我效能感确定自己在学生心中有威信且自己的做法不会引发学生反感的情况下使用的。

综合成熟教师阶段四个教育叙事的描述，可以看到 F 老师能借助较为丰富的实践性知识感知教学中存在的问题，在个人反思中寻求问题解决的途径，并通过教学策略的调整实现问题的解决。在这一过程中，F 老师倾向于调动过往经历中解决类似情境的经验，若问题得以顺利解决，则旧实践性知识得以加强、巩固；若已有实践性知识无法解决当前问题情境，F 老师则进行循环往复的反思型实践，直至问题的顺利解决，而这也使其实践性知识实现了积累与更新。

6.1.5　走向专家教师阶段

专家教师是指拥有丰富合理的知识结构、高效的问题解决能力及敏锐的教学洞察力，并有一定教学专长的教师，其教学能力深得领导、同事、学生的好评，工作年限一般在 10 年以上。因业务能力出色，该阶段教师的职业身份大多实现了转变。在实施教学管理过程中，他们分享个人教学体会，扮演着其他教师“重要他人”的角色，也深化了对自我职业定位的理解。对国际中文教师来说，该阶段教师实现着职业角色的丰富与转换，将教学工作与教科研工作紧密结合，并在长年的多元文化工作环境中深刻理解国际中文教育行业，形成准确的职业定位。从 F 老师撰写的两篇教育叙事（故事十七、十八）及其走向专家教师阶段教育叙事词云分析（如图 6-6 所示），可清晰地感知其在成长为专家教师过程中的身份特征与职业定位。

图 6-6　F 老师走向专家教师阶段教育叙事词云分析

1.角色转化

由于教学能力出色且具备一定的教学管理能力与经验，F 老师开始被赋予课程组长、教学督导等管理职责。从接受资深教师的指导到目前自己担任指导教师，F 老师经历了新手教师阶段、胜任教师阶段以及成熟教师阶段的历练。新的角色带给 F 老师新的挑战，其中一个挑战便是作为教学组长需自主进行课程设计；另一个挑战则是如何从个人经验出发对新手教师进行业务上的指导。此时，多年的中文教学经历便成为 F 老师强有力的支撑。

例 40：

当教学组长要制定教学大纲，去安排设计整个学期每堂课的内容和作业……这么多年上课，我一定是有自己的体会的，对这门课也有自己的设计理念，那我就要利用这个机会去实践自己的那些想法。……要当好指导教师和教学督导，首先自己得有东西，有能力去指导别人。……现在我指导他们的时候，会把自己的经验表达出来，对我自身而言是一种提高，对他们而言，也是一种收获。……最近两年的变化不仅仅是表面上看到的身份的变化，最真实的变化是觉得对于教学，我的意识中有了更完整的认识，各种经验也并不是前些年那种凌乱堆放、毫无逻辑的了，自己可以用一种合适的形式表达出来，找到了一个个出口。

——节选自故事十七《身份的变化》

在课程设计上，F 老师借鉴国外中文教学严谨科学的课程大纲，并结合国内教学对象、课程设置等实际情况，进行课程教学目标的设定，并在多轮教学中不断反思与调整，从而实现了关于课程的实践性知识的丰富与发展；在业务指导上,F 老师模仿自己是新手教师时 Q 老师对她的指导方式,希望能在“传帮带”的过程中,将资深教师对于中文教学行业的热爱以及对个人职业的认同发扬光大。角色的转变对 F 老师最大的影响在于,通过完成各种教学管理工作,F 老师开始对隐藏在自我认知体系中的教学经验与体会进行总结、表达与分享,各项工作为其实践性知识的显性化提供了良好的生成情境。通过自我归纳,原本以缄默知识的形式存在的教学经验被编码并以显性实践性知识的形式被他人所感知,实现了实践性知识个体间的流动。

教学管理的角色还为 F 老师更新实践性知识提供了可能。担任教学督导期间,F 老师开启了新一轮的教学观摩,虽然与求学时期的入班观摩在性质上有所不同,但新手教师新颖的教学设计也让其多有收获。F 老师借助自身教学经验感受、领会新手教师的隐性实践性知识,并在将其重新编码后于课堂上再次运用,促进了教学质量的提升。

教科研活动与实践性知识互为来源的现象在 F 老师身上也体现得淋漓尽致。多年的教学经验使 F 老师积累了丰富的关于教学媒介的实践性知识,具备了评判教材优劣的实践能力,因此其在从事教材编写过程中可提出更为合理的编写方案和创作思路。而编撰教材这一教研活动反过来也有助于 F 老师加深对语言知识的理解,敦促其重新审视自己的教学方式,实现教学模式的优化调整。

2.**职业定位**

例 41:

说自己是一个“国际人”,有两层含义:一是随着从业年限的增长,我越发感到自己在各国学生面前能做到游刃有余了。……各个国家对老师的定位、对老师的要求都有区别。……如何达到各个国家标准间的平衡是一个非常大的学问。“国际人”的第二层含义是,我对世界上每个国家又有了更鲜明的认识。……每个国家或者区域的人都有自己独特的性格特征和学习风格。……某国人的样子其实并不是我以为的样子,我需要不停地去更新、细化对某个国家的了解。

——节选自故事十八《国际人》

“国际人”是 F 老师作为一名已工作 9 年的成熟教师给自己的定位,也是其对国际中文教师职业形象的概括。在成长为“国际人”的过程中,学生扮演着极其重要的角色,对教师形成自我职业认知起到了关键性的作用。在与学生的互动交往中,教师收获了丰富的关于学生的实践性知识,学生所在国家的风土人情、风俗习惯都被存入教师的知识储备库,成为其日后教学的智力资源。而各国社会对于优秀教师形象的刻画在带给F老师更大挑战的同时,也促使其逐渐找到各国不同标准间的平衡,最终成长为备受各国留学生喜爱的“国际人”。

在长年的工作经历中,F老师对于各国汉语学习者进入汉语课堂时所带有的鲜明的民族特征有了更细致的认识,也纠正了原本的一些刻板印象。她不再把学生简单分为欧美学生与日韩学生,而是尽可能去体会每个国家或民族所表现出的独特的身份特征,去用心体察每个学生的内心世界。从最初未能体察到英国学生的不满导致其教学评估成绩欠佳,到目前面对各国学生时的游刃有余,F老师的变化离不开学生反馈、专家指导、职业培训等外部因素的促进,更离不开其个性心理、过往生活经历、个人反思等知识生成的主观个人媒介。

新的专业发展阶段中,F老师被赋予新的角色,在对其他教师实施指导的过程中,F老师将个人极为丰富的实践性知识予以表达,使其显性化,实现了个人实践性知识的有效传递,也是在对新手教师进行督导的过程中,F老师感受到了来自新一代中文教师的教学热情,自身的实践性知识仍在继续增长。正是在观察与模仿、接受与外化、实践与反思、生成与强化的往复循环中,F老师实现了各类实践性知识的不断丰富与发展,在走向专家教师的道路上不断前行。

6.2 基于个案的实践性知识生成机制

6.2.1 生成机制模型

陈向明指出,学界对教师实践性知识的研究偏重于静态描述,缺乏动态性考察,特别是对这类知识是如何在具体的实际情境中被创造和生成出来的探讨不够。[①] 在上一节,本书以典型样本教师F老师为个案进行教育叙事研究,通过对其过往经历,尤其是其各专业发展阶段中关键事件的呈现与分析,可以发现国际中文教师实践性知识的形成与发展是一个不断建构的动态过程。这一过程不仅包括将新知识纳入个人已有认知体系之行为,还包括当既有知识无法满足新问题情境时对旧知识结构进行的调整与重组。简单而言,国际中文教师实践性知识的生成机制模型可用图6-7表示。

---

① 参见陈向明:《对教师实践性知识构成要素的探讨》,《教育研究》2009年第10期。

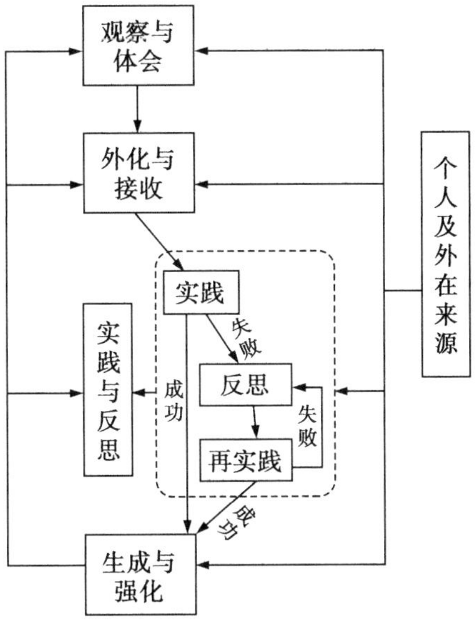

图 6-7　国际中文教师实践性知识生成机制模型

实践性知识的生成是一个动态、开放的长期发展过程，是一个包括观察与体会、外化与接收、实践与反思、生成与强化等四个阶段的循环发展的实践行动。在观察与体会阶段，新手教师以观摩者的姿态进入国际中文教育行业，通过实地听课与留心观察，结合过往求学经历中掌握的理论知识，对周边同事，尤其是专家教师在课堂教学及其他教育工作中所表现出的隐性实践性知识进行自我感知。在外化与接收阶段，新手教师接受资深教师的业务指导，在这一过程中，资深教师将个人缄默的实践性知识予以外化，实现知识的形态由隐性知识向显性知识的转变，通过具体教学经验的传授，帮助新手教师尽快进入工作状态。在这一时期，新手教师接收的实践性知识并非其“实际信奉”的实践性知识，仍需经过教学实践的检验。在实践与反思阶段，新手教师在对可能有效的教学策略进行模仿与尝试中开展教学实践，对教学情境进行再认，若新教学情境与已知教学情境类似，新手教师便运用已接收的实践性知识开展教学实践。若问题情境得以成功解决，该实践性知识便内化入其知识体系，成为其“实际信奉”的实践性知识；若无法对新教学情境进行再认或问题情境无法解决，新手教师则启动自我反思，并在“反思—再实践—再反思—再实践”的循环过程中不断试错，最终实现问题情境的成功解决，完成实践性知识的初构。

但实践性知识的生成路径并未到此结束。随着教学工作的继续开展，教师实践性知识进入新一轮的循环与扩散。在日后教学实践中，经过丰富发展的实践性知识会再次进入前三个阶段中任意一个并开始新一轮的循环，实现实践性知识的再生成与再发展。当教师再次进行课堂观摩时，已有实践性知识有助于其解读任课教师隐性实践性知识；当教师进入合作共同体或转变角色担任教学指导职务时，对自身已有实践性知识的凝练与外化可实现自我实践性知识的共享；而当教师再次投身教育实践时，已有实践性知识又将有助于其开展新一轮反思型实践。正是在一轮轮的循环过程中，国际中文教师的实践性知识得以不断丰富与完善、外化与共享。正是在对实践性知识进行感知与初构、循环与扩散的过程中，新手教师经过胜任教师阶段、成熟教师阶段的历练，并最终走向专家教师之路。下面将从这两方面对国际中文教师实践性知识生成机制模型作进一步阐述。

6.2.2　实践性知识的感知与初构

1.观察与体会

国际中文教师的职业生涯一般是从理论性知识学习和进行课堂观摩开始的。理论性知识学习为教师奠定了一定的专业知识基础，而观摩他人课堂，尤其是专家教师汉语课堂则是新手教师教学实践的起点。新手教师在其过往教育经历中，通过课程学习和文献阅读已获得了大量显性的教育理论知识，并通过长期的师生交往与留心观察，在个人认知中存储了丰富的、鲜活的课堂教学场景，形成了对国际中文教师职业形象的最初设想，任课教师的教学方式与风格已潜藏于其教学信念中，可以说，新手教师是带着一定数量的理论知识和职业印象走上教学岗位的。初入职场，新手教师走入资深教师教学现场进行课堂观摩，对周边同事的工作状态实施非正式旁观，在不断进行的情境体验过程中，体会着来自其他教师的包括个人教学理念与师生关系的构建、课程总体设计与教学策略的选择、教学媒介的使用与教学环境的感知等多方面的隐性教学知识。他们对所观察到的情境进行思考，尤其对特定情境中解决特定问题的知识保有较高的敏感性，在观察他人教学、工作的过程中获得有益的启示，总结教训与不足。新手教师通过将自身已有学科理论知识与教学观摩感悟所得进行初步整合，便形成个人最初的教学信念，也就是实践性知识的雏形。但这一过程中，新手教师多以“旁观者”的姿态获取知识，某些观察、解读因个人职业能力及素养有限，存在不完整甚至不准确的情况，所以，此时形成的知识并非其“实际信奉”的实践性知识，需要在日后接受教学指导并与问题情景进行对话的过程中，对其加以验证或改进，在具体的教学实践中实现实践性知识的生成。

2.外化与接收

新手教师多缺乏实际教学经验，他们对于观察感知到的他人丰富而多元的隐性实践性知识的理解更多地停留在理论层面和尚待深入的教学实践上，并且其个人能力尚不足以借助教学实践快速提升个人教学技能，在具体教学情境中常缺少有效应对策略，需要专家教师的指导和帮助。因此，在实际教学中专家教师与新手教师常建立起以“传帮带”为目标的合作共同体，构建教学经验对话场，通过多种形式的教学讨论与指导进行对话交流。在进行教学指导过程中，专家教师以其丰富的教学经验为基础，将个人隐性的实践性知识加以提炼并概括，实现对知识的编码，并通过语言的形式予以外化，向新手教师表达其对于教师自我、学生、课程、教学策略、教学媒介及教学环境的理解与认识，实现实践性知识的显性化与可接受化。为避免所要传递的实践性知识与新手教师实际接收的实践性知识相差甚远、认知失调的现象，专家教师多采用话语解释与示范指导相结合的方式，以减少实践性知识在传递过程中失真的可能性，确保共享实践性知识的科学性与准确性。

在与合作共同体成员进行对话协商的过程中，新手教师与专家教师之间实现了实践性知识的共享，从而收获了教学实践行动的指导方针，构建起对不同教学情境的认识。但在这一阶段，新手教师多采用模仿的手段，在实际教学过程中多对专家教师的外显教学技能进行整体复制，较少加入个人教学理解，难以体现个人教学特征，因此，此时的实践性知识仍不是其真正的“使用理论”。如何对专家教师外显的实践性知识进行编码，内化为个人实践性知识，以实现在教学实践中自我激活并自如地应对复杂多变的问题教学情境，需要经过一个漫长的实践与反思过程。

3.实践与反思

实践性知识作为教师专业发展的主要知识基础，需在一定教学实践中产生，并服务于教学实践。新手教师是带着在专家教师传授的实践性知识进入教学实践的，复杂多变的问题情境促使新手教师思考如何激活已接受的实践性知识去解决眼前具体的问题。实践者会刻意地比较两个情境，或隐蔽地参照另一个情境来描述当前情境。① 他们根据自身已有教学知识去认识新情境并构建对这一情境的理解，将这种理解与之前的相关知识表征进行匹配，努力在原有知识结构中达到顺应与平衡。当问题情境与既有实践性知识结构中的某个场景相吻合，

① 参见[美]唐纳德·A.舍恩：《反映的实践者：专业工作者如何在行动中思考》，夏林清译，教育科学出版社 2007 年版。

新手教师常下意识地模仿或照搬指导教师的教学策略，“相似地看待”或“相似地解决”类似的情境。若问题情境得以顺利解决，则原有实践性知识得到强化，成为教师自动处理同类问题的“行动知识”；若问题情境无法成功解决，或与先前已知情境不吻合，教师则开启反思通道，以实现对已有知识的修改或对新信息的接纳。

反思是教师以自己的课堂教学行动为思考对象，对自身表现出的行为、角色以及由此所产生的结果进行审视和分析的过程，是一种思考经验问题的方式。[①]反思可以是即时的，也可以是延时的，教师的反思行为是使教学经验有意义化的行为，反思能力也是实践性知识获得的关键能力。在反思过程中，教师借助过往经历、日常生活体验等个人来源以及合作共同体、学生、工具书等外在渠道，综合运用各类实践性知识，寻求解决问题情境的方案，并再次投入实践与问题情境对话，教学行为呈现“反思—再实践—再反思—再实践”的样态，通过一轮轮反思、总结、调整与改进，问题情境得以解决，教师经验实现增长，此时新生成的实践性知识可使原有知识结构得到合理优化。

行动中反思、反思型实践对新手教师实践性知识的养成具有决定性作用。在对问题情境进行一次又一次的“解释—反思—实践”过程中，教师逐渐成为一名熟练的反思型实践者，具备面临新情境、解决新问题的能力，新生成的实践性知识也具有了个人特质。因此，对教学情境进行解释、在反思中实践的过程，也是一个自我建构的过程。

4.**生成与强化**

在上一环节中，教师通过实践与反思使问题情境得以成功解决。若问题情境是在原有实践性知识指导下解决的，则原有实践性知识得到强化，并可在日后反复多次的运用与检验中逐渐内化为教师自我知识体系，成为教师“实际信奉”的“使用理论”；若问题情境通过教师多次反思与实践后才得以解决，用于解决问题情境的知识也将经过教师编码后储存，成为新生成的具有实际情境取向的实践性知识，促进教师个人实践性知识结构的丰富与发展。个人化的实践性知识，经过不断抽象和建构，将具有最大程度的普适性，用于指导后续实践行动，国际中文教师的实践性知识即在如此螺旋发展的实践行动中逐渐生成并不断提升。

---

① 参见姜美玲:《教师实践性知识研究》，华东师范大学硕士学位论文，2006年。

6.2.3 实践性知识的循环与扩散

在经历了实践性知识的感知与初构后，国际中文教师并未停止对未知实践性知识的探索与追求。其知识的生成具有回归性与循环性。随着教学实践的不断开展，教师经过反思性实践后强化或生成的新实践性知识会自动进入新一轮知识生成的循环。需要指出的是，教师的教学工作不仅局限于课堂教学，参加职业培训、参与课程小组、担任指导教师等工作都属于教师的职业范畴。因此，实践性知识新一轮的循环式生成并非绝对起始于最初的"观察与体会"，而是可以回归至知识生成前三个环节中的任意一个，通过对其他教师的教育教学活动的观察、在合作共同体互动活动中的分享或是新问题情境下师生的交流与对话实现实践性知识的循环与扩散。

首先，教师可回归到"观察与体会"阶段。当观摩其他优秀教师的公开课、接受职业培训中的教学案例评析时，国际中文教师开启了新一轮的教学观察。与新手教师阶段有所不同的是，在经历了实践性知识的初构后，教师已经具备了一定的教学领悟，教学体察力有了一定程度的提高，可以借助已拥有的实践性知识去感知并理解授课教师在教学过程中所展示的整体教学设计以及微观教学技巧，与其产生共鸣。随之，教师可结合自身教学实际进行反思，并将通过观察所得的教学技巧有选择地运用于日后的教学实践，而并非如新手教师般难以全面或准确理解执教教师的设计意图。在进行线下观摩的同时，教师还可将观摩的视野拓展到线上，通过观看多种不同类型教学机构、不同课型网络教学视频的方式，在更大范围内感知他人教学实践性知识，实现自身知识结构的调整与优化。随着教学经验的逐渐积累，教学效果的不断提升，部分教师职业角色会发生转变，从单纯的教学者转变为教育管理者，在对新手教师进行入班教学督导时，可更敏锐地发现新手教师教学过程中呈现的问题及亮点，不仅可以进行及时且必要的教学指导，还能即时借鉴新颖巧妙的教学设计，以实现自我经验的不断完善。

其次，教师可回归到"外化与接收"阶段。教学实践过程中教师获得的实践性知识以个人专有的实践性知识为主，但成熟教师、专家教师形成的有效教学模式等系统化知识具有较强的指导意义和推广性，教师对于个人教学经验亦具备了一定的凝练与总结的能力，他们并不会独自占有实践性知识的拥有权和使用权，而是倾向于将经过编码的知识与其他教师共享，这成为教师获得实践性知识的有效途径。[①] 教师实践性知识只有通过不断扩散、扩大其影响教师群体的范围,才能体现实践性知识的真正价值。

进行科学教学研究是教师分享自我实践性知识的第一种方式。教师通过对自身实践性知识进行凝练与概括,使个人的实践性知识以学术著作或论文的形式外化,或落实到汉语教材编写体例中。随着时间的推移,以杂志、专著、教材等为载体的个人专有的实践性知识逐渐扩散至公共领域,成为具有理论性知识特点的共享实践性知识。

参与合作共同体的集体协作活动是教师分享自我实践性知识的第二种方式。在参与课程组讨论、合作完成教学项目的过程中,教师运用个人实践性知识,与其他共同体成员进行对话交流。在对教学实践的思路与看法进行表述的过程中,教师除了将针对某一具体问题的隐性知识逐渐明晰化外,还促成彼此实践性知识的显性交流,使实践性知识具有了群体性的特征。专家教师在推动自身专业获得更深发展的同时,也引领了共同体所有成员的专业发展。

对新手教师进行业务指导是教师分享自我实践性知识的第三种方式。在业务指导过程中,专家教师针对新手教师有待提升的教学能力,在个人已有隐性教学经验中寻找应对策略,经过提炼、概括后以新手教师易接受的方式进行外化表达,从而实现个人实践性知识的转移与分享。

最后,教师可回归到"实践与反思"阶段。课堂教学是国际中文教师最普遍的工作情境,教师秉持上一个循环周期中强化或生成的实践性知识进入新的教学实践是最常见的回归方式。在新问题情境下,教师运用已结构化的实践性知识熟练地解决具体情境中多元化的问题,实现实践性知识的普适性。然而,已被验证有效的实践性知识在"实践与反思"阶段也存在继续调整、优化的可能性。由于学生个体间存在差异,原本关于某个国家整体民族风格的实践性知识可能无法直接应用于单个学生身上;而由于不同的教学模式间存在差异,原有关于长期语言进修教学模式的课程知识,可能无法满足短期强化中文教学的需求。因此,教师需要继续通过反思性实践以实现新的问题情境的圆满解决,从而实现实践性知识的不断运动与创新。由此可见,教师"实践+反思"循环反复的动态教学实践是其实践性知识生成的关键环节。

从对上述三种回归方式的论述中可以看出,国际中文教师实践性知识始终处于动态发展的状态中,处于感知经验水平的未编码的实践性知识会逐渐被编

① 参见殷玉新:《教师实践性知识的获得:为何与何为》,《湖南师范大学教育科学学报》2015 年第 6 期。

码并外化，属于少数教师专有的实践性知识会在合作共同体成员的互动中被逐渐扩散为众多教师所共享的存在，多元的问题情境促使教师实践性知识具体化与普适性程度不断提高。正是在无限的循环与扩散中，国际中文教师实现着实践性知识的积累与更新，并指导着更多的国际中文教师在探索实践性知识的道路上继续前行。

至此，本书已经揭示了各专业发展阶段国际中文教师在实践性知识内容构成上的共性特征、阶段性特征以及知识结构上的异同，并结合国际中文教师实践性知识的来源探讨了知识生成机制。

本书是关于教师知识的研究，知识观是教育教学的认识论基础。由于教学对象、教学媒介、教学环境等方面具有特殊性，国际中文教师与其他专业教师相比有一定的特殊性。基于教师的实践性知识是教师在教学活动中与教学环境相互作用的结果的观点，本书运用刺激回忆的方法，针对国际中文教师工作环境的特点，研究由此发展起来的实践性知识，将教师知识扎根于教师工作的具体环境之中，注重实践性知识的情境性，体现了建构主义知识观所内含的知识是一种具有情境性、相对性等特点的主观经验的观点。

从社会学上看，本书秉持“知识均由社会建构”这一思想开展研究。包括国际中文教学在内的各种教育形式都是复杂的动态过程，在这一过程中，教师与学习者一样，是带着各自不同的社会经验进入教育现场的。从第 5 章对国际中文教师实践性知识形成的系统性来源论述中，我们看到促进教师实践性知识生成、更新与发展的因素不仅有合作共同体、教学媒介以及国家政策等外在来源，也有过往经历与日常体验、个性心理等个人来源。虽然个人来源起决定性作用，但都与社会情境息息相关。知识、思想的形成受制于社会结构和社会文化，社会文化传统和价值取向影响着教师的教育实践，“离开了历史文化和社会背景，任何思想、观念、知识、意识都无法得到正确的理解”[①]。第 6 章对教师实践性知识生成机制进行了探讨，将实践性知识放入连接个体行动者和社会结构的实践中理解行动者和实践的关系，挖掘出对外教师实践性知识背后的深层社会意义，认为在社会化的教学过程中，教师在当下的教育情境中发挥理解行动的能力，针对所处的环境情势完成各种实践行动，在主客观因素共同作用下形成的新实践性知识将经由教育行动再现于教育场域中，通过反复实践使得生成或更新的实践性知识内化入其原有知识体系中，并再践行于教育现场，如此循环不已。

从教育学上看，“三教”（教师、教材、教法）是教育界始终重点关注的核心领

① 钱扑：《论教育社会学对知识社会学的接纳》，《教育科学》2003 年第 10 期。

域。教师知识相关研究是教育界的重要研究方向之一，而教师实践性知识作为国际中文教师的专业发展的知识基础，该领域的相关学术研究理应成为学科研究的重要组成部分。本书以国际中文教师这一具有一定特殊性的教师群体作为研究对象开展实践性知识研究，是对“三教”相关研究的积极实践。尽管目前有关教师实践性知识的研究已经在教育学领域取得了较为丰富的成果，但在国际中文教师领域的研究成果仍然较少且未成体系，而以后方法教育理论为理论基础的国际中文教师相关研究更是处于起步阶段。

通过对国际中文教师实践性知识内容构成和生成机制的探讨，本书建构了国际中文教师共性实践性知识的框架，全面展示了国际中文教师“实际上知道什么”，呈现了国际中文教师区别于其他领域教师所独有的实践性知识，有力地促进了社会对国际中文教育行业的认知，开拓了这一学科教师研究的方向。而后方法教育理论也为日后研究国际中文教师实践性知识提供了新的视角，为国际中文教师师资队伍建设提供了理论指导，为国际中文教师知识的相关研究提供了一种研究范式，进而将推动国际中文教育行业的发展。

参考文献

一、中文文献

1.专著

(1)陈静静:《教师实践性知识论:中日比较研究》,华东师范大学出版社2011年版。

(2)陈向明等:《搭建实践与理论之桥——教师实践性知识研究》,教育科学出版社2011年版。

(3)胡志刚:《教育时机论》,黑龙江人民出版社2003年版。

(4)姜美玲:《教师实践性知识研究》,华东师范大学出版社2008年版。

(5)[美]库玛:《超越教学法:语言教学的宏观策略》,陶健敏译,北京大学出版社2013年版。

(6)李利:《职前教师实践性知识发展研究》,苏州大学出版社2015年版。

(7)李泉主编,高增霞等编著:《汉语综合课教学理论与方法》,北京大学出版社2011年版。

(8)刘兴富、刘芳主编:《教师专业化发展的理论与实践》,光明日报出版社2010年版。

(9)[美]罗莎娜·利斯威德等:《发现你的学习优势,发现我的教育优势》,张林译,中国社会科学出版社2011年版。

(10)潘丽芳:《教师实践性知识研究——以上海市小学教师为例》,华东师范大学出版社2015年版。

(11)皮连生主编:《学与教的心理学》,华东师范大学出版社1997年版。

(12)申继亮主编:《新世纪教师角色重塑:教师发展之本》,北京师范大学出版社2006年版。

(13)[美]唐纳德·A.舍恩:《反映的实践者:专业工作者如何在行动中思考》,夏林清译,教育科学出版社2007年版。

(14)[美]威廉·F.派纳等:《理解课程:历史与当代课程话语研究导论》,张华等译,教育科学出版社2003年版。

(15)[美]小威廉姆·E.多尔:《后现代课程观》,王红宇译,教育科学出版社2000年版。

(16)谢立中主编:《西方社会学名著提要》,江西人民出版社1998年版。

(17)叶澜等:《教师角色与教师发展新探》,科学出版社2001年版。

(18)[日]佐藤学:《课程与教师》,钟启泉译,教育科学出版社2003年版。

2.期刊

(1)茶文琼、徐国庆:《职业教育教师教学能力的构建——基于实践性知识的视角》,《职教论坛》2016年第21期。

(2)常波、吴非晓:《关于高校青年外语教师专业发展途径的探讨》,《教育与职业》2011年第8期。

(3)陈柏华:《教师实践性知识研究:回溯与反思》,《教育发展研究》2012年第8期。

(4)陈柏华:《西方教师实践性知识研究进展》,《比较教育研究》2014年第4期。

(5)陈静静、姜美玲:《论教师实践性知识形成与发展的内在机制》,《全球教育展望》2014年第5期。

(6)陈力:《外语教学法的"后方法"时代》,《基础外语教育》2009年第3期。

(7)陈申等:《后方法理论视野下的对外汉语教学研究——第11届对外汉语国际学术研讨会观点汇辑》,《世界汉语教学》2014年第4期。

(8)陈向明:《实践性知识:教师专业发展的知识基础》,《北京大学教育评论》2003年第1期。

(9)陈向明:《教师实践性知识研究的知识论基础》,《教育学报》2009年第2期。

(10)陈向明:《对教师实践性知识构成要素的探讨》,《教育研究》2009年第10期。

(11)陈欣、郭春芳、林颖韬:《促进实践性知识创生的教师研修方式探索》,《课程·教材·教法》2014年第11期。

(12)陈亚杰、王丽楠:《高校外语教师课堂情感智慧研究》,《内蒙古师范大学学报》(教育科学版)2019年第7期。

(13)陈勇京:《"后方法"视角下国际汉语教学的相关思考》,《语文学刊》2015

年第7期。

(14)程飞:《体育教师实践性知识的特征、建构与传承》,《山东社会科学》2016年第S1期。

(15)程凤农、唐汉卫:《教师自组织:教师实践性知识管理的一种组织方式》,《教育理论与时间》2014年第1期。

(16)程凤农:《教师实践性知识管理策略探析》,《教育发展研究》2014年第12期。

(17)崔永华:《试论后方法时代的汉语教学资源建设》,《国际汉语教学研究》2015年第2期。

(18)崔永华:《后方法时代的汉语教学理论建设》,《国际汉语教学研究》2016年第2期。

(19)崔永华:《我的汉语教学观》,《国际汉语教学研究》2018年第4期。

(20)但巍:《〈超越教学法:语言教学的宏观策略〉述评》,《外语界》2004年第2期。

(21)董辉:《论后方法时代的教师发展》,《黑龙江高教研究》2012年第4期。

(22)董江华、陈向明:《镜室的映照——对合作探究群体生成实践性知识的探析》,《教育学报》2013年第4期。

(23)董金伟:《后方法视角的外语教学:特征与要素》,《外语教学理论与实践》2008年第1期。

(24)邓晶晶、张辉蓉:《教师实践性知识:内涵解读与发展之道》,《当代教育科学》2013年第19期。

(25)邓志辉:《教师赋权增能与后方法视野下的外语教学》,《外语界》2008年第5期。

(26)段舟杨:《SPOC翻转课堂教学在实践性知识学习中的应用——以对外汉语教学法课程为例》,《西安文理学院学报》(社会科学版)2017年第4期。

(27)冯翠典、张晓勤:《职前教师获取指导教师实践性知识的途径探讨》,《当代教育科学》2013年第16期。

(28)冯锦程:《浅析对外汉语教学的"方法时代"和"后方法时代"》,《学理论》2011年第29期。

(29)傅咏梅:《同伴结对观摩与教师专业发展》,《基础英语教育》2005年第3期。

(30)甘凌:《从后方法理论看大学英语教师的专业发展》,《教育探索》2010

年第12期。

(31)甘凌:《后方法教育理论视角下大学英语视听说教学探析》,《现代教育科学》2013年第1期。

(32)高鸾:《当代西方建构主义教师教育思想简述》,《比较教育研究》2016年第9期。

(33)葛馨、曲溪濛:《熟手国际汉语教师专业化过程探究》,《继续教育研究》2017年第10期。

(34)郭风岚:《对外汉语教学目标的定位、分层与陈述》,《汉语学习》2007年第5期。

(35)郭洪洁、宋维华:《基础教育职前外语教师实践性知识的习得途径》,《中国成人教育》2015年第18期。

(36)郭燕玲:《"学习中心法":ESP的"后方法时代"》,《中国外语》2016年第6期。

(37)果淑兰、张芊丽,王娟:《课改中教师实践性知识的生成机制——以某普通中学"人文综合"主题教学为例》,《中国教育学刊》2017年第4期。

(38)韩吉珍:《论职前教师实践性知识的表征方式》,《教育理论与实践》2016年第19期。

(39)韩吉珍:《职前教师实践性知识的生成途径探析——从个人生活史分析》,《教育理论与实践》2017年第34期。

(40)韩生荣:《循序引导 永葆职业热情——浅谈对教师的职业培养》,《教育教学论坛》2011年第9期。

(41)韩序:《浅谈"复现"在对外汉语课堂教学中的应用》,《辽宁行政学院学报》2012年第11期。

(42)胡韬、阳红、张金运、滕鲁阳:《教师实践性知识的结构研究》,《教学与管理》2011年第36期。

(43)胡延平、刘晓敏:《基于SECI模型的知识创新过程的再认识》,《企业经济》2009年第3期。

(44)华维芬:《外语教学方法研究新趋势——〈理解语言教学:从方法到后方法〉述评》,《外语界》2008年第5期。

(45)黄慧、熊琴:《基于"后方法"理论视角的SPOC外语教学模式探究》,《外语电化教学》2016年第4期。

(46)黄玲侠:《职前教师实践性知识生成途径探析》,《中国成人教育》2014

年第 23 期。

(47)黄友初:《职前教师实践性知识的缺失与提升》,《教师教育研究》2016 年第 5 期。

(48)姜美玲:《论教师实践性知识的发展路径》,《当代教育科学》2009 年第 13 期。

(49)姜美玲:《论教师实践性知识的表征形式》,《全球教育展望》2010 年第 3 期。

(50)姜美玲:《论教师实践性知识的本质属性与衍生特征》,《教育理论与实践》2010 年第 7 期。

(51)江淑玲、李梦瑶:《理论性知识向实践性知识的转化——实习教师专业能力发展的一个重要视角》,《教育学术月刊》2016 年第 6 期。

(52)江新、郝丽霞:《对外汉语教师实践性知识的个案研究》,《世界汉语教学》2010 年第 3 期。

(53)江新、郝丽霞:《新手和熟手对外汉语教师实践性知识的研究》,《语言教学与研究》2011 年第 2 期。

(54)蒋银健、郭绍青:《基于知识建构的教师专业发展模型构建研究》,《中国电化教育》2014 年第 6 期。

(55)焦占威:《试论国际汉语教学学科建设及汉语国际传播研究》,《教育现代化》2017 年第 6 期。

(56)金伟:《新手国际汉语教师实践性知识应用策略研究》,《文化创新比较研究》2018 年第 3 期。

(57)鞠玉翠:《教师教育与教师个人实践理论的更新》,《教育探索》2003 年第 3 期。

(58)[加]F.迈克尔·康奈利、D.琼·柯兰迪宁等:《专业知识场景中的教师个人实践知识》,王建军译,《华东师范大学学报》(教育科学版)1996 年第 2 期。

(59)康晓伟:《论艾尔巴兹的教师实践性知识思想》,《比较教育研究》2014 年第 4 期。

(60)康晓伟:《论康纳利和克兰迪宁的教师个人实践性知识思想》,《外国教育研究》2016 年第 5 期。

(61)康晓伟:《论人性能力与教师实践性知识》,《教育理论与实践》2016 年第 7 期。

(62)蓝卫红:《网络研修与校本研修整合的教师实践性知识管理》,《教育探索》2015 年第 6 期。

(63)李春琳:《优秀大学英语教师实践性知识的个案研究》,《海外英语》2013 年第 13 期。

(64)李广平:《建构主义理论对教师教育的启示》,《外国教育研究》2004 年第 5 期。

(65)李娟、张丽芳、刘娇娇:《幼儿园教师数学领域内容知识考察》,《学前教育研究》2016 年第 11 期。

(66)李丽:《后方法理论视野下的对外汉语文学课教学》,《邢台学院学报》2014 年第 4 期。

(67)李莉:《职前教师实践性知识的生成》,《当代教育科学》2014 年第 11 期。

(68)李梁:《师范生实践性知识养成研究——基于小学教育专业师范生的叙事》,《教育发展研究》2015 年第 4 期。

(69)李泉、高增霞:《汉语综合课教学原则和教学意识》,《海外华文教育》2010 年第 4 期。

(70)李泉:《国际汉语教师培养规格问题探讨》,《华文教学与研究》2012 年第 1 期。

(71)李泉:《基于信念的汉语教学法概说》,《国际汉语教学研究》2018 年第 2 期。

(72)李万轶:《建构主义学习观与英语教师角色及职能转换》,《西南民族大学学报》(人文社科版)2008 年第 S1 期。

(73)李艳红:《小学教师实践性知识发展的叙事研究》,《当代教育与文化》2017 年第 1 期。

(74)梁松林:《论中学英语教师实践性知识的生成、创新及共享——基于知识创生理论的视角》,《教育学术月刊》,2013 年第 9 期。

(75)梁松林:《SECI(知识创生理论)对于教师实践性知识生成、共享和创新的启示分析》,《佳木斯教育学院学报》2013 年第 11 期。

(76)廖元锡、廖伯琴:《科学探究教学的实践性知识及其建构》,《中国教育学刊》2006 年第 6 期。

(77)刘芳:《后方法时代体育教师角色的转型及其实现研究》,《教育评论》2016 年第 6 期。

(78)刘凤娟:《后方法外语教学理论文献研究综述》,《教育现代化》2017 年第 28 期。

(79)刘光然、王彩霞、李海平:《中职教师实践性知识构成及生成策略的个案研究》,《职业技术教育》2015 年第 19 期。

(80)刘弘、靳知吟、王添淼:《对外汉语课堂操练中教师等待时间研究》,《世界汉语教学》2014 年第 2 期。

(81)刘利等:《汉语国际教育知识体系的特色与构建——“汉语国际教育知识体系的特色与构建研讨会”观点汇辑》,《世界汉语教学》2019 年第 2 期。

(82)刘澍、杨娟:《经验移植:教学实践性知识生成过程中的意向性觉知——以基础课教学为观察对象》,《中国高教研究》2013 年第 4 期。

(83)刘澍、杨娟:《超越方法:生成性教学视域下教师实践性知识的本土化培育》,《湖南师范大学教育科学学报》2015 年第 5 期。

(84)刘茜、李永红、封超燕:《化学教师实践性知识的反思性探析——基于解释学的视角》,《教学与管理》2016 年第 27 期。

(85)刘强:《互动对实习教师实践性知识获得与转化的影响》,《教育学术学刊》2013 年第 4 期。

(86)刘香君:《近 15 年汉语国际传播研究状况及其发展趋势》,《北华大学学报》(社会科学版)2015 年第 6 期。

(87)刘向辉:《后方法时代的大学英语教师角色转换思考》,《教育与职业》2010 年第 2 期。

(88)刘旭东、吴银银:《我国教师实践性知识研究十年:回顾与反思》,《教师教育研究》2011 年第 3 期。

(89)刘珣:《关于对外汉语教学法的进一步探索》,《世界汉语教学》1989 年第 3 期。

(90)刘珣:《迈向 21 世纪的汉语作为第二语言教学》,《语言教学与研究》2000 年第 1 期。

(91)林崇德、申继亮、辛涛:《教师素质的构成及其培养途径》,《中国教育学刊》1996 年第 6 期。

(92)林继红:《“后方法”理念:语用教学的价值取向》,《教育评论》2013 年第 6 期。

(93)林军:《教师实践性知识发展路径探析》,《教育评论》2015 年第 4 期。

(94)林一钢、潘国文:《探析教师实践性知识及其生成机制》,《全球教育展望》2013 年第 10 期。

(95)卢立涛、沈茜、梁威:《职业生命的“美丽蜕变”:从一线教师到优秀教研员——兼论教研员实践性知识的生成过程》,《教师教育研究》2016 年第 5 期。

(96)鲁健骥:《有感于“后方法时代”》,《国际汉语教学研究》2016 年第 2 期。

(97)鲁健骥:《“对外汉语教学”的内涵应该如何表述?》,《国际汉语教学研究》2017 年第 1 期。

(98)陆俭明:《对外汉语教学中经常要思考的问题》,《语言文字应用》1998 年第 4 期。

(99)陆俭明:《汉语教师的素质和师资培养的针对性》,《国际汉语》2011 年第 1 期。

(100)陆俭明:《汉语教师应有的素质——兼谈汉语教师的培养与培训问题》,汉语国际传播研究》2013 年第 2 期。

(101)陆俭明:《汉语国际教育学科性质与汉语教师应有的素质》,《华夏文化论坛》2016 年第 2 期。

(102)陆俭明:《对汉语教学要有这样的认识》,《语言战略研究》2016 年第 2 期。

(103)陆俭明:《认清汉语教学的学科性质　积极培养称职的汉语教师》,《国际汉语教学研究》2017 年第 4 期。

(104)吕必松:《应该重视研究语言教学》,《国外语言学》1980 年第 1 期。

(105)吕必松:《关于对外汉语教师业务素质的几个问题》,《世界汉语教学》1989 年第 1 期。

(106)吕必松:《谈谈对外汉语教学的性质和特点》,《语言教学与研究》1983 年第 2 期。

(107)吕必松:《在对外汉语教学的定性、定位、定量问题座谈会上的发言》,《语言教学与研究》1995 年第 1 期。

(108)吕必松:《我对发展汉语教学的几点认识》,《汉语学习》1993 年第 6 期。

(109)吕必松:《谈谈对外汉语教学的性质和特点》,《语言教学与研究》1983 年第 2 期。

(110)吕必松:《关于语言教学的若干问题》,《语言教学与研究》1995 年第 4 期。

(111)吕必松:《我们怎样教汉语——兼谈汉字教学在汉语教学中的地位和作用》,《汉字文化》2012 年第 1 期。

(112)吕慧、文素珍:《专业参考书在教学中的应用研究——以〈园林规划设计〉课程为例》,《西南师范大学学报》(自然科学版)2014 年第 4 期。

(113)马睿颖:《"后方法"理论及对我国大学英语教学的启示》,《福建论坛》(人文社会科学版)2013 年第 9 期。

(114)马燕华:《论面向非汉字文化圈外国成年人的汉字教学原则》,《国际汉语教学研究》2019 年第 2 期。

(115)马燕华:《论汉字教学的性质、类型及其特征》,《国际汉语教学动态与研究》2006 年第 4 期。

(116)马燕华:《论初级汉语水平欧美留学生汉字复现规律》,《汉语学习》2002 年第 1 期。

(117)潘国文:《实习生教师实践性知识发展的个案研究》,《教育学术月刊》2012 年第 11 期。

(118)裴光钢:《中国大学外语教师实践性知识元表征探究》,《广西师范大学学报》(哲学社会科学版)2015 年第 3 期。

(119)钱扑:《论教育社会学对知识社会学的接纳》,《教育科学》2003 年第 5 期。

(120)曲霞、周盼盼:《理论性知识与反思在教师实践性知识形成中的作用——基于实习生的案例研究》,《教育学术月刊》2012 年第 2 期。

(121)尚宏:《外语教学后方法理论及宏观策略框架评析》,《教育与管理》2008 年第 24 期。

(122)史东芳、高有才:《职前教师实践性知识生成中教学意象的模塑》,《陕西师范大学学报》(哲学社会科学版)2016 年第 3 期。

(123)司红霞:《后方法时代汉语教学模式改革刍议》,《中国大学教学》2017 年第 12 期。

(124)孙德坤:《国际汉语教师个人实践性知识个案研究》,《世界汉语教学》2014 年第 1 期。

(125)孙蕾:《论后方法理论视野下对外汉语教师对课堂学习机会的把握与创造》,《语文学刊》2016 年第 12 期。

(126)孙明霞、胡妍丽:《"后方法"理论与少数民族汉语教师课堂教学研究》,《双语教育研究》2015 年第 3 期。

(127)孙霞:《试论高校教师实践性知识的掌握》,《江苏高教》2012 年第 5 期。

(128)孙勇、卞永成:《“后方法”时代下的英语词汇教学实践》,《英语教师》2012 年第 7 期。

(129)唐智芳:《从教育实习看 MTCSOL 实践性知识的发展变化》,《荆楚学刊》2019 年第 2 期。

(130)田华银:《高校教师实践性知识探析——基于学生能力本位理念的思考》,《教育理论与实践》2005 年第 6 期。

(131)田仙责、余树英、梅丽珍:《大学学术讲座的产生与发展》,《宿州教育学院学报》2008 年第 1 期。

(132)田燕:《基于实践性知识发展取向的学前师资职前教育课程改革》,《教育与职业》2015 年第 26 期。

(133)陶健敏:《“后方法时代”语言教学观与对外汉语教学法体系构建》,《暨南大学华文学院学报》2006 年第 3 期。

(134)陶健敏:《Kumaravadivelu“后方法”语言教育理论述评》,《语言教学与研究》2007 年第 6 期。

(135)陶健敏:《教师赋权:库玛“后方法理论”的核心命题》,《国际汉语教学研究》2016 年第 2 期。

(136)汪明帅:《发现“教育天赋”:改进教师教育的另一种视角》,《教育发展研究》2014 年第 Z2 期。

(137)汪晓凤、陈玲、余胜泉:《基于实践性知识创生的网络教研实证研究》,《中国电化教育》2014 年 10 月。

(138)汪贤泽:《论教师的实践性知识》,《全球教育展望》2009 年第 3 期。

(139)王阿习、陈玲、余胜泉:《基于 SECI 模型的教师培训活动设计与应用研究——以“跨越式项目全国中小学语文和英语骨干教师培训”为例》,《中国电化教育》2016 年第 10 期。

(140)王丕承:《汉语国际教育应当顺应“后方法”时代语言教学的发展趋势》,《高教学刊》2016 年第 6 期。

(141)王丕承:《“后方法时代”教学理念有助于汉语教师摆脱机械的教学方式》,《科教文汇》(上旬刊)2017 年第 2 期。

(142)王丕承:《“后方法时代”理念帮助汉语师资超越对教学的传统认知》,《现代语文》(学术综合版)2017 年第 3 期。

(143)王丕承:《浅谈“后方法时代”理念对汉语国际教育师资的启示》,《教师》2017 年第 8 期。

(144)王添淼:《成为反思性实践者—由〈国际汉语教师标准〉引发的思考》,《语言教学与研究》2010 年第 2 期。

(145)王添淼、任喆:《国际汉语新手、熟手、专家教师比较研究述评》,《云南师范大学学报》(对外汉语教学与研究版)2015 年第 3 期。

(146)王添淼:《构建国际汉语教师资格认证制度——基于美国的经验》,《语言教学与研究》2016 年第 1 期。

(147)王晓东,张妍妍:《高职院校教师实践性知识发展路径探索——以信息技术专业为例》,《职教论坛》2015 年第 21 期。

(148)王雪松:《课程改革背景下学术英语教师教学实践性知识的叙事探究》,《考试与评价》(大学英语教研版)2017 年第 3 期。

(149)王艳:《外语教师实践性知识研究的回顾与展望》,《高教发展与评估》,2013 年第 6 期。

(150)王艳玲:《默会、识知与智慧性行动——西方多重视野中的教师实践性知识研究及其启示》,《外国中小学教育》2010 年第 11 期。

(151)王正胜:《"后方法时代"的成人外语教学》,《继续教育》2010 年第 7 期。

(152)王志英、闫城宇:《汉语国际教育的发展战略与体制建设研究》,《社会科学论坛》2016 年第 5 期。

(153)魏戈、陈向明:《教师实践性知识研究在荷兰——与波琳·梅耶尔教授对话》,《全球教育展望》2015 年第 3 期。

(154)魏戈、陈向明:《如何捕捉教师的实践性知识——"两难空间"中的路径探索与实践论证》,《教育科学研究》2017 年第 2 期。

(155)吴方敏:《后方法视野下的小组合作学习与教学策略研究》,《云南师范大学学报》(对外汉语教学与研究版)2016 年第 6 期。

(156)吴银银:《论教师的实践性知识与课堂教学有效性的提升》,《西北师大学报》(社会科学版)2015 年第 5 期。

(157)吴银银:《教师实践性知识生成与发展路径探究——基于生活史视角》,《教育理论与实践》2016 年第 14 期。

(158)吴勇毅、华霄颖、储文怡:《叙事探究下的 CSL 教师成长史研究——实践性知识的积累》,《国际汉语教学研究》2014 年第 1 期。

(159)吴勇毅、段伟丽:《后方法时代的教师研究:不同认知风格的汉语教师在课堂教学策略运用上的差异》,《语言教学与研究》2016 年第 2 期。

(160)武和平、张维民:《后方法时代外语教学方法的重建》,《课程·教材·教法》2011 年第 6 期。

(161)肖丽萍:《国内外教师专业发展研究述评》,《中国教育学刊》2002 年第 5 期。

(162)冼棣华:《浅谈新课程方案实施中的教师及师生关系》,《广西民族学院学报》(哲学社会科学版)2004 年第 S2 期。

(163)谢佩纭、邹为诚:《英语新手教师实践性知识的叙事研究——基于三次重复性教学的学习经历》,《外语研究》2015 年第 4 期。

(164)谢昌东:《后方法教育理论与外语教学》,《福建论坛》(人文社会科学版)2011 年第 S1 期。

(165)熊华军、闵璐:《美国高校教师网络教学能力发展机制及其启示》,《中国电化教育》2014 年第 10 期。

(166)许美玲:《后方法理论视野下泰国高校汉语教学法探讨——以泰国艺术大学教育学院为个案》,《汉语国际传播研究》2014 年第 2 期。

(167)徐晓燕:《"优秀教师教学观摩课"促进教师专业成长的探析》,《吉林广播电视大学学报》2012 年第 4 期。

(168)徐子亮:《汉语国际教育本科核心课程的实践性知识学习探究——以对外汉语教学法课程为例》,《云南师范大学学报》(对外汉语教学与研究版)2016 年第 3 期。

(168)杨朝辉:《"UDS 合作实践共同体":教育学知识创生与实践转化的新机制》,《南京社会科学》2012 年第 4 期。

(170)杨金成:《试论对外汉语教学目标分类》,《汉语学习》2006 年第 1 期。

(171)杨名瑛、潘国文:《教师实践性知识视阈中教师教育课程的问题与对策》,《当代教育与文化》2014 年第 2 期。

(172)杨南昌、谢云、熊频:《SECI:一种教师共同体知识创新与专业发展的模型》,《中国电化教育》2005 年第 10 期。

(173)杨维嘉:《教学学术:高校外语教师实践性知识发展的重要途径》,《外语教学理论与实践》2016 年第 4 期。

(174)杨秀玉、任辉:《实习教师的实践性知识及其生成路径探析——基于国外学者的研究》,《外国教育研究》2015 年第 8 期。

(175)杨彦军、童慧:《面向信息化的教师实践性知识发展机制研究》,《电化教育研究》,2013 年第 12 期。

(176)殷玉新:《教师实践性知识的获得:为何与何为》,《湖南师范大学教育科学学报》2015年第6期。

(177)殷玉新、马洁:《国外教师专业发展研究的新进展》,《全球教育展望》2016年第11期。

(178)尹静、王笃勤:《教育设计研究与教师实践性知识的构建》,《河北大学学报》(哲学社会科学版)2013年第2期。

(179)于兰:《突破"方法"的桎梏 探寻"后方法的视角"——兼论后方法外语教学》,《课程・教材・教法》2010年第4期。

(180)原昉:《后方法时代外语有效教学研究》,《内蒙古师大学报》(哲学社会科学版)2014年第6期。

(181)袁新:《跨文化交际与对外汉语教学》,《云南师范大学学报》(对外汉语教学与研究版)2003年第2期。

(182)原鑫:《后方法视角下学生及教师对汉语课堂活动感知的对比研究》,《华文教学与研究》2017年第1期。

(183)翟艳:《后方法时代的汉语语法教学方法分析》,《华文教学与研究》2017年第2期。

(184)张芬芬、陈政宏:《三位退休教师"个人理论"研究:默会之知、实践之本》,《学术研究月刊》2015年第12期。

(185)张杰、林丽:《基于知识管理SECI模型的教师学习共同体构建研究》,《电化教育研究》2012年第9期。

(186)张金运:《教师实践性知识的构建:困境与超越》,《教育与管理》2016年第3期。

(187)张立忠、熊梅:《论教师实践性知识的内涵与结构》,《课程・教材・教法》2010年第4期。

(188)张莲:《外语教师课堂决策研究——优秀外语教师个案研究》,《外语教学与研究》2005年第4期。

(189)张敏:《后方法理论在民族高职院校英语教学中的应用》,《黑龙江民族丛刊》2012年第3期。

(190)张敏霞、王陆:《远程校本研修中教师实践性知识的特征研究》,《电化教育研究》2014年第8期。

(191)张平海、向会文:《实践性知识:师范生亟需加强的知识模块》,《河南师范大学学报》(哲学社会科学版)2003年第6期。

(192)张勇:《占有与超越——后方法时代中学外语教师课程理解重建》,《基础教育》2015 年第 2 期。

(193)张愉、高玉华:《后方法教学法视角下的电影英语教学》,《外国语文》2011 年第 S1 期。

(194)张志江、肖肃:《英语顶岗支教生实践性知识构成:个案研究》,《外国语文》2015 年第 6 期。

(195)张洁、陈柏华:《小学英语实习教师实践性知识发展研究》,《教师教育研究》2016 年第 3 期。

(196)张奎明:《国外建构主义教师教育改革研究》,《比较教育研究》2007 年第 2 期。

(197)张淑琼:《幼儿教师实践性知识发展状况研究》,《教育学术月刊》2015 年第 4 期。

(198)赵金铭:《汉语作为外语教学能力标准试说》,《语言教学与研究》2007 年第 2 期。

(199)赵金铭:《对外汉语教学理念管见》,《语言文字应用》2007 年第 3 期。

(200)赵金铭:《汉语作为第二语言教学:理念与模式》,《语言教学与研究》2008 年第 1 期。

(201)赵树贤、刘龙珊、姚国荣:《如何实施教师实践性知识的校本管理?——以北京顺义三中的实践经验为例》,《中小学管理》2015 年第 4 期。

(202)赵明仁、黄显华:《建构主义视野中教师学习解析》,《教育研究》2011 年第 2 期。

(203)赵炜:《对外汉语教师课堂话语中的形成性评测——经验教师和新手教师对比研究》,《语言教学与研究》2016 年第 5 期。

(204)赵雪江:《教学观摩:教师专业研修方式的变迁》,《中国教育学刊》2011 年第 5 期。

(205)郑玉琪:《后方法时代外语教学中教师角色的调查与分析》,《外语电化教学》2014 年第 1 期。

(206)周亚东:《实践性知识:教师现场学习的核心指向》,《教育探索》2016 年第 11 期。

(207)周劲波、黄胜:《SECI 框架下的多层次组织知识转化机制研究》,《科技管理研究》2009 年第 6 期。

(208)郑玉琪、陈美华:《试论“后方法”时代的英语教学》,《外语与外语教学》

2007年第10期。

(209)钟启泉:《“实践性知识”问答录》,《全球教育展望》2004年第4期。

(210)钟启泉:《从SECI理论看教师专业发展的特质》,《全球教育展望》2008年第2期。

(211)周季鸣等:《从“方法”到“后方法”,我们到底还有多远?——宁沪杭六所高校大学英语教学方法调查》,《外语界》2008年第5期。

(212)朱冠华、王浩:《基于虚拟化技术的教学支持服务系统研究》,《九江职业技术学院学报》2019年第2期。

(213)朱旭东、周钧:《教师专业发展研究述评》,《中国教育学刊》2007年第1期。

(214)朱旭东、宋萑:《论教师培训的核心要素》,《教师教育研究》2013年第3期。

(215)朱学庆:《概念图的知识及其研究综述》,《上海教育科研》2002年第10期。

(216)朱志刚、李秀华:《教学最佳时机——一个有效教学原则》,《课程·教材·教法》2012年第3期。

3.学位论文

(1)安思琪:《影响对外汉语教师实践性知识生成发展相关因素的案例研究》,北京外国语大学硕士学位论文,2019年。

(2)白文月:《赴韩汉语教师个人实践性知识的叙事研究》,山东师范大学硕士学位论文,2014年。

(3)邓中艳:《对外汉语新手教师实践性知识的叙事研究》,湖南大学硕士学位论文,2018年。

(4)贡珂:《国际汉语教师实践性知识的构建和发展》,浙江大学硕士学位论文,2012年。

(5)郝丽霞:《新手与熟手对外汉语教师的实践性知识》,北京语言大学硕士学位论文,2008年。

(6)韩慧琴:《汉语教师志愿者课堂管理类实践性知识研究》,北京外国语大学硕士学位论文,2017年。

(7)姜美玲:《教师实践性知识研究》,华东师范大学硕士学位论文,2006年。

(8)姜蕴:《产出导向型口语教学中教师实践性知识发展的个案研究》,北京外国语大学硕士学位论文,2019年。

(9)兰孝媛:《后方法理论指导下的专门用途汉语教学》,吉林华侨外国语学院硕士学位论文,2017 年。

(10)李肖玫:《国际汉语教师的实践性知识》,上海外国语大学硕士学位论文,2019 年。

(11)凌雯怡:《不同母语背景汉语教师实践性知识研究》,华东师范大学硕士学位论文,2014 年。

(12)魏羽璇:《传统英语教学法与后方法教学法的比较研究》,长春师范大学硕士学位论文,2015 年。

(13)刘伟:《汉语国际教育硕士实践性知识的构建——基于教学案例的研究》,中央民族大学硕士学位论文,2016 年。

(14)钱依琳:《新手汉语口语教师实践性知识形成研究——以韩外大孔子学院一名志愿者为例》,北京外国语大学硕士学位论文,2015 年。

(15)桑珊:《中泰汉语教师实践性知识调查分析——以佛统中学为例》,天津师范大学硕士学位论文,2015 年。

(16)苏百灵:《汉语国际教育专业硕士实践性知识发展个案研究》,湖南师范大学硕士学位论文,2018 年。

(17)魏怡冰:《同侪互助模式对新手汉语教师生成教师实践性知识的影响——针对三位新手教师的个案研究》,山东大学硕士学位论文,2019 年。

(18)吴昊:《专兼职对外汉语教师实践性知识个案研究》,天津师范大学硕士学位论文,2014 年。

(19)徐燕婷:《对外汉语新手教师实践性知识生成的个案研究》,华东师范大学硕士学位论文,2013 年。

(20)姚美美:《对外汉语新手教师课堂管理实践性知识研究》,北京外国语大学硕士学位论文,2014 年。

(21)张可可:《从案例看对外汉语教师实践性知识的培养 ——以海外汉语教师志愿者为例》,郑州大学硕士学位论文,2018 年。

(22)张瑞瑞:《新手汉语教师实践性知识生成研究 ——以赴澳新手汉语教师为例》,北京外国语大学硕士学位论文,2019 年。

(23)张赛园:《以实践性知识管理为导向的教师培训课程设计》,北京外国语大学硕士学位论文,2019 年。

(24)赵鑫:《对外汉语课堂教学的多媒体课件设计与应用研究》,陕西师范大学硕士学位论文,2011 年。

(25)郑雨辉:《后方法理念下基于四种组合策略的速成汉语教学研究》,辽宁大学硕士学位论文,2015 年。

(26)易娜伊:《社会文化理论视角下汉语国际教育硕士课程实施的个案研究》,东北师范大学博士学位论文,2014 年。

(27)刘弘:《对外汉语初任教师实践能力发展影响因素研究》,华东师范大学博士学位论文,2014 年。

(28)刘艳超:《基于概念图的初中物理教师课程知识评价研究》,东北师范大学博士学位论文,2017 年。

(29)石心:《多元文化视域下内地新疆高中预科班语文教师实践性知识研究——以北京潞河中学为例》,中央民族大学博士学位论文,2013 年。

(30)张洁:《对外汉语教师的知识结构与能力结构研究》,北京语言大学博士学位论文,2007 年。

(31)张军民:《行动与理解:国际汉语教师实践性知识建构路径研究》,上海外国语大学博士学位论文,2018 年。

(32)张庆华:《高校英语教师阅读教学实践性知识个案研究》,北京外国语大学博士学位论文,2015 年。

(33)程凤农:《教师实践性知识管理研究》,山东师范大学博士学位论文,2014 年。

4.其他

(1)中华人民共和国教育部:《2018 年来华留学统计》,http://www.moe.gov.cn/jyb_xwfb/gzdt_gzdt/s5987/201904/t20190412_377692.html。

(2)中华人民共和国教育部:《关于下达〈汉语国际教育硕士专业学位设置方案〉的通知》,http://www.moe.gov.cn/srcsite/A22/moe_833/200703/t20070330_82703.html。

二、英文文献

1.R. L. Allwright, K. M. Bailey, *Focus on the Language Classroom*, Cambridge: Cambridge University Press, 1991.

2.S. Brown, D. McIntyre, *Teacher Thinking: Making Sense of Teaching*, Buckingham: Open University Press, 1993.

3.R. Ellis, M. Rathbone, *The Acquisition of German in a Classroom Context*, London: Ealing College of Higher Education, 1987.

4.Freema Elbaz, *Teacher Thinking: A Study of Practical Knowledge*,

London: Croom Helm, 1983.

5.J. Freeman, *Gifted Children Growing Up*, London: David Fulton Publishers, 2001.

6.W. Wilskins George, *Linguistics in Language Teaching*, Cambridge: MIT Press, 1972.

7.T. Good, F. Brophy, *Looking in Classrooms*, New York: Harper & Row, 1987.

8.P. B. Joseph, G. E. Burnaford (eds.), *Images of Schoolteachers in Twentieth-Century America: Paragons, Polarities, Complexities*, New York: St. Martin's Press, 1994.

9.B. Kumaravadivelu, *Beyond Methods: Macrostrategies for Language Teaching*, New Haven: Yale University Press, 2003.

10. M. B. Miles, A. M. Huberman, *Qualitative Data Analysis: An Expanded Sourcebook, 2nd Ed*, Thousand Oaks: Sage, 1994.

11. J. Palmer Parker, *The Courage to Teach: Exploring the Inner Landscape of a Teacher's Life*, San Francisco: Jossey-Bass Publishing, 1998.

12.M. Polanyi, *Personal Knowledge: Towards a Post-Critical Philosophy*, Chicago: University of Chicago Press, 1958.

13. A. Slimani, *Evaluating Second Language Education*, Cambridge: Cambridge University Press, 1992.

14.H. H. Stern, *Issues and Options in Language Teaching*, Oxford: Oxford University Press, 1992.

15.Devon Woods, *Teacher Cognition in Language Teaching: Beliefs, Decision-Making, and Classroom Practice*, New York: Cambridge University Press, 1996.

16.J. C. Richards, W. Renandya, *Methodology in TESOL: An Anthology of Current Practice*, New York: Cambridge University Press, 2002.

17.W. M. Rivers, *Psycholigical Validation of Methodological Approaches and Fording Language Classroom Practices*, in Barbara Freed(ed.), *Foreign Language Acquisition Research and the Classroom*, Lexington, Massachusetts: D. C. Heath & Co., 1991.

18.Aaron J. Sickel,"Patricia Friedrichsen. Beliefs, Practical Knowledge, and Context: A Longitudinal Study of a Beginning Biology Teacher's 5E Unit", *School Science and Mathematics*, vol.115, no.2 (2015), pp.75-87.

19.Ahmed Abdelhafez,"Experience EFL Teachers' Professional Practical Knowledge, Reasoning and Classroom Decision Making in Egypt: Views From the Inside Out", *Teacher Development*, vol.18, no.2 (2014), pp.229-245.

20. Alison L. Black, Gail Halliwell, "Accessing Practical Knowledge: How? Why?", *Teaching and Teacher Education*, vol. 16, no. 1 (2000), pp.103-115.

21. Anne Burns, "Teacher Beliefs and Their Influence on Classroom Practice", *Prospect*, vol.7, no.3 (1992), pp.56-66.

22.Barbara Mullock,"The Pedagogical Knowledge Base of Four TESOL Teachers",*The Modern Language Journal*, vol.90, no.5 (2006), pp.48-66.

23.Bybee Joan, "From Usage to Grammar: The Mind's Response to Repetition", *Language*, vol.82, no.4 (2006), pp.711-733.

24.F. M. Clandinin, D. J. Connelly, M.F. He,"Teachers' Professional Knowledge Landscapes", *Educational Researcher*, vol. 25, no. 3 (1996), pp.24-30.

25. F. M. Clandinin, D. J. Connelly, M. F. He, "Teachers' Personal Practical Knowledge on the Professional Knowledge Landscape", *Teaching and Teacher Education*, vol.13, no.7 (1997), pp.665-674.

26.Pamela L.Crossman, Anna E. Richert,"Unacknowledged Knowledge Growth: A Re-Examination of the Effects of Teacher Education", *Teaching and Teacher Education*, vol.4, no.1 (1988), pp.53-62.

27. D. Jean Clandinin, F. Michael Connelly, "Teachers' Personal Knowledge: What Counts as 'Personal' in Studies of the Personal", *Journal of Curriculum Studies*, vol.19, no.6 (1987), pp.487-500.

28.Deborah L. Hanuscin, Laura Zangori,"Developing Practical Knowledge of the Next Generation Science Standards in Elementary Science Teacher Education",*Journal of Science Teacher Education*, vol. 27, no. 8 (2016), pp.799-818.

29.Dekun Sun,"'Everything goes Smoothly': A Case Study of an Immigrant Chinese Language Teacher's Personal Practice Knowledge", *Teaching and Teacher*

Education, vol.28, no.5 (2012), pp.760-767.

30.Donald Freeman,"The Hidden Side of the Work: Teacher Knowledge and Learning to Teach", *Language Teaching*, vol.35, no.1 (2002), pp.1-13.

31.Jan H. van Driel, Douwe Beijaarrd, Nico Verloop,"Professional Development and Reform in Science Education: The Role of Teachers' Practical Knowledge", *Journal of Research in Science Teaching*, vol.38, no.2 (2001), pp.137-158.

32.Lois Duffee, Glen Aikenhead,"Curriculum Change, Student Evaluation, and Teacher Practical Knowledge", *Science Education*, vol. 76, no. 5 (1992), pp.493-506.

33. Elizabeth Gatbonton, "Investigating Experienced ESL Teachers' Pedagogical Knowledge", *The Modern Language Journal*, vol. 83, no. 5 (1999), pp.35-50.

34.Freema Elbaz,"The Teacher's 'Practical Knowledge': Report of a Case Study", *Curriculum Inquiry*, vol.11, no.1(1984), pp.43-71.

35.Hans Hulshof, Nico Verloop,"The Use of Analogies in Language Teaching: Representing the Content of Teachers' Practical Knowledge", *Journal of Curriculum Studies*, vol.34, no.1 (2002), pp.77-90.

36.M. Johnston,"Contrasts and Similarities in Case Studies of Teacher Reflection and Change", *Curriculum Inquiry*, vol.24, no.1 (1994), pp.9-26.

37. D. M. Kagan, "Implications of Research on Teacher Belief", *Educational Psychologist*, vol.27, no.1 (1992), pp.65-90.

38.B. Kumaravadivelu ,"Language Learning Tasks: Teacher Intention and Learner Interpretation", *ELT Journal*, vol.45, no.2 (1991), pp.98-107.

39. B. Kumaravadivelu, "Toward a Postmethod Pedagogy", *TESOL Quarterly*, vol.35, no.4 (2001), pp.537-560.

40.B. Kumaravadivelu,"TESOL Methods: Changing Tracks, Challenging Trends", *TESOL Quarterly*, vol.40, no.1 (2006), pp.59-81.

41.Laurence J. Coleman,"The Invisible World of Professional Practical Knowledge of a Teacher of the Gifted", *Journal for the Education of the Gifted*, vol 37, no.1 (2014), pp.18-29.

42.Lya Kremer-Hayon, Miriam Ben-Peretz,"Becoming a Teacher: The Transition from Teachers' College to Classroom Life", *International Review of Education*, vol.32, no.4 (1986), pp.414-417.

43. Maria Ruohotic-Lyhty, "Constructing Practical Knowledge of Teaching: Eleven newly Qualified Language Teachers' Discursive Agency", *The Language Learning Journal*, vol.39, no.3 (2011), pp.365-379.

44. Mark Wyatt, " Practical Knowledge Growth in Communicative Language Teaching", *Teaching English as a Second of Foreign Language*, vol.13, no.2 (2009), pp.1-23.

45.Mark Wyatt, Simon Borg,"Development in the Practical Knowledge of Language Teachers: A Comparative Study of Three Teachers Designing and Using Communicative Tasks on an In-Service BA TESOL Programme in the Middle East", *Innovation in Language Learning and Teaching*, vol.5, no.3 (2011), pp.233-252.

46.Martha Witterholt, Martin Goedhart, Cor Suhre,"The Impact of Peer Collaboration on Teachers' Practical Knowledge", *European Journal of Teacher Education*, vol.39, no.1 (2016), pp.126-143.

47.Miriam Ben-Peretz,"Teacher Knowledge: What is It? How do We Uncover It? What are Its Implications for Schooling?", *Teaching and Teacher Education*, vol.27, no.1 (2011), pp.3-9.

48.Nico Verloop, Jan Van Driel, Paulien Meijer,"Teacher Knowledge and the Knowledge Base of Teaching", *International Journal of Educational Research*, vol.35, no.5 (2001), pp.441-461.

49.S. Paavola, L. Lipponen, K. Hakkarainen ,"Models of Innovative Knowledge Communities and Three Metaphors of Learning", *Review of Educational Research*, vol.74, no.4 (2004), pp.557-576.

50.Paula R. Golombek,"A Study of Language Teachers' Personal Practice Knowledge", *Teachers of English to Speakers of Other Language*, vol.32, no.3 (1998), pp.447-464.

51.Paulien Meijer, Nico Verloop, Douwe Beijaard,"Similarities and Differences in Teachers' Practical Knowledge about Teaching Reading Comprehension", *The Journal of Educational Research*, vol.94, no.3 (2001), pp.171-184.

52.A. Pennycook,"The Concept of Method, Interested Knowledge, and the Politics of Language Tteaching", *TESOL Quarterly*, vol.23, no.4 (1989), pp.589-618.

53.N. S. Prabhu,"There Is No Best Method-Why?", *TESOL Quarterly*, vol.24, no.2 (1990), pp.161-176.

54.Ramin Rahmany, Mohammad Taghi Hassani, Hamid Fattahi,"Teachers' Individual Practical Knowledge about Teaching Reading Comprehension",*Journal of Language Teaching and Research*, vol.5, no.2 (2014), pp.452-459.

55.R. J. Shavelson, P. Stern,"Research on Teachers' Pedagogical Thoughts, Judgments, Decisions, and Behavior", *Review of Educational Research*, vol. 51, no.4(1981), pp.455-498.

56. Lee S. Shulman, "Those Who Understand: Knowledge Growth in Teaching", *Educational Researcher*, vol.15, no.2 (1986), pp.4-14.

57.Simon Borg,"Teachers' Pedagogical Systems and Grammar Teaching: A Qualitative Study", *TESOL QUARTERLY*, vol.32, no.1 (1998), pp.9-38.

58.Simon Borg,"Teacher Cognition in Language Teaching: A Review of Research on What Language Teachers Think, Know, Believe, and Do", *Language Teaching*, vol.36, no.2 (2003), pp.81-109

59.Wai King Tsang,"Teachers' Personal Practical Knowledge and Interactive Decisions", *Language Teaching Research*, vol.8, no.2 (2004), pp.163-198.

后 记

教师知识相关研究是国际中文教学界重要研究方向之一，而教师实践性知识作为国际中文教师的显著特征，该领域相关学术研究理应成为学科研究重要组成部分。本书以后方法教育理论为理论基础，综合运用刺激回忆、绘制概念图、深度访谈、叙事研究等质性研究方法，探寻国际中文教师实践性知识内容构成共性特征，探究国际中文教师实践性知识的阶段性特征，探讨国际中文教师实践性知识的个人来源及外在来源，进而提出国际中文教师实践性知识的动态生成机制。

本书创新之处有以下几点：

第一，以多名教授各级各类中文课程样本教师通过刺激回忆呈现的大量一手实践性知识为依据，按照科学的知识类别划分标准，对国际中文教师实践性知识内容构成的共性特征进行了系统描述，形成了对国际中文教师实践性知识较为全面的认识。

第二，以“合理弹性空间”概括并分析各专业发展阶段国际中文教师实践性知识的内容特征，创造性地运用样本教师所绘概念图，从结构上对教师实践性知识进行了立体化分析。

第三，对国际中文教师具有独特性的实践性知识个人来源与外在来源进行了全面展示，以动态的眼光看待知识生成过程，构建起教师实践性知识生成机制，为教师知识建构相关研究提供了参考。

本书历经 4 年，如今终于付梓出版。衷心感谢我的博士阶段导师宁继鸣教授，从选题及框架的确定到研究方法的选择，从研究数据的收集到具体内容的写作，无不凝结着宁教授的聪明智慧，也正是在这个过程中，我感受着宁教授严谨的治学态度和深厚的学术素养，这必将使我受益终生！感谢李泉教授、马燕华教授、崔永华教授、刘冰冰副教授、张艳华教授、马晓乐教授、王尧美教授、王彦副教授等专家学者在研究过程中提出的诸多建设性意见！感谢王军老师、许培新老师、宫雪老师、甄珍老师、陈蒙老师、周汶霏老师、王洁冰老师、朱颖老师作为样本教师参与到研究数据收集的过程中！

在研究过程中，笔者借鉴了不少学界前贤的相关研究成果，在此一并致谢！限于学术水平和专业能力，本书的错误和粗疏之处在所难免，恳请专家学者不吝赐教，也诚挚地欢迎广大读者批评指正！

李昊天

2021年9月于泉城济南